工程建设理论与实践丛书

GONGLU GONGCHENG
GAIYUSUAN YU ZAOJIA GUANLI

公路工程
概预算与造价管理

杨 俊 张昆山 黄伟健 主编

华中科技大学出版社
http://press.hust.edu.cn
中国·武汉

图书在版编目(CIP)数据

公路工程概预算与造价管理/杨俊,张昆山,黄伟健主编.—武汉:华中科技大学出版社,2022.12

ISBN 978-7-5680-8911-1

Ⅰ.①公…　Ⅱ.①杨…　②张…　③黄…　Ⅲ.①道路工程-概算编制　②道路工程-预算编制　③道路工程-工程造价-造价管理　Ⅳ.①U415.13

中国版本图书馆 CIP 数据核字(2022)第 239231 号

公路工程概预算与造价管理　　　　杨　俊　张昆山　黄伟健　主编

Gonglu Gongcheng Gaiyusuan yu Zaojia Guanli

策划编辑:周永华

责任编辑:周江吟

封面设计:王　娜

责任监印:朱　玢

出版发行:华中科技大学出版社(中国·武汉)　　电话:(027)81321913

　　　　　武汉市东湖新技术开发区华工科技园　　邮编:430223

录　　排:华中科技大学惠友文印中心

印　　刷:武汉科源印刷设计有限公司

开　　本:710mm×1000mm　1/16

印　　张:15.5

字　　数:279 千字

版　　次:2022 年 12 月第 1 版第 1 次印刷

定　　价:88.00 元

编 委 会

前　言

项目成本估算、预算、审计、控制是在项目实施前，对整个项目进行全面评估，然后根据预算对项目进行资金投入。项目成本估算不仅能够节省项目建设资金，而且有助于控制整个项目的效益。因此，要提高公路工程效益，就必须做好造价审计工作。公路工程预算可以有效帮助公路企业掌握工程项目的全局性和完整性。比如科学调整相关工作制度，制定相关项目预算规定，合理确定工程造价审核人员，审核资料的收集、整理及采用等。只有认真做好这些工作，才能有效确保公路工程概预算与造价管理工作的顺利开展，为整个工程项目的工期及质量奠定坚实的基础。工程造价概预算是整个工程建设过程中不可替代的重要环节，它不仅有利于整个工程的管理，而且有利于合理配置工程建设涉及的资源。这样做的最大优点是能够最大限度地提高工程建设相关部门的效率。在开展工程项目概预算与造价管理过程中，需要将项目预算与收入挂钩，这样不仅可以提高员工的积极性，而且可以提高工作效率。

基于此，本书以编制公路工程项目计划过程中的预算为核心指导思想，并根据整个项目所涉及的资金数额提前做好预算的确定和审计工作。公路工程项目概预算超标是当前公路工程管理中亟待解决的一个关键问题。全面剖析公路工程项目概预算超标的原因，提出加强公路工程造价控制的有效举措，对提高公路工程的经济效益具有非常重要的意义。

目　录

第1章 绪 论

1.1 公路工程基本建设

1.1.1 公路工程基本建设程序

一个公路建设项目一般需要工程可行性研究报告，城镇发展规划意见，水土保持方案论证，环境影响评价，用地预审，压覆重要矿产资源评估，地质灾害危险性评估，文物调查，防洪影响评价，地震安全性评价，勘察设计招标，初步设计审批，征用林地报批，征用草原报批，征用土地报批，施工图设计审批，办理质量监督手续，施工许可，交工验收，环保、水保、档案等专项验收（收费站、服务区等房建工程还要进行消防验收），决算审计，竣工验收，项目后评价等报批环节。

1)工程可行性研究报告

工程可行性研究报告一般由交通运输主管部门根据公路发展规划和近期建设计划，委托具有工程咨询资质的单位编制。工程可行性研究报告主要论证项目建设的必要性以及工程方案可行性、经济性，通过论证后，确定工程建设标准、规模和投资估算。工程可行性研究报告中的路线方案初步确定后，工程咨询单位要提供路线具体走向和方案，由建设单位委托有资格的单位编制水土保持方案、环境影响评价报告、用地预审报告、压覆矿产资源评估报告、地质灾害评估报告、洪水影响评价报告、地震安全性评价报告，跨河方案、涉航方案和跨越铁路方案，并开展文物调查。这些专项研究工作一般要同步开展，相互交叉，互为印证。当其中某一专项研究报告论证后需要调整工程方案时，必须及时告知其他专项研究报告的编制单位。为保证各专项研究报告与工程可行性研究报告方案一致，且衔接紧密，建议在委托工程咨询单位编制工程可行性研究报告时，明确由工程可行性研究报告编制单位负责牵头委托完成各专项研究报告的编制和论证，相关费用也一并商定。各专项研究报告的论证结论是报批工程可行性研究报告的前提条件，必须引起高度重视，提前委托开展相关工作。

目前，省道中的新建、改建、扩建工程，工程可行性研究报告一般报送省交通运输厅审查，审查后，出具意见报省发改委审批。国家高速公路网中的项目，经省发改委和交通运输部出具审查意见后，由国家发改委审批。必须提交的批复文件有环评批复、用地预审批复、银行贷款承诺、行业审查意见、咨询机构评审意见等。

2)城镇发展规划意见

公路路线经过城镇时，报告编制单位要书面征求城镇规划部门的意见，结合城镇发展规划确定路线合理走向。

3)水土保持方案论证

《中华人民共和国水土保持法》第二十五条规定：在山区、丘陵区、风沙区以及水土保持规划确定的容易发生水土流失的其他区域开办可能造成水土流失的生产建设项目，生产建设单位应当编制水土保持方案，报县级以上人民政府水行政主管部门审批，并按照经批准的水土保持方案，采取水土流失预防和治理措施。没有能力编制水土保持方案的，应当委托具备相应技术条件的机构编制。目前，一般按项目立项的权限划分水土保持方案的审批权限：国家立项的建设项目由水利部审批，省发改委和省直部门批准的项目由省水利厅审批，其他项目由市、县水务局审批。

4)环境影响评价

《中华人民共和国环境保护法》第五十六条规定，对依法应当编制环境影响报告书的建设项目，建设单位应当在编制时向可能受影响的公众说明情况，充分征求意见。负责审批建设项目环境影响评价文件的部门在收到建设项目环境影响报告书后，除涉及国家秘密和商业秘密的事项外，应当全文公开；发现建设项目未充分征求公众意见的，应当责成建设单位征求公众意见。

建设单位应当按照下列规定组织编制环境影响报告书、环境影响报告表或者填报环境影响登记表(以下统称环境影响评价文件)：①可能造成重大环境影响的，应当编制环境影响报告书，对产生的环境影响进行全面评价；②可能造成轻度环境影响的，应当编制环境影响报告表，对产生的环境影响进行分析或者专项评价；③对环境影响很小、不需要进行环境影响评价的，应当填报环境影响登记表。

三级以上等级公路、1000 m以上的独立隧道、桥长度1000 m以上的独立桥梁等要编制环境影响报告书；三级以下等级公路，涉及环境敏感区的要编制环境

影响报告表;其他公路工程要填写环境影响登记表。环境影响评价文件中的环境影响报告书或者环境影响报告表,应当由具有相应环境影响评价资质的机构编制。建设项目的环境影响评价文件,由建设单位按照国务院的规定报有审批权的环境保护行政主管部门审批;建设项目有行业主管部门的,其环境影响报告书或者环境影响报告表应当经行业主管部门预审后,报有审批权的环境保护行政主管部门审批。

目前,一般按项目立项的权限划分环境影响评价文件的审批权限,即国家立项的建设项目,由环保部审批,省发改委和省直部门批准的项目由省环保厅审批,其他项目由市、县环保局审批。同时,《中华人民共和国水污染防治法》《中华人民共和国大气污染防治法》《中华人民共和国固体废物污染环境防治法》《中华人民共和国环境噪声污染防治法》《中华人民共和国海洋环境保护法》等都对环境影响评价做出了相应规定。

5)用地预审

《建设项目用地预审管理办法》第四条对审批权限做出规定,建设项目用地实行分级预审。需人民政府或有批准权的人民政府发展和改革等部门审批的建设项目,由该人民政府的国土资源主管部门预审。需核准和备案的建设项目,由与核准、备案机关同级的国土资源管理部门预审。第五条对预审的实施阶段做出规定,需审批的建设项目在可行性研究阶段,由建设用地单位提出预审申请。需核准的建设项目在项目申请报告核准前,由建设单位提出用地预审申请。需备案的建设项目在办理备案手续后,由建设单位提出用地预审申请。第十五条对预审的有效期做出规定,建设项目用地预审文件有效期为两年,自批准之日起计算。已经预审的项目,如需对土地用途、建设项目选址等进行重大调整的,应当重新申请预审。

6)压覆重要矿产资源评估

《中华人民共和国矿产资源法》第三十三条规定:在建设铁路、工厂、水库、输油管道、输电线路和各种大型建筑物或者建筑群之前,建设单位必须向所在省、自治区、直辖市地质矿产主管部门了解拟建工程所在地区的矿产资源分布和开采情况。非经国务院授权的部门批准,不得压覆重要矿床。《国土资源部关于进一步做好建设项目压覆重要矿产资源审批管理工作的通知》(国土资发〔2010〕137号)中明确:重要矿产资源是指《矿产资源开采登记管理办法》附录所列34个矿种和省级国土资源行政主管部门确定的本行政区优势矿产、紧缺矿产。炼

焦用煤、富铁矿、铬铁矿、富铜矿、钨、锡、锑、稀土、钼、铌钽、钾盐、金刚石矿产资源储量规模在中型以上的矿区原则上不得压覆，但国务院批准的或国务院组成部门按照国家产业政策批准的国家重大建设项目除外。建设项目压覆重要矿产资源由省级以上国土资源行政主管部门审批。压覆石油、天然气、放射性矿产，或压覆《矿产资源开采登记管理办法》附录所列矿种（石油、天然气、放射性矿产除外）累计查明资源储量数量达大型矿区规模以上的，或矿区查明资源储量规模达到大型并且压覆占三分之一以上的，由国土资源部（现为自然资源部）负责审批。

7）地质灾害危险性评估

《地质灾害防治条例》第二十一条规定：在地质灾害易发区内进行工程建设应当在可行性研究阶段进行地质灾害危险性评估，并将评估结果作为可行性研究报告的组成部分；可行性研究报告未包含地质灾害危险性评估结果的，不得批准其可行性研究报告。

8）文物调查

沿线地上涉及的重要文物保护单位，务必切实有效保护已有的珍贵文物资源，确保文物保护和项目建设实现双赢。由于项目建设途经路线涉及面广，不排除地下文物的不可预见性，施工单位应当依照文物保护法等相关法律法规，科学、文明施工。在施工过程中如发现任何古遗迹，应当立即暂停施工，及时与文物主管部门联系，科学保护文物，确保项目顺利实施。

9）防洪影响评价

《中华人民共和国防洪法》第二十七条规定：建设跨河、穿河、穿堤、临河的桥梁、码头、道路、渡口、管道、缆线、取水、排水等工程设施，应当符合防洪标准、岸线规划、航运要求和其他技术要求，不得危害堤防安全，影响河势稳定、妨碍行洪畅通；其工程建设方案未经有关水行政主管部门根据前述防洪要求审查同意的，建设单位不得开工建设。前款工程设施需要占用河道、湖泊管理范围内土地，跨越河道、湖泊空间或者穿越河床的，建设单位应当经有关水行政主管部门对该工程设施建设的位置和界限审查批准后，方可依法办理开工手续；安排施工时，应当按照水行政主管部门审查批准的位置和界限进行。第三十三条规定：在洪泛区、蓄滞洪区内建设非防洪建设项目，应当就洪水对建设项目可能产生的影响和建设项目对防洪可能产生的影响作出评价，编制洪水影响评价报告，提出防御措施。洪水影响评价未经有关水行政主管部门审查批准的，建设单位不得开工建设。在蓄滞洪区内建设的油田、铁路、公路、矿山、电厂、电信设施和管道，其洪水

影响评价报告应当包括建设单位自行安排的防洪避洪方案。建设项目投入生产或者使用时,其防洪工程设施应当经水行政主管部门验收。

10)地震安全性评价

《中华人民共和国防震减灾法》第三十五条规定,新建、扩建、改建建设工程,应当达到抗震设防要求。重大建设工程和可能发生严重次生灾害的建设工程,应当按照国务院有关规定进行地震安全性评价,并按照经审定的地震安全性评价报告所确定的抗震设防要求进行抗震设防。建设工程的地震安全性评价单位应当按照国家有关标准进行地震安全性评价,并对地震安全性评价报告的质量负责。前款规定以外的建设工程,应当按照地震烈度区划图或者地震动参数区划图所确定的抗震设防要求进行抗震设防;对学校、医院等人员密集场所的建设工程,应当按照高于当地房屋建筑的抗震设防要求进行设计和施工,采取有效措施,增强抗震设防能力。

11)勘察设计招标

原则上应在工程可行性研究报告批复后,开展勘察设计招标工作,但目前因前期周期较短,在上报审批部门后即可开展。应高度重视招标文件的内容审定。注意双方责任和义务的划分,特别约定完成时限、质量要求和违约责任(即合同条款)。各项目可考虑委托勘察设计单位完成各阶段的验收和报批(包括评审时相关费用)。注意对投标人的资质要求、合同段划分以及评标方法,依法进行所有流程,即安排时间—抽取评标专家—设置评标场地—做好评标监督—择优选择。勘察设计是源头,优秀队伍是提高项目服务水平、降低项目投资的关键。勘察设计拟不招标的,一定在上报工程可行性研究报告时一并提出申请。

12)初步设计审批

初步设计主要是研究论证工程技术方案。原则上省发改委立项的项目,由省交通运输厅审批初步设计。对技术复杂项目,实行"双院制"审查,其他项目实行专家评审制。

13)征用林地报批

在调查组卷时,注意森工林地和地方林地:森工林地由省森工总局森林资源局组织审查并报国家林业和草原局审核同意,地方林地按征地数量分别由国家林业和草原局、省林业厅和市县林业局审核同意。

若部分林地的属性与国土部门认定结果有偏差,由于征地数量中的林地数量必须小于或等于林业部门核准的征用林地数量,为保证土地顺利组卷报批,在林地调查报告结束未正式上报前，应请土地勘测调查单位予以审核，确保两者尽量一致。

公路及两侧的行道树占地一般都已纳入建设用地，在报批用地时不要重复勘测报批。特别是行道树，只需按路树更新，履行林木砍伐审批程序即可。

14)征用草原报批

《中华人民共和国草原法》规定，确需征收、征用或者使用草原的，必须经省级以上人民政府草原行政主管部门审核同意后，依照有关土地管理的法律、行政法规办理建设用地审批手续。

15)征用土地报批

建设项目原则上应纳入土地利用总体规划，否则国土资源部门不予受理用地申请。应高度重视区域路网建设规划工作，尽量采用施工图设计征用土地，避免出现二次征地。

16)施工图设计审批

施工图设计主要是解决施工工艺和施工组织设计，需要严格遵循以下审批流程。

(1)根据规划，编制项目建议书。

(2)根据批准的项目建议书，进行工程可行性研究，编制可行性研究报告。

(3)根据批准的可行性研究报告，编制初步设计文件。

(4)根据批准的初步设计文件，编制施工图设计文件。

(5)根据批准的施工图设计文件，组织项目招标。

(6)根据国家有关规定，进行征地拆迁等施工前准备工作，并向交通主管部门申报施工许可。

(7)根据批准的项目施工许可，组织项目实施。

(8)项目完工后，编制竣工图表、工程决算和竣工财务决算，办理项目交付、竣工验收和财产移交手续。

(9)竣工验收合格后，组织项目后评价。

17)办理质量监督手续

按交通运输部相关规定，省道建设项目要到省公路工程质量监督站或其委托的市级公路工程质量监督站办理。

18)施工许可

《公路建设市场管理办法》中规定了施工许可的办理程序和条件要求。国家

和国务院交通运输主管部门确定的重点公路建设项目的施工许可由省级人民政府交通运输主管部门实施，其他公路建设项目的施工许可按照项目管理权限由县级以上地方人民政府交通运输主管部门实施。主要条件是建设资金已落实，征地拆迁已基本完成，施工图设计已批复，施工、监理招标已结束，质量监督手续已办理等。

19）交工验收

《公路工程竣（交）工验收办法》（中华人民共和国交通部令 2004 年第 3 号）和《公路工程竣（交）工验收办法实施细则》（交公路发〔2010〕65 号）规定，交工验收由建设单位组织，设计、施工、监理和接养单位参加。交工验收应依据施工图设计、招标文件、投标文件逐标段进行，特别是路基、路面分开招标的项目，路基完工后，路面施工单位也应参加对应标段路基的交工验收。交工验收的前提条件是施工单位已完成全部合同约定内容，工程质量自检合格，临时用地已恢复并经当地国土资源部门验收合格，标段施工总结已完成，内业资料和档案已按规定整理完毕。为减轻施工企业资金压力，交工验收合格后，签发交工验收证书，按合同约定退还该标段履约保函，也可考虑退还 50％的质量保证金。各标段均通过交工验收后，建设单位应报请质量监督机构进行工程质量检验，并出具检验意见。同时，针对各标段的交工验收情况，编写项目交工验收报告，连同质量检验意见一并报交通主管部门核备，申请通车试运营。项目通车试运营前，必须明确接收管养单位，做好项目和固定资产移交，避免公路无人管养。

20）环保、水保、档案等专项验收（收费站、服务区等房建工程还要进行消防专项验收）

《中华人民共和国水土保持法》第二十七条规定，依法应当编制水土保持方案的生产建设项目中的水土保持设施，应当与主体工程同时设计、同时施工、同时投产使用；生产建设项目竣工验收，应当验收水土保持设施；水土保持设施未经验收或者验收不合格的，生产建设项目不得投产使用。

21）决算审计

国家和省发改委批准立项的，一般由省审计厅或其委托地方审计部门、审计事务所审计，审计结论应由审计厅认定。

22）竣工验收

缺陷责任期满后，建设单位应申请质量监督部门进行质量鉴定，鉴定合格和优良的工程，可向初步设计审批部门申请竣工验收。《公路工程竣（交）工验收办法》(中华人民共和国交通部令2004年第3号)和《公路工程竣(交)工验收办法实施细则》(交公路发〔2010〕65号)对竣工验收要求都做出了明确规定。竣工验收是大多数建设项目最后的一道程序。通过竣工验收的项目可以正式交付使用。

23)项目后评价

项目建成投产后,由交通运输主管部门,委托咨询单位针对工程可行性研究报告的结论,开展项目后评价工作。

1.1.2 工程招投标程序和要求

自《中华人民共和国招标投标法》实施以来,我国的工程招标工作逐步进入正轨,有关法规及制度体系逐步完善。目前,公路工程招标投标工程比较规范,下面结合招投标的程序,介绍部分注意事项。招投标工作大体上需要十四项程序,一般在可研报批阶段核备招标范围、招标方式、招标组织形式,《中华人民共和国招标投标法实施条例》(以下简称《招标投标实施条例》)对此进一步予以明确。若工程不招标或不邀请招标,或自行组织招标,必须在这一阶段予以解决。所以,在报批工程可行性研究报告时,要结合项目特点和自身能力,认真研究招标范围、招标方式和招标组织形式。《招标投标法实施条例》扩大了可以不进行招标的工程范围,其第九条规定,除招标投标法第六十六条规定的可以不进行招标的特殊情况外,有下列情形之一的,可以不进行招标:

(1)需要采用不可替代的专利或者专有技术;

(2)采购人依法能够自行建设、生产或者提供;

(3)已通过招标方式选定的特许经营项目投资人依法能够自行建设、生产或者提供;

(4)需要向原中标人采购工程、货物或者服务,否则将影响施工或者功能配套要求;

(5)国家规定的其他特殊情形。

1.1.3 公路建设项目管理应注意的事项

工程管理的“五化”要求,即发展理念人本化、项目管理专业化、工程施工标准化、管理手段信息化、日常管理精细化。结合“五化”要求和当前工程管理存在的突出矛盾和问题,相关人员在工程实施中应注意以下问题。

(1)注重公路的服务功能和使用安全性。不要随意降低技术标准,服务功能体现以人为本。特别是影响运营安全的设施(防撞护栏、标线、标志等)。

(2)关心农民工等弱势群体。建立和完善农民工工资保障制度。

(3)不得随意压缩工期,严格执行设计变更审批程序。

(4)根据自身情况采取合适的工程管理模式。例如代建制、施工总承包、工程总承包等模式。面对自身不足可通过购买相应的服务来弥补。对试点单位也要给予一定的资金补贴和技术支持。

(5)注意学习公路建设所涉及的新的法律、法规和规章,做到依法、合规建设。

1.2　公路工程项目的划分

公路工程建设项目可依次划分为建设项目、单项工程、单位工程、分部工程和分项工程。

(1)建设项目又称基本建设项目,一般指符合国家总体建设规划,能独立发挥生产功能或满足生活需要,其项目建议书和工程可行性研究报告经批准的建设任务,如交通基础设施中的一条公路、一座独立大中型桥梁或一座独立隧道等。

(2)单项工程又称为工程项目,它是建设项目的组成部分,是具有独立的设计文件并且在竣工后能独立发挥设计规定的生产能力和效益的工程。工程项目划分的标准根据工程专业性质的不同而不同。

公路建设的单项工程一般指独立的桥梁工程、隧道工程。这些工程一般包括与已有公路的接线,建成后可以独立发挥交通功能。但一条路线中的桥梁或隧道,在整个路线未修通前,并不能发挥交通功能,也就不能作为一个单项工程。

(3)单位工程是单项工程的组成部分,它是单项工程中具有单独设计,可以独立组织施工,并可单独作为成本计算对象的部分。公路建设项目一条公路中一段路线或一个合同段,可作为一个单项工程。其中,各个路段或合同段范围内的路基工程、路面工程、交通安全设施、桥梁、隧道,都可作为单位工程。

(4)分部工程是单位工程的组成部分,一般按单位工程中的结构部位、路段长度、施工特点或施工任务划分。在公路建设工程中,分部工程的确定是在工程项目界定的范围内,以工程部位、工程结构和施工工艺为依据,并考虑在工程建设实施过程中便于进行工程结算和经济核算。如单位工程中的路基工程可划分为路基土石方工程 1～3 km 路段、排水工程 1～3 km 路段、小桥及符合小桥标准的通道、人行天桥、渡槽、通道 1～3 km 路段、砌筑防护工程 1～3 km 路段和大型挡土墙、组合式挡土墙等分部工程。

(5)分项工程是分部工程的组成部分，是按照不同的施工方法、材料、工序及路段长度等来划分的。分项工程是概预算定额的基本计量单位，故也称为工程定额子目或称工程细目。如分部工程中的路基土石方工程可划分为土方路基、石方路基、软土路基、土工合成材料处置层等分项工程。

第2章　公路工程造价

2.1　公路工程造价的一般概念

2.1.1　公路工程的技术经济特征

(1)公路工程项目一般属于线形工程。公路路线所经路段地质特性的多变性,使得公路路基施工复杂,结构物施工也因地质条件的不确定性经常导致设计变更、工期延长,进度控制、质量控制、投资控制难度加大。

(2)公路工程项目构成复杂。公路工程项目的单位工程包括路基土石方工程、路面工程、桥梁工程、隧道工程、互通式立体交叉工程、沿线设施及交通工程、绿化工程等。

(3)公路工程项目体量大、施工过程多、工作面有限,决定了其施工工期较长。

(4)公路工程项目建设投资额大。

(5)施工流动性大。施工人员和机械等沿着线路移动进行施工。

(6)受外界干扰及自然因素影响大。施工的大部分是露天进行的,受外界干扰大。

2.1.2　工程造价的特点

(1)工程造价的大额性。工程造价的大额性决定了工程造价的特殊地位,也说明了造价管理的重要性。

(2)工程造价的个别性、差异性。工程内容和实物形态的个别性、差异性决定了工程造价的个别性、差异性。

(3)工程造价的动态性。工程造价在整个建设期中处于不确定状态,直至竣工决算后才能最终确定工程的实际造价。

(4)工程造价的层次性。工程造价的层次性取决于工程项目的层次性。有多个层次,如建设项目总造价、单项工程造价、单位工程造价、分部工程造价、分项工程造价等。

(5)工程造价的兼容性。工程造价的兼容性首先表现在工程造价本身具有两种含义(从不同利益方出发,从工程自身出发)上,其次表现在工程造价构成因素的广泛性和复杂性上。

2.1.3 工程造价的计价特征

(1)单件性计价。产品的个体差异性决定每项工程都必须单独计算造价。也就是说,只能根据建设工程项目的具体设计资料和当地的实际情况单独计算工程造价。

(2)多次性计价。建设工程一般规模大、建设期长、技术复杂、受建设所在地的自然条件影响大,消耗的人力、物力和资金巨大,一旦决策失误,将造成巨大的损失。为了满足建设各阶段的不同需要,适应造价控制和管理的要求,应在建设全过程进行多次计价。工程多次计价程序包括工程准备阶段和工程实施阶段。工程准备阶段分为投资估算、设计概算、修正概算、施工图预算、标底、报价。工程实施阶段分为中间结算、变更设计结算、竣工结算和竣工决算。

(3)组合性特征。工程造价的计算是分部组合而成的,这一特征和建设项目的组合性有关。其计算过程和计算顺序是分项工程造价、分部工程造价、单位工程造价、单项工程造价、建设项目总造价。如将公路建设工程分解为路基工程、路面工程、桥梁工程等;路基工程再分解为土方工程、石方工程、防护工程等;土方工程再分解为挖方工程、填方工程等;挖方工程再分解为机械挖、人力挖;机械挖再分解为挖掘机挖或推土机推挖等;如确定采用推土机推挖,就可以通过推土机推挖土方的工效定额得到推挖 1 m^3 土方所需推土机的台班消耗量,再按推土机的每台班单价计算出所需的费用。各项工程都可以这样进行分解,然后再将各部分的费用加以综合就可确定全部工程所需要的费用。任何规模庞大、技术复杂的工程都可以采用这种方法计算其全部造价。

(4)方法的多样性。多次计价有各不相同的计价依据,且对多次计价的精确度要求不同,因而计价方法有多样性特征。计算和确定概预算造价有两种基本方法,即单价法和实物量法。计算和确定投资估算的方法有设备系数法、生产能力指数估算法等。不同的方法各有利弊,适应条件也不同,计价时要加以选择。

(5)依据的复杂性特征。计价依据主要可分为 7 类:①计算设备数量和工程量的依据,包括项目建议书、可行性研究报告、设计文件等;②计算人工、材料、机械等实物消耗量的依据,包括投资估算指标、概算定额、预算定额等;③计算工程单价的价格依据,包括人工单价、材料供应价格、材料运杂费、机械台班费用定额等;④计算设备购置费的依据,包括设备原价、设备运杂费、进口设备关税等;⑤计算其他直接费、现场经费、间接费和工程建设其他费的依据,主要是相关的费用定额或指标;⑥政府规定的税费;⑦物价指数和工程造价指数。计价依据的复杂性不仅使计算过程复杂,而且要求计价人员熟悉各类依据,并正确利用。

2.1.4　公路工程造价的计价原则

(1)符合国家的有关规定。

(2)保证计价依据的准确性。造价编制的基础资料的准确性是合理确定造价的保证。为确保计价依据的准确性,应注意几个方面。

①正确摘取工程量,合理确定人工、材料、机械单价。公路工程造价是按实物量法进行编制的,即

$$\text{直接费} = \sum(\text{分部分项工程量} \times \text{定额人工、材料、机械消耗量} \times \text{当时当地的人工、材料、机械单价}) \tag{2.1}$$

因此,工程量及人工、材料、机械单价合理与否,直接影响造价中直接费的准确性。

②正确选用工程定额。为适应建设各阶段确定造价的需要,交通运输部编制颁发了《公路工程估算指标》《公路工程概算定额》《公路工程预算定额》等工程定额。在编制造价时合理选用定额,才能准确地编制各阶段造价。

③合理使用费用定额。公路工程造价编制中,除直接费以外的其他多项费用,均按《公路基本建设工程投资估算编制办法》《公路基本建设工程概算预算编制办法》中规定的计算方法及费率进行计算。各项费率应根据工程的实际情况取定。如行车干扰工程施工增加费,一般只存在于改建工程中,它与公路改建时保持通车的昼夜交通量有关,但计算时应考虑自然分流的影响,否则这项费用会比实际发生的费用大;若在直接费中考虑了一些临时工程,如修一个临时简易桥或临时道路分流,则行车干扰费应减少,甚至不计。

④注意计价依据的时效性。计价依据是一定时期社会生产力的反映,而生

产力是不断发展的。当社会生产力向前发展了，计价依据就会与已经发展了的社会生产力不相适应，因而，计价依据在具有稳定性的同时，也具有时效性。在编制造价时，应注意不要使用作废的计价依据，以保证造价的准确合理性。

(3)技术与经济相结合。完成同一项工程，可有多个设计方案、多个施工方案。不同方案消耗的资源不同，因而其造价也不相同。编制造价时，在考虑技术可行的同时，应考虑各可行方案的经济合理性，通过技术比较、经济分析和效果评价，选择方案，确定造价。

2.1.5 公路工程造价的计价依据

(1)有关工程造价的经济法规、政策，国家规定的建筑安装工程营业税率、城市建设维护税税率；与进口设备价格相关的设备进口关税税率、增值税税率；工程建设其他费中与土地补偿相关的国家对征用各类土地所规定的各项补偿费标准等。

(2)设计图纸资料。设计图纸资料主要作用如下：提供计价的主要工程量，这部分工程量一般从设计图纸中直接摘取；根据设计图纸提出合理的施工组织方案，确定造价编制中有关费用的基础数据，计算相应辅助设施的费用。

(3)工程定额。工程定额包括施工定额、预算定额、概算定额和估算指标等。

(4)费用定额。现行公路工程费用定额包括其他直接费定额、现场经费定额、间接费定额、工程建设其他费定额以及设备及工、器具购置费定额等。

①其他直接费定额：工程定额以外，与建筑安装工程施工生产直接有关的各项费用开支标准，包括冬雨季施工增加费、夜间施工增加费、高原地区施工增加费、沿海地区施工增加费、行车干扰工程施工增加费等。

②现场经费定额：与现场施工直接有关，而又未包括在直接费定额内的某些费用的定额，包括临时设施费和现场管理费，是施工准备、组织施工生产和管理所需的费用定额。

③间接费定额：为企业生产全部产品所必需的、为维持企业必需的经营管理活动所发生的各项费用开支标准，包括企业管理费和财务费用。

④工程建设其他费定额：土地征购费、拆迁安置费、建设单位管理费等。这些费用的发生和整个项目的建设密切相关，按各项独立费用分别指定，以便合理控制这些费用。

⑤设备及工、器具购置费定额：新建或扩建项目投产运转首次配置的工具器

具数量标准。

(5)基础单价。基础单价是指工程建设中所消耗的人工、材料、机械台班以及设备工、器具等单位价格的总称。

①人工单位价格是指建筑安装生产工人日工资单价,由生产工人基本工资、辅助工资、地区生活补贴、工资性补贴、职工福利费等组成。

②材料单位价格是指材料从其来源地到达施工工地仓库后的出库价格。

③施工机械台班单价是指每台施工机械正常工作一个班(按 8 小时计)发生的各项费用,包括基本折旧费、大修理费、经常维修费、替换设备费、润滑油及擦拭材料费、安装拆卸及辅助设施费、机械管理费等固定费用和机上工作人员工资、施工机械运转动力费、燃料费、牌照税及保养费等变动费用,亦称施工机械台班预算费。

④设备费单价是指各种进口设备、国产标准设备和国产非标准设备从其来源地到达施工工地仓库后的出库价格。

(6)施工组织设计。施工组织设计中的施工方法、资源供应计划、施工平面布置(如堆场、拌和场的位置)是造价编制中不可忽略的依据。

(7)工程量计算规则。工程量计算规则是计量工作的法规,它规定了工程量的计算方法和计算范围,一般放在工程定额的说明中。在公路工程设计文件中也列有各分部分项工程的工程量,在编制造价时,对设计文件中提供的工程量应进行复核,检查是否符合工程量计算规则,否则应按工程量计算规则进行调整。

(8)其他资料。工具书、标准图集等。

2.1.6　工程造价管理

1.工程造价管理的含义

工程造价管理是指针对建设项目,通过全过程、全方位、多层次地运用技术、经济及法律等手段,对建设项目工程造价进行预测、优化、控制、分析、监督等,以获得资源的最优配置和建设项目最大的投资效益。与工程造价的概念相对应,工程造价管理的含义也有两种,即建设工程投资费用管理和工程价格管理。

建设工程投资费用管理属于投资管理范畴。管理是为了实现一定的目标而进行的计划、组织、协调、控制等系统活动。建设工程投资管理就是为了达到预期的效果对建设工程的投资行为进行计划、组织、协调与控制。这种管理侧重投资费用,而不是侧重工程建设的技术。建设工程投资费用管理是为了实现投资的预期目标,在拟定的规划、设计方案的条件下,预测、计算、确定和监控工程造价及其变动的系统活动,既涵盖了微观的项目投资费用的管理,也涵盖了宏观层次的投资费用的管理。

工程价格管理属于价格管理范畴。在社会主义市场经济条件下,价格管理分两个层次。在微观层次上,价格管理是生产企业在掌握市场价格信息的基础上,为实现管理目标而进行的成本控制、计价、定价和竞价的系统活动。它反映了微观主体按支配价格运动的经济规律,对商品价格进行能动的计划、预测、监控和调整,并接受价格对生产的调节。在宏观层次上,价格管理是政府根据社会经济发展的要求,利用法律手段、经济手段和行政手段对价格进行管理和调控,以及通过市场管理规范市场主体价格行为的系统活动。工程建设关系国计民生,同时政府投资的公共项目今后仍然会有相当份额,所以国家对工程造价的管理,不仅承担一般商品价格的调控职能,而且在政府投资项目上也承担着管理职能。这种双重角色的双重管理职能,是工程造价管理的一大特色。区分两种管理职能,进而制定不同的管理目标,采用不同的管理方法,也是建设工程造价管理的本质所在。

2. 工程造价管理的内容

工程造价管理的目的是按照经济规律的要求,根据市场经济的发展形势,利用科学的管理方法和先进的管理手段,合理确定并有效控制工程造价,以提高投资效益和企业经营效果。因此,工程造价管理的基本内容就是合理确定和有效控制工程造价。

1)工程造价的合理确定

工程造价的合理确定就是在工程建设的各个阶段,即在项目建议书阶段、可行性研究阶段、初步设计阶段、技术设计阶段、施工图设计阶段、招投标阶段、合同实施阶段及竣工验收阶段,采用科学的计算方法和现行的计价依据及批准的设计方案或设计图纸等文件资料,合理确定投资估算、设计概算、施工图预算、承包合同价、工程结算价、竣工决算价。依据建设程序,工程造价的确定与工程建设阶段性工作深度相适应。一般分为以下 6 个阶段。

(1)项目建议书阶段。项目建议书是业主向国家提出的要求建设某一具体项目的建议文件,项目建议书一经批准后即为立项,立项后可进行可行性研究。

该阶段编制的初步投资估算，经有关部门批准，即作为拟建项目进行投资计划和前期造价控制的工作依据。

(2)可行性研究阶段。可行性研究是对建设项目技术上是否可行和经济上是否合理而进行的科学分析和论证，可行性研究报告一经批准后即形成项目投资决策。该阶段编制的投资估算，经有关部门批准，即成为该项目造价控制的目标限额。

(3)初步设计阶段。初步设计是为了阐明在指定地点、时间和投资限额内，拟建项目技术上的可行性和经济上的合理性。该阶段编制的初步设计总概算，经有关部门批准，即为控制拟建项目工程造价的最高限额。在初步设计阶段，对实行建设项目招标承包制签订承包合同协议的项目，其合同价也应在最高限价(总概算)相应的范围以内。技术设计阶段是进一步解决初步设计的重大技术问题，如工艺流程、建筑结构、设备选型等。该阶段则应编制修正总概算。

(4)施工图设计阶段。施工图设计是在初步设计基础上完整表现建筑物外形、内部空间尺寸、结构等，还包括通信、管道系统设计。该阶段编制的施工图预算，用以核实施工图阶段造价是否超过批准的初步设计概算。经承发包双方共同确认、有关部门审查通过的施工图预算，即为结算工程价款的依据。对以施工图预算为基础的招标投标工程，承包合同价是以经济合同形式确定的建筑安装工程造价，承发包双方应严格履行合同，使造价控制在承包合同价以内。

(5)工程实施阶段。在开工报告和建设年度计划得到批准后，即可组织施工。该阶段要按照承包方实际完成的工程量，以合同价为基础，同时考虑物价上涨引起的造价提高，以及设计中难以预料的而在实施阶段实际发生的工程变更和费用，合理确定工程结算价。

(6)竣工验收阶段。建设项目按设计文件规定内容全部施工完成后，由建设项目主管部门或建设单位向负责验收单位提出竣工验收申请报告，组织验收。该阶段全面总结在工程建设过程中实际花费的全部费用，编制竣工决算，如实体现该建设工程的实际造价。

2)工程造价的有效控制

工程造价的有效控制是指在投资决策阶段、设计阶段、建设项目发承包阶段和合同实施阶段，把建设工程造价的实际发生控制在批准的造价限额以内，随时纠正发生的偏差，以保证项目管理目标的实现，以求在各个建设项目中能合理使用人力、物力、财力，并取得较好的投资效益和社会效益。具体来说，工程造价的有效控制就是用投资估算控制初步设计和初步设计概算；用设计概算控制技术设计和修正概算;用概算或者修正概算控制施工图设计和预算。有效控制工程造价应体现以下3项原则。

(1)以设计阶段为重点的全过程造价控制。工程造价控制应贯穿项目建设的全过程,但是各阶段工作对造价的影响程度是不同的。影响工程造价最大的阶段是投资决策和设计阶段,在项目做出投资决策后,控制工程造价的关键就在于设计阶段。建设工程的全寿命费用包括工程造价、工程交付使用后的经常开支费用以及其使用期满后的报废拆除费用等。有关资料显示,设计费用只相当于建设工程全寿命费用的1%以下,但对工程造价的影响度占到75%以上。因此,设计单位和设计人员必须树立经济核算的观念,克服重技术轻经济的思想,严格按照设计任务书规定的投资估算做好多方案的技术经济比较。工程经济人员在设计过程中应及时地对工程造价进行分析对比,以保证有效地控制造价。同时要积极推行限额设计,在保证工程功能要求的前提下,按各专业分配的造价限额进行设计,保证估算、概算起到层层控制作用。

(2)以主动控制为主。长期以来,建设管理人员把“控制”理解为进行目标值与实际值的比较,即当两者有偏差时,分析产生偏差的原因,确定下一阶段的对策。这种传统的控制方法只能发现偏差,不能预防偏差发生,是被动的控制方法。自20世纪70年代开始,人们将系统论和控制论研究成果应用于项目管理,把控制立足于事先主动地采取决策措施,尽可能减少实际值与目标值发生偏离。这是主动的、积极的控制方法,因此称为主动控制。这就意味着工程造价管理人员应能进行科学管理。建设管理人员的工作不仅要真实地反映投资估算、设计概预算,更重要的是能动地影响投资决策、设计和施工,主动地控制工程造价。

(3)技术与经济相结合是控制工程造价的有效手段。控制工程造价,应从组织、技术、经济等多方面采取措施。组织上要做到专人负责,明确分工;技术上要进行多方案选择,力求先进可行、符合国情;经济上要动态比较投资的计划值和实际值,严格审核各项支出。工程建设要把技术与经济有机地结合起来,通过技术比较、经济分析和效果评价,正确处理技术先进与经济合理之间的对立统一关系,力求做到在技术先进条件下的经济合理,在经济合理基础上的技术先进,把控制工程造价的思想真正地渗透到可行性研究、项目评价、设计和施工的全过程中。

3. 工程造价管理的组织

工程造价管理的组织是指为了实现工程造价管理目标而进行的有效组织活

动，以及与造价管理功能相关的有机群体。按照管理的权限和职责范围划分，我国目前的工程造价管理组织系统分为政府行政管理系统、行业协会管理系统以及企业、事业机构管理系统。

1）政府行政管理系统

政府在工程造价管理中既是宏观管理主体，又是政府投资项目的微观管理主体。从宏观管理的角度，政府对工程造价管理有一个严密的组织系统，设置了多层管理机构，规定了管理权限和职责范围。住房和城乡建设部标准定额司是国家工程造价管理的最高行政管理机构，其主要职责如下：组织制定工程造价管理有关法规、制度并组织贯彻实施；组织制定全国统一经济定额和部管行业经济定额的制订、修订计划；组织制定全国统一经济定额和部管行业经济定额；监督指导全国统一经济定额和部管行业经济定额的实施等。省、自治区、直辖市和行业主管部门的工程造价管理机构在其管辖范围内行使管理职能，省辖市和地区的工程造价管理部门在其所辖地区行使管理职能，其职责大体与国家住房和城乡建设部的工程造价管理机构相对应。

2）行业协会管理系统

中国建设工程造价管理协会是我国建设工程造价管理的行业协会。中国建设工程造价管理协会成立于 1990 年 7 月，是具有团体法人资格的全国性社会团体，也是对外代表造价工程师和工程造价咨询服务机构的行业性组织。协会的宗旨如下：坚持党的基本路线，遵守国家宪法、法律、法规和国家政策，遵守社会道德风尚，遵循国际惯例，按照市场经济的要求，组织研究工程造价行业发展和管理体制改革的理论和实际问题，不断提高工程造价专业人员的素质和工程造价的业务水平，为维护各方的合法权益，遵守职业道德，合理确定工程造价，提高投资效益，及促进国际间工程造价机构的交流与合作服务。

3）企业、事业机构管理系统

企业、事业机构对工程造价的管理，属于微观管理的范畴，通常是针对具体的建设项目而实施工程造价管理活动。企业、事业机构管理系统根据主体的不同，可划分为业主方工程造价管理系统、承包方工程造价管理系统、中介服务方工程造价管理系统。

2.1.7　建设工程造价的构成

建设项目总投资包括固定资产投资和流动资产投资两部分。建设项目总投资中的固定资产投资与建设项目的工程造价在数量上相等。工程造价是工程项目按照确定的建设内容、建设规模、建设标准、功能要求和使用要求等全部建成并验收合格交付使用所需的全部费用。高速公路建设项目业主方投资控制我国现行工程造价的构成主要划分为设备及工、器具购置费,建筑安装工程费,工程建设其他费,预备费,建设期贷款利息,固定资产投资方向调节税等。具体构成内容如图 2.1 所示。

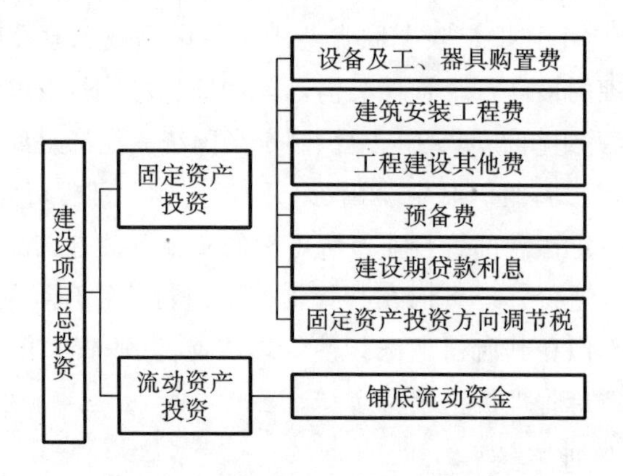

图 2.1　建设项目总投资构成示意图

设备及工、器具购置费由设备购置费和工、器具及生产家具购置费组成。建筑安装工程费包括直接费、间接费、利润、税金,其构成见图 2.2。工程建设其他费包括土地使用费、与项目建设有关的其他费用、与未来企业生产经营有关的其他费用。预备费用包括基本预备费和涨价预备费。

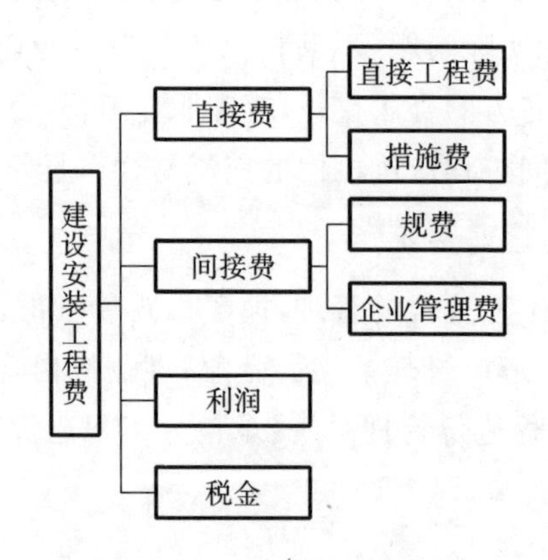

图 2.2　建筑安装工程费用构成示意图

2.1.8 全过程工程造价管理

1. 全过程工程造价管理的内涵

为了全面提高我国建设工程造价管理的水平，必须尽快实现从传统的项目管理方式向现代项目管理方式的转换，同时实现从传统的基于定额的造价管理方式向现代的基于活动的全过程造价管理方式的转换。

建设项目全过程造价管理方式的核心概念主要包括如下。

(1)多主体的参与和投资效益最大化。全过程造价管理模式的根本指导思想是通过这种管理方法，使得项目的投资效益最大化，并合理地使用项目的资源，降低工程造价。全过程造价管理模式的根本方法是整个项目建设全过程中的各有关单位共同分工合作承担建设项目全过程的造价控制工作。全过程造价管理要求项目全体相关利益主体的全过程参与，这些相关利益主体构成了一个利益团队，必须共同合作。

(2)全过程的概念。全过程造价管理作为一种全新的造价管理方式，强调建设项目是一个过程，建设项目造价的确定与控制也是一个过程，是一个项目造价决策和实施的过程，人们在项目全过程中都需要开展建设项目造价管理的工作。

(3)基于活动的造价确定方法。全过程造价管理中的建设项目造价确定是一种基于活动的造价确定方法，这种方法是将一个建设项目的工作分解成项目活动清单，然后使用工程测量方法确定每项活动所消耗的资源，最终根据这些资源的市场价格信息确定一个建设项目的造价。

(4)基于活动的造价控制方法。全过程造价管理中的建设项目造价控制是一种基于活动的造价控制方法，这种方法强调一个建设项目的造价控制必须从项目的各项活动及其活动方法的控制入手，通过减少和消除不必要的活动去减少资源消耗，从而实现降低和控制建设项目造价的目的。

从上述分析可以得出全过程造价管理模式的基本原理：按照基于活动的造价控制方法估算和确定建设项目造价，同时采用基于活动的管理方法以降低和消除项目的无效和低效活动，从而减少资源消耗与占用，并最终实现对建设项目造价的控制。

2. 全过程造价管理的基本步骤

全过程造价管理有两项主要内容：一是造价的确定过程，二是造价的控制

过程。

全过程造价管理方式中的造价确定是按照基于活动的项目成本核算方法进行的。其核心指导思想如下:任何项目成本的形成都要消耗或占用一定的资源,而任何这种资源的消耗和占用都是开展项目活动造成的,只有确定了项目的活动才能确定项目所需消耗的资源,进而科学地确定项目活动的造价,最终确定一个建设项目的造价。这就是国际上通行的基于活动的成本核算的方法,也叫工程量清单法或工料测量法。需要注意的是,我国现在全面推广的工程量清单法在项目工作分解结构的技术、项目活动的分解与界定技术方法、项目资源价格信息收集与确定方法等方面还有待完善,所以必须加以改进才能够形成建设项目全过程造价确定的技术方法。

全过程造价管理方式中的造价控制是按照基于活动的项目成本控制方法进行的。其核心指导思想如下:任何项目成本的节约都是项目资源消耗和占用的减少带来的,只有通过项目减少或消除项目的无效或低效活动才能节约成本。因此,减少或消除项目无效或低效活动以及改善项目低效活动的方法能够有效地控制和降低建设项目的造价。这就是国际上流行的基于活动(或过程)的项目造价控制方法。我国现有的项目控制方法在不确定性成本控制、项目变更总体控制、项目多要素变动的集成管理和项目活动方法的改进与完善等方面都还存在一些缺陷,需要加以改进。

2.1.9 实例分析

1. 工程概况

本建设项目为某三级公路的旧路改建工程。该工程是围绕某市总体路网规划中的一条东西干道,全长 185.4 km。18 标段起讫桩号 K34+000—K36+000,建设里程 2 km,路基宽 7.5 m,路面宽 6.0 m,土路肩为 2×0.75 m,项目内容为路基、路面底基层和基层、结构物、防排水等土建工程。

本标段路线经过地区属平原微丘区,多为旱田、水田,且水塘较多。本标段地表为第四系沉积物的中-低液限黏土,次层局部为中砂、砂砾,下伏泥岩、砂岩,断层不发育,区域稳定性较好;部分路段存在弱膨胀土或膨胀性土。地震烈度为 6 度。本标段有淮河支流水系的多条小河,且沟渠纵横,水量充足。垄岗地下水不发育,水位埋深≥6 m;谷地及阶地地下水丰富,以孔隙水为主,埋深 1~4 m,主要补给来源为大气降水。地表水及地下水水质对混凝土无侵蚀性。

气候属大陆性气候，夏季短冬季长，结冰期五个月，气候严寒，初雪一般在十月上中旬，终雪在翌年四月上旬，最高月平均气温 23 ℃，最低月平均气温－17 ℃，历年最大降雨量 880.5 mm，多集中于七月、八月，冬季常刮西北风，夏季转为南风，三月、四月、五月风力 3～5 级，每年十月中旬至翌年四月中旬为冰冻期，标准冰冻深度 1.60 m，根据中国自然区划属Ⅱ2 区。

本段路基土方工程量为 6000 m^3。路面工程中，本标段路面底基层采用厚度为 30 cm 的山砂土，数量为 15 km^2。基层采用厚为 24 cm 的二灰山砂，数量为 13 km^2。上面层采用厚为 3 cm 细粒式沥青混凝土(LH-15)，数量为 12 km^2。路缘石数量 10 m^3，长 3.93 m。路肩采用厚为 53 mm 的山砂土，数量为 3.0 km^2。

2. 总体施工安排

(1)项目经理部。根据现场勘察，在主线 K35＋000 右侧设置项目经理部，生活房屋采用活动板房并进行绿化。该处交通便利，利于指挥生产和采购生产和生活用品，占地面积 10000 m^2，其他各施工队驻地按各自所担负的工作任务就近布置。

(2)施工场地布置。在 K35＋000 项目经理部旁边设置拌和场，占地面积共为 40000 m^2，其中混凝土拌和场为 10000 m^2，基层拌和场为 20000 m^2。稳定土底基层拌和场为 10000 m^2。

(3)施工便道、便桥。为保证全线施工畅通，及进场材料、设备的交通运输，在路线右侧设纵向便道 5 km，土场便道 0.8 km，便道宽 4.5 m，便道两侧设排水沟，便于及时排水，并设直径为 75 cm 的临时圆管涵 84 m。

(4)施工用电。施工中与当地用电部门联系，拌和站及生活用电各配备 1 台 400 kV·A 变压器，施工用电从附近高压电网引入。另配备 2 台 200 kW 发电机组作为备用电源，路上临时用电配备 3 台 75 kW 发电机。

(5)施工用水。拌和站内设泵站，蓄水池，安设管道从机井中引入施工用水，在拌和站内打 4 口机井，提供施工、生活用水。用水均需要先进行水质分析，合格后再使用。

(6)临时通信。施工临时通信系统与当地电信部门联系，拌和站、项目部和各施工队驻地安设程控电话机，另配移动电话和手持式无线对讲机，保证项目部、拌和站、各施工队、各工作点之间及时联络。

(7)项目部组织机构及各项工程人员配置。

①项目经理部：由项目经理办、总工办、工程质检室、试验设备室、材料室、财

务室、综合办等科室组成，共30人，负责现场施工组织与管理、施工指挥、技术指导、服务与协调工作。

②路基土方施工：安排5个作业组，设道路工程师1人，技术员5人，工长3人，测量8人，实验人员6人，质检5人，力工150人。

③路面工程：砂砾垫层安排一个作业小组，设路面工程师1人，工长1人，技术员1人；石灰粉煤灰山砂土底基层安排一个作业小组，设路面工程师1人，工长2人，测量员2人，实验员2人，质检员2人，劳动力40人，其中拌和场20人，摊铺现场20人；石灰粉煤灰山砂土基层安排一个作业小组，设路面工程师1人，拌和站站长1人，技术负责人1人，工长2人，技术员2人，测量4人，试验5人，质检4人，工人45人，其中拌和场工人20人，施工现场工人25人；黏结层安排一个作业小组，设路面工程师1人，工长1人，技术员1人，测量员2人，实验员2人，工人20人；沥青混凝土面层安排一个作业小组，设路面工程师1人，拌和站站长1人，技术负责人1人，工长3人，技术员3人，测量4人，试验4人，质检3人，普通工人46人，拌和站工人18人，施工现场工人28人。

④排水防护工程：安排一个作业小组，设路面工程师1人，技术员1人，工长1人，普工100人，技工30人。

3. 设备、人员动员周期和设备、人员、材料运到施工现场的方法

公司接到中标通知书后，立即进行设备、人员调配。签订合同书3天内由项目经理率工程技术、企划、质检、试验、设备、材料、财务、综合科等各职能部门人员进入现场迅速展开工作。5天内可由省内各施工项目调配急需的施工人员200名及施工急需的主要施工设备（如推土机、挖掘机、压路机、自卸汽车、平地机、发电机、混凝土搅拌站、混凝土搅拌机、砂浆搅拌机、试验和测量仪器）。其余人员及设备根据工程进度安排，陆续提前组织进场，确保满足施工需要。

进场后先进行征地和临建的筹备，测量人员进行路基导线点和水准点的测量及中线的测设，工程技术人员熟悉招标文件和设计图纸，并对沿线实际情况及特殊路段全面掌握，为能够顺利进入施工生产做好准备。试验人员对土场和料场进行材料的取样、检验，并鉴定材料的各项指标，同时着手试验室的组建和筹备，对各项试验全面掌握，选择试验仪器，以能够满足招标文件要求，为直接进入施工生产做好准备。通过各项筹备工作的及时落实，能够保证主体工程的按期开工。

本工程所需设备采用公路运输的方式运至工地。人员乘坐汽车到达施工现

场，部分管理人员将乘坐项目指挥车直接进入施工现场。材料由汽车运输直接到达工地。

4. 主要项目的施工方案、施工方法

1）填前压实技术

对于路基的填前压实工作，应提前清理好路面，做好填挖界面的纵向结合，若结合面坡度过陡，可用土工钉加强结合。半填半挖路基的填料应综合设计，当挖方区为土质时，应优先采用渗水性好的材料填筑，同时对挖方区路床 0.80 m 范围内土体进行超挖回填碾压，并在填挖交界处路床范围内铺设土工格栅；当挖方区为坚硬岩石时，宜采用填石路基。半填半挖路基中填方区可采用冲击碾压或强夯等进行增强补压，以消减路基填挖间的差异变形。对黄土路基要挖出台阶，并保证台阶向内倾斜，还要对黄土的含水量加强控制。如果施工中黄土含水量过小，要向其均匀加水，然后进行碾压；如果含水量过大，则可以适量加入石灰进行掺配处理，或将黄土翻松后适当晾晒。

对于软土地基的填前压实工作，要分情况进行讨论。如果软土地层的含水量高于标准或低于标准，宜采取灰土挤密桩进行处理：含水量过大的地基，可填入干土粉或石灰粉吸走多余水分；含水量过小的地基，可事先浸湿加固范围内的土层，先外圈、后里圈，间隔进行成孔。如果要减轻对软土地基的承载力要求，宜采取轻质材料来填筑路堤，例如粉煤灰填筑路堤可使路堤自重减轻 25%。对于浅层软土地基，可在地表铺筑土工布，起到分隔、过滤和排水的作用，然后再填筑路堤，也可采用粗集料（砂砾）换填、片石挤淤等措施进行处理。对于特殊潮湿地区的路基土压实工作，应根据实际情况做出具体的调整。

2）强夯工艺

在清理并平整施工场地后，要按设计要求测量定位，确定强夯的范围；在测量并标识第一遍夯点位置时，要尽量减小误差，确定地面高程；起重机就位后，其夯锤中心要与夯点对准，使夯锤自由下落时准确率提高；另外要测量夯前锤顶的标高，确定零高度；不断变换夯点，完成每一个夯点的夯击工作。一般多为补压措施，单击夯击能量为 1000 kN·m，最后一遍沉降量控制在 3 cm 以内，具体夯击遍数由试验段确定。

3）掺灰工艺

在进行掺灰工艺处理道路基底时，对基底进行清理，即对地面附着物、树根、

草皮、垃圾等移除清理;待石灰到场后进行材料确认;实行掺灰工艺以前要测量并放样,架设控制桩以控制灰土的铺筑宽度和层数。在掺灰工艺的技术控制上,回填灰土必须在场外充分拌和,避免生土团和石灰窝现象的发生;混合料中的最大粒径要符合规范要求,压实过程中要确保每一层的密实度。

4)冲击碾压技术

冲击碾压施工前,要按设计图纸的要求对冲击压力的边界实行测量放样,确定压实边界;平整场地,做好场地的清洁工作及含水量检测工作,对碾压前的密实程度和高程进行测量记录。施工过程中,要确保对每个划分好的区域采用冲击压路机进行冲击碾压,一般是在常规的压实功后采用冲击压路机补压 20 遍,沉降量控制在 2～5 cm,具体工程要根据现场试验段确定。

5.路面工程施工方法

1)沥青混合料的拌制

各种集料分类堆放,按要求的配合比配料。

(1)设置拌和站。设置间歇式具有密封性能及除尘设备,并有检测拌和温度装置的沥青混凝土拌和站。

(2)设置试验室。拌和站设试验室,对沥青混凝土的原材料和沥青混合料及时进行检测。

(3)热拌沥青的温度控制。热拌沥青混合料的施工温度与石油沥青的标号有关。沥青的加热温度控制在规范规定的范围内,即 145～170 ℃。集料的加热温度由拌和机类型决定:间歇式拌和机集料的加热温度比沥青温度高 10～30 ℃;连续式拌和机集料的加热温度比沥青温度高 5～10 ℃。混合料的出料温度控制在 135～170 ℃,若混合料出料温度过高,应予以废弃。混合料运至施工现场的温度控制应不低于 135 ℃。

2)混合料出厂要符合要求

出厂的混合料须均匀一致,无白花料,无粗细料离析和结块现象。若不符合要求,立即废弃。

3)混合料的运输

根据拌和站的产量、运距合理安排运输车辆;运输车的车厢内保持干净,涂防黏薄膜剂;在运输车箱内已离析、硬化或被雨淋的混合料,应予以废弃。

4)混合料的摊铺

(1)根据路面宽度选用 1～2 台具有自动调节摊铺厚度、找平装置、可加热的振动熨平板,并运行良好的高密度沥青混凝土摊铺机进行摊铺。

(2)下面层、中面层采用走线法施工,表面层采用平衡梁法施工。

(3)摊铺机均匀行驶,行走速度和拌和站产量相匹配,以确保所摊铺路面均匀不间断地摊铺。在摊铺过程中不准随意变换速度,尽量避免中途停顿。

(4)沥青混合料的摊铺温度根据气温变化进行调节。一般正常施工温度不低于 125 ℃,在摊铺过程中随时检查并做好记录。

(5)开铺前将摊铺机的熨平板进行加热至不低于 100 ℃。

(6)采用双机或三机梯进式施工时,相邻两机的间距控制在 10～20 m。

(7)在摊铺过程中,应检查碎石摊铺质量,出现离析、边角缺料等现象时,人工及时补洒料、换补料。

(8)在摊铺过程中随时检查高程及摊铺厚度,并及时通知操作人员。

(9)摊铺机无法工作的地方,经监理工程师同意后采取人工摊铺施工。

5)混合料的压实

(1)压路机采用 2～3 台双轮振压路机及 2～3 台重量不小于 16 t 胶轮压路机。

(2)初压:采用钢轮压路机静压 1～2 遍,正常施工情况下,压路机碾压时混合料温度应不低于 120 ℃,并紧跟摊铺机进行,对摊铺后初始压实度较大,经实践证明采用振动压路机或轮胎压路机直接碾压无严重推移而有良好效果的,可免去初压。

(3)复压:紧跟在初压后开始,不得随意停顿。密级配沥青混凝土优先采用胶轮压路机进行碾压,以增加密水性,总质量不宜小于 25 t。压路机碾压不到的边角位置,使用小型振动压路机碾压。

(4)采用雾状喷水法,以保证沥青混合料碾压过程中不黏车轮。

(5)不在新铺筑的路面上停机进行加水、加油活动,以防各种油料、杂质污染路面。压路机不准停留在尚未冷却的已完成路面上。

(6)碾压进行时,压路机不得中途停留、转向或制动,压路机每次由两端折回的位置呈阶梯形随摊铺机向前推进,使折回处不在同一横断面上,振动压路机在已成型的路面上行驶,应关闭振动。

6)接缝处理

(1)梯队作业采用热接缝,施工时将已铺混合料部分留下 100～200 mm 宽,暂不碾压，并作为后摊铺部分的高程基准面，后摊铺部分一旦完成，立即齐缝碾压，以除缝迹。

(2)半幅施工不能采用热接缝时，采用人工顺直刨缝或切缝。摊铺另一个半幅前必须将边缘清扫干净，并涂洒少量黏层沥青。摊铺时应重叠在已铺层上50～100 mm，摊铺后将混合料人工铲走。碾压时由边向中碾压留下100～150 mm，然后压实新铺部分，再跨缝挤紧压实。

(3)横接缝的处理方法：首先用3 m直尺检察端部平整度，不符合要求时，垂直于路中线切齐清除。清理干净后在端部涂黏层沥青。摊铺时调整好预留高度，接缝处摊铺层施工结束后，再用3 m直尺检查平整度，若不符合要求，立即人工处理。横向接缝的碾压先用双轮双振压路机进行横压，碾压时压路机位于已压实的混合料层上，伸入新铺层的宽度为150 mm，然后每压一遍向铺混合料方向移动150～200 mm，直至全部在新铺层上为止，再改为纵向碾压。

7)路面排水

路面质量问题中相当大一部分是路面排水系统不良造成的，因此有必要做好路面排水工作，并与地区的排水规划相协调。水对公路使用性能的影响较大，不但降低路基的强度，高温水还易使沥青剥落。高速公路一般设计路堤较高，且多有硬路肩，路基内的水害不严重，所以设计应主要防止路面水下渗引起的路面结构破坏。在我国已建成的沥青路面高速公路经常在雨后出现一定量的坑槽，原因就是水破坏，特别是夏天高温天气，雨水渗入路面，形成高温水，在行车荷载作用下，沥青从碎石上剥落下来，两者分离，在行车作用下形成坑洞。施工时采用黏结力强的沥青和碱性石料。考虑到耐磨性，磨耗层采用玄武岩，另外在沥青混合料中加入一定量的矿粉，增加其黏结力，表层施工按防水层处理，使水无法进入结构层内部，从而避免出现类似破坏。地面排水中，对于高速公路和一级公路上的排水沟渠，一般要求铺砌防护，另外常见的排水设施还有边沟、截水沟和急流槽等。公路路面排水中，如遇大暴雨等特殊天气，易形成积水，要求排水迅速，可以采用集中排水和分散排水的方法。地下排水工作也十分重要，一般采用渗透式排水，如果水量过大，还应采用带渗水管的渗沟。

8)裂缝的防治

路面裂缝的种类基本上可以分为两大类：一类是基层开裂所形成的反射裂缝和面层自身产生的温缩裂缝，属于非荷载裂缝；另一类是由行车荷载反复作用而产生的裂缝，它是由于路面基层承受的拉应力超出其抗弯拉强度而产生的网

状不规则的裂缝，在设计时应充分考虑。施工时控制好质量就是为了解决非荷载裂缝。

(1)路面基层裂缝的控制。选择收缩性小的水泥稳定类材料做基层，施工时要考虑到水泥类稳定材料产生裂缝的机理，即温缩和干缩。这两者又与材料的含水量和塑性指标有关，因此选择材料时要对材料的塑性指标进行试验，试验结果在规范允许的范围内时，方可采购该材料。在施工中可通过采用缓凝减水剂等方法，尽量使水泥类稳定材料达到最佳含水量，保证少出或不出裂缝。

(2)路面面层裂缝的防治。沥青路面非荷载裂缝是反射裂缝和温缩裂缝的总和。与沥青的品质有关的参数，主要是沥青的温度敏感性和针入度。国内外多项试验表明，针入度指标越高，高黏度沥青的温度敏感性较低。在选择路面材料时就要充分考虑到这些因素，因为裂缝出现后，雨水就会沿裂缝下渗，侵蚀下面的结构层，并降低其强度，从而出现严重的路面损坏。

9)路面养护

在公路的施工建设完成后，路面的养护阶段同样重要。公路路面重在日常养护，需要制定详细的规范和准则，建立有效的管理机制，派专职人员每天上岗巡视，做好检查和维修记录。对于潜在安全隐患和质量问题，要引起高度重视。对于路面问题，要及时进行维修上报，预防路面开裂、深陷等系列问题的发生，还要定期对公路的平整度、弯沉、抗滑力和车辙等技术指标进行抽样调查检测，建立完善的数据库和评价体系。另外，缺陷责任期内的公路维修养护，也是高速公路养护管理的一个重要阶段。在公路建成通车的初期，路基会发生一定的沉降，施工质量方面的缺陷一般在通车后一段时间内会逐渐暴露，在建成通车后两年内出现的质量缺陷由承包商负责维修，因此对公路的安全和使用要做好监督和养护，可以购买专用养护设备，组建养护机构，专门负责对公路路面状况的养护工作。

6. 公路工程概预算中常见问题分析

1)招投标不严格、违规违法操作

在公路工程招投标中，一定要严格执行招投标法律法规。就目前公路工程招投标的现状而言，招投标不规范、暗箱操作等违法违规行为依然存在，相关部门虽高度重视，但形势依然严峻。

2)预算编制缺乏合理性

随着经济的全球化发展，科学有效的公路工程概预算编制工作促进了公路工程的整体发展水平。但是部分施工项目的概预算内容缺乏良好的完整性,出现各种纰漏。如公路工程预算数据无法确定,随着市场流通成本的变化,施工所需设备和施工材料也会出现变化,导致后期追加预算情况的出现;预算书的编制不全面,没有全部将所有的公路工程费用纳入预算书中,将导致超预算问题的出现。

3)存在不正当竞争行为

在宏观政策的调控下,材料价格得到控制,公路工程却仍面临严峻的市场竞争环境。由于项目周期较长,涉及的范围广泛,公路工程概预算工作虽然预测了材料价格波动、市场风险,但是却难免出现漏洞。同时,从事公路项目施工队伍数量多,从而导致部分公路工程招标存在不正当竞争行为,造成公路工程造价超出预算。

4)造价管理体制落后

受传统定额管理的影响,设计阶段公路工程概预算(估算)价格以定额为基础进行评价。概预算定额站修订工作较慢,不利于造价的控制。部分定额站工作人员不注重造价资料的收集整理,对已完成公路工程实例的分析较少。由质量达不到标准引起的经济损失也属于质量成本,项目的成本与质量有着紧密的关系,但是长期以来质量成本的控制未引起足够重视。工期成本是为了按时完成公路工程所需要的费用。业主与施工单位通过订立合同确定项目的工期,但是工期的长短主要由人为因素确定,缺乏科学的研究。过度缩短工期导致成本增加,同样过度强调成本也会拖延项目的进度。

7.公路工程概预算中存在问题的改进措施

1)增强公路工程造价管理意识

在公路工程中,设计阶段造价控制管理意识的薄弱是当前国内公路工程的常见弊端性问题之一。部分公路工程的造价人员,仅从预算编制的视角开展工作,并简单核算相应的设计成果,未能真正参与造价控制工作,导致概算超估算、预算超概算、决算超预算的“三超”现象。

2)严格招投标,确保公路领域健康发展

公路工程招投标活动是在市场经济主导下的,以公平竞争和优胜劣汰为机制、市场选择为调控手段,关系到行业的健康发展、社会稳定的大事。招投标使

利益分配公正并保障参与招标的各方的合法权益，起到促进经济增长的作用。为保障项目的建成，应加强对各个责任主体的监管。

3)严格程序，科学规范做好公路工程设计

公路工程设计是项目的前提，从可行性报告到施工图设计，经历了复杂递进的多个阶段，设计阶段就是把概预算控制物化的过程。现代企业发展和扩张迅速，常常会在很短时间内启动多个公路项目，部分企业漠视公路程序，盲目追求经济效益，导致公路工程设计还未得到完善就急于施工。优秀的工程设计是建立在充足的调研论证，充分的构思、选择、深化、优化基础上的，更是与时代功能需求、公路科技运用、公路资源市场密切相关的。但是，当前部分项目的业主提供信息不完善，要求工期紧张，使得设计者对项目的了解不深、准备不足，无法对项目中的每一个细节进行更好的研究比选，最终导致设计缺陷多，甚至功能要求落后，损害企业利益和使用者的权益。部分企业要求设计者对项目进行限制性设计，比如限定平方米造价、限定钢筋含量等，使得公路在施工中或在使用中存在各种质量缺陷。因此在设计各阶段，公路工程概预算管理都应发挥重要作用，使得成本控制和功能实现、质量保证核心统一。

4)保持有序的项目管理

项目管理工作贯彻计划、评估、控制工作活动，以使概预算达到预期的工作目标。项目管理的作用在于提高各项资源的利用率，切实完成公路工程目标。因此，在项目管理过程中，必须加强项目成本管理，合理安排项目管理任务，制定完善的项目管理制度，采取可行性的项目计划，加强各项管理措施的执行力度。同时，实施全面的风险管理措施，定期开展各项业务活动，协调组织项目工作人员，制定奖罚分明的激励制度，充分提高工作人员的工作积极性等。作为公路工程项目工作部门必须严格遵循项目管理程序，保持严谨的概预算编制和审批，从根本上确保概预算的控制时效性。

5)概预算定额的应用

在应用概预算定额之前，造价人员应该对定额进行充分了解，并了解定额应用的方法。一般情况下，概预算定额有很多内容，比如总说明、公路工程量计算规则等，概预算编制人员需要认真了解、分析，才能掌握不同定额代表的内容。比如在路面公路工程里面，稳定土基层与级配碎石的厚度不能大于 15 cm，填缝碎石的厚度不能大于 12 cm，垫层的厚度不能大于 20 cm，而压路机等一些机械的消耗情况应该依照定额数量来计算，假如以上几部分的厚度都大于定值，在分层搅拌的时候，应该在计算压路机等机械的消耗情况时依照定额标准进行倍数计算，即每 1000 m 增加 3 个工日。在公路工程概预算定额中，概算定额与预算定额的作用是有区别的，所以，在使用之前需要清楚定额所代表的内容及其应用范围，以免出现漏算、重算。应该注意的是，公路工程量单位应该和定额相同，以免因单位的不同而出现较大的错误。此外，概预算定额中有部分内容是可以修改的，但在修改之前，造价人员需要充分考虑公路工程工期要求及公路工程结构的特点，提高使公路工程概预算的编制质量和准确性。

6)加强概预算复核

公路工程概预算的编制是一个烦琐而庞大的工程，一般初次编制完成的结果都会存在一定程度的差错，因此在编制概预算后，必须做好概预算的复核工作，且应尽可能由经验比较丰富的概预算人员负责。复核期间有必要分析公路工程相关的经济指标，包括直接费、人工费、材料费等指标，同时比对分析同类型公路工程项目的概预算，并检查公路工程造价结果是否与图纸公路工程量相匹配，在发现差错时，及时予以纠正。加强概预算复核，才能够进一步提高概预算编制的准确性，尤其是在公路工程难度日益增加的大背景下，概预算复核工作更是必不可少的。

7)加强监管力度

在实际的公路工程概预算控制管理中，监理、公路等部门必须充分发挥监管职能，严格监控公路工程项目的可行性、投资额度的审批程序等。为了增强公路工程的监督效率，必须严格执行相关的监理制度，处理工作中出现的问题。同时，严格选拔思想觉悟高、专业能力较强的工作人员，完善以责任制为核心的规章制度，使工作人员在实际的工作中做到有章可循、有法可依，形成良好的施工规范意识。总而言之，公路工程本身的复杂性，在一定程度上影响了概预算编制的准确性。企业要认识到概预算管理的必要性和紧迫性，重视概预算管理在项目全寿命过程的意义。为确保概预算准确性，编制前应全面了解公路工程所在地的条件，做到准确收集相关基础数据，掌握概预算定额和施工工艺，方可提高公路工程概预算的工作质量。

8. 做好概预算工作的具体措施

为了顺利完成工程，必须认真做好以下概预算工作。

1)公路工程概预算与投标报价编制的准备工作

(1)公路工程概预算与投标报价编制的依据。

我国颁布了公路工程建设的法律法规,以此作为概预算与招投标报价的主要依据,促进公路工程的健康良性发展。我国于 2018 年末发布《公路工程建设项目投资估算编制办法》(JTG 3820—2018)、《公路工程建设项目概算预算编制办法》(JTG 3830—2018)作为公路工程行业标准;《公路工程估算指标》(JTG/T 3821—2018)、《公路工程概算定额》(JTG/T 3831—2018)、《公路工程预算定额》(JTG/T 3832—2018)、《公路工程机械台班费用定额》(JTG/T 3833—2018),作为公路工程行业推荐性标准,自 2019 年 5 月 1 日起施行。

(2)实地调查。

实地调查建设项目是一项重要内容,即通过调查了解工程所在地的自然条件以及其他对公路工程造成影响的因素。在概预算与投标报价之前,单位要组织具有丰富经验的造价工程师开展实地考察,充分了解施工现场会对造价造成影响的因素。因此,实地调查工作应更加全面细致,使报价更加准确。

(3)讨论研究招标文件。

公路工程招标文件包括技术规范、投标须知、投标邀请书、工程量清单、合同条款等内容。首先,应充分了解合同条款的内容。在合同条款中,可能会存在一些对编制概预算与投标报价造成影响的因素。因此,应仔细研读合同条款,比如工程款结算办法、承包方式等。其次,应了解技术规范与图纸设计,核实工程量内容,将工程项目具体要求与技术细节作为编制概预算与投标报价的标准,并依此制定相应的施工方案,寻找高效的投标策略。最后,应深入研究相关技术规范与工程量清单。

2)公路工程概预算编制方法

公路工程概预算是根据具体工程项目的施工特点构建合理、实用的资金系统性工作。在公路工程施工过程中,需要加强概预算管理工作,不断提升工程效益。公路工程概预算是计算工程整个流程的费用,包含施工的各个阶段,同时,在不断完善的测算标准带动下具有更强的权威性。通常在进行相关概预算编制过程中,需要涉及以下方面的工作。

①辅助坑道。在竖井项目的定额计算时,要结合管线路、通风、出渣等条件。在斜井项目中,应依据斜井的长度计算相关定额,即按照 80 m 以内的长度实施

综合编制，实施斜井支护。

②洞门工程。在实施洞门工程时，明洞洞门与隧道都要应用相应的定额。洞门墙的工程量是翼墙与主墙体积之和。截水沟与仰坡都要依据相应定额计算。

在工程量计算时要遵循以下几方面的原则。

①结合设计断面合理计算现浇混凝土衬砌工程数量，依据设计断面数量计算除渣工程量与开挖工程量，在工程量中已经包含了超挖工程量，因此不再重复计算。

②锚杆的工程量是包含螺母、垫板、锚杆等所有材料的质量总和。

③在计算喷射混凝土工程量时，要应用喷射面积与设计厚度相乘的方式，并将设计外轮廓线作为计算喷射面积的基础。

④依据斜井设计长度计算管线路照明、斜井洞内通风等方面的工程量。

在公路工程施工过程中，消防设施及通风设施的安装是一项重点内容。为了更好地完成通风机安装，需要提前预埋一些金属构件，这些构件称为通风机预埋件。可以依据这些金属构件的质量合理计算工程数量，计算的内容包括通风机各部位的连接件、通风机的支柱、通风机拱部钢筋、钢拱架等。在消防设施安装方面，定额不包括水流指示器、消防水泵接合器、消火栓、通风机、防火门、自动报警系统装置、泡沫比例混合器、气压水罐、电气信号装置等费用，所以这些内容应依据相关规定列入预算，并将其归纳入“设备及工、器具购置费”这一部分中。

公路工程建设概预算可以应用两阶段或三阶段设计项目，要有明确的管理办法。工程预算是估算工程投资的一种方式，与发包单位标的类似，而工程预算也为投标报价提供了关键依据。在概预算与投标报价编制之前，要熟悉工程预算的编制依据、原理、方法等，为工程报价提供良好的基础。同时，还需要了解公路工程概预算内容，其内容如图 2.3 所示。

3)善于积累和运用各项技术经济指标

要依据不同的结构类型解析每一项报价投标资料，统计各个环节的经济指标，比如货币指标、实物指标、工程内容等，可以核对工程价格与同类型报价各种指标，进行分析、对比，以宏观的角度分析其是否具备合理性，提升概预算与投标报价编制的准确性。

比如，某高速公路是国家高速公路网规划中的一条东西横线，同时也是某工业基地公路水路交通发展规划区域交通一体化中的第四条横线。高速公路中的

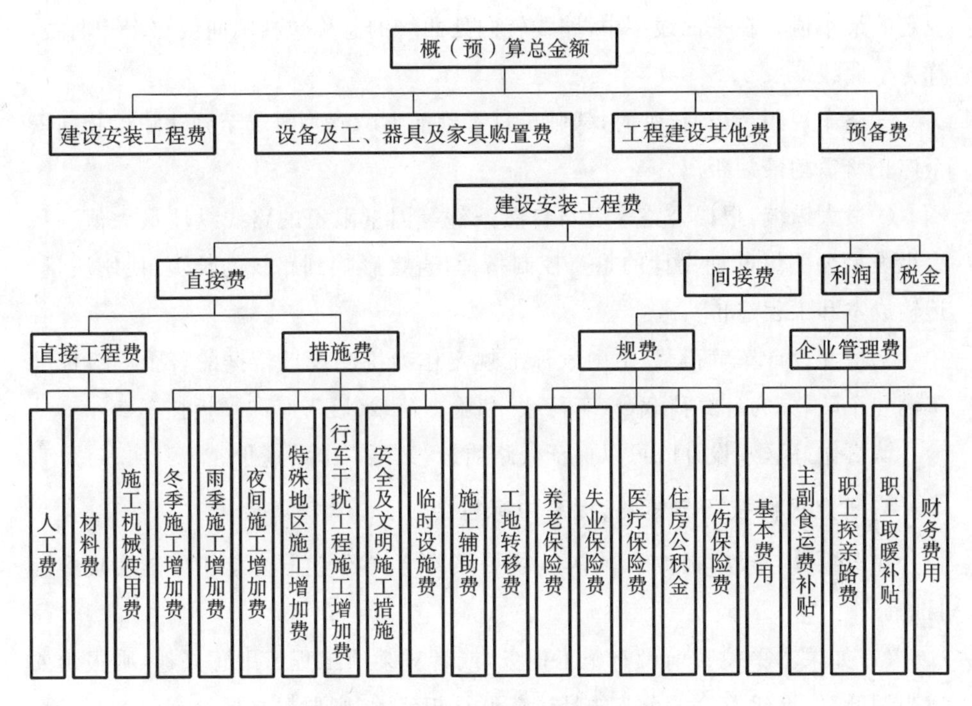

图 2.3　公路工程概预算主要内容

一段，路线起于某县，止于某市。路线起点位于某县西附近，起点桩号为 K642＋000，与某高速公路终点顺接，路线终点位于某村西侧，终点桩号为 K727＋256.203，与某高速公路通过枢纽互通相接。路段全长 85.256 km，其中新线段长 34.988 km，利用原一级公路长 50.268 km。设大桥 3 座 415 m，中桥 1 座65 m，涵洞 57 道。互通立交 4 处，分离立交 6 处，通道 42 处，天桥 61 座（含人行天桥 11 座）。路面结构为 4 cm 改性沥青玛琋脂碎石混合料上面层、6 cm 中粒式沥青混凝土中面层、8 cm 密级配沥青碎石混合料下面层；水泥稳定碎石基层、二灰稳定粒料底基层。

公路的主要技术指标包括计算行车速度、行车道宽度、路基宽度、平曲线极限最小半径、停车视距、最大纵坡、桥涵设计车辆荷载等。

①计算行车速度：设计车速，是表明公路等级与使用水平的控制性指标，是公路几何设计所采用的车速。

②行车道宽度：公路上供车辆行驶的路面面层的宽度。

③路基宽度：在一个横断面上两路肩外缘之间的宽度。

④平曲线极限最小半径：为保证车辆按设计车速安全行驶，对平曲线半径所

规定的最小值。在平面线型中,路线转向处曲线的总称包括圆曲线和缓和曲线,称为平曲线。

⑤停车视距:汽车行驶时,驾驶员自看到前方障碍物时起至到达障碍物前安全停止所需的最短距离。

⑥最大纵坡:根据公路等级与自然条件等因素限定的路线纵坡最大值。最大纵坡是公路纵断面设计的重要控制指标,直接影响到路线的长短、使用质量、运输成本和工程造价。

⑦桥涵设计车辆荷载:由国家标准规定作为桥涵设计依据的若干等级标准车辆和车队,分为计算荷载(汽车荷载)和验算荷载(履带车和平板挂车)。

认真做好这些设计既可以保证公路质量,又可以节约造价。

4)研究报价技巧与策略,提高中标机会

在概预算与投标报价编制中,也需要策略与技巧,这样才能更好地实现中标目的。

(1)如果本单位目前没有施工任务,或者对某项工程特别感兴趣,则报价要适当调低,如果建筑施工企业的具体情形是相反的,则要提高报价。

(2)有些工程属于一般性工程,所有单位都能施工,需要适当降低报价。有些工程比较特殊,大多数单位都不能施工,对于这类工程,可以适当提高报价。

(3)有些工程技术简单,工程量大,则可适当调低报价。有些工程施工技术比较复杂,则可以适当提高报价。

(4)有些工程竞争对手比较多,则可以适当调低报价。如果工程建筑施工企业有专长,而且竞争对手也比较少,则可以适当提高报价。

(5)如果招标单位是国内建设单位,则可适当降低报价。如果招标单位是中外合资或外资企业,由于当前的单价与现行定额不相符,而且这些企业对管理、工期、质量方面有较高的要求,可以提高报价。对于一些具体工程,决策人应根据建筑施工企业自身条件及竞争情况作出科学合理的决策。投标报价编制人员要制定合理的标价,并通过价值规律测算标价的科学性,掌握经济信息,坚持优质优价原则,不断总结工作中的经验教训,果断决策。

5)依据具体情况确定单价的高低

在具体的概预算与投标报价中,如果投标总价没有变化,可依据具体情况确定单价的高低。这种不平衡报价可以实现不平衡分配,使投标者得到更多的流

动资金,更快地收回工程费用,获取更大的利润。

(1)预计工程量可能增加的分部分项工程可以提高综合单价。如工程量可能减少,则要提高工程单价,更快地收回工程款,帮助承包商更好地实现资金周转。而对于后期施工项目可以适当降低单价。

(2)如果图纸存在错误或不明确之处,预计在施工中可能会取消、修改一些项目,则可适当降低单价。

(3)有些工程项目只报单价,缺少工程量,不会对概预算与投标报价造成影响,则可提高单价。在具体的施工过程中,该类项目能够帮助建筑施工企业获得更多的利润。

(4)有些工程项目属于临时性项目,比如河道占用、三通一平、保险等。根据这类项目应用数量、总价包干方式,可以降低单价,增强主体工程项目的竞标成功率。如果在施工过程中出现了工程项目变更,建筑施工企业则可取得更多的工程费用。

6)结合工程实际和自身优势确定投标报价

当前,一般是以《公路工程预算定额》为依据确定投标报价,本单位应通过管理水平计算报价,并结合具体的工程情况,同时了解竞争对手实力。投标单位要充分考虑风险问题,调整相关费率。比如,降低计划利润管理费,按照现行的税法规定计算税金等。概预算与投标报价编制人员要充分考虑工程实施及投标过程中的各种因素,帮助建筑施工企业领导作出明智的决策。在投标日期临近时,要充分关注招投标动态,衡量竞争对手报价,研究各种信息,准确定位,使投标报价具有竞争力,从而达到中标目的。同时,在编制时,编制人员、单位的设置要准确、完整。计量图纸的平、立、剖面图,细部构造,文字说明要清晰、工整、规范。存档保存要有备份。

2.2 建筑安装工程费

建筑安装工程费由直接费、间接费、利润和税金组成。

2.2.1 直接费

直接费由直接工程费和措施费组成。

1. 直接工程费

直接工程费是指施工过程中耗费的构成工程实体的各项费用，包括人工费、材料费、施工机械使用费和构件增值税。

1)人工费

人工费是指向直接从事建筑安装工程施工的生产工人支付的各项费用，内容如下。

(1)基本工资：发放给生产工人的基本工资。

(2)工资性补贴：按规定标准发放的物价补贴，煤、燃气补贴，交通补贴，住房补贴，流动施工津贴等。

(3)生产工人辅助工资：生产工人年有效施工天数以外非作业天数的工资，包括职工学习、培训期间的工资，调动工作、探亲、休假期间的工资，因气候影响的停工工资，女工哺乳时间的工资，病假在六个月以内的工资，以及产、婚、丧假期的工资。

(4)职工福利费：按规定标准计提的职工福利费。

(5)生产工人劳动保护费：按规定标准发放的劳动保护用品的购置费及修理费、徒工服装补贴、防暑降温费、在有碍身体健康环境中施工的保健费用等。

2)材料费

材料费是指施工过程中耗费的构成工程实体的原材料、辅助材料、构配件、零件、半成品及成品等的费用，内容如下。

(1)材料原价(或供应价格)。

(2)材料运杂费：材料自来源地运至工地仓库或指定堆放地点所发生的全部费用。

(3)运输损耗费：材料在运输装卸过程中不可避免的损耗。

(4)采购及保管费：为组织采购、供应和保管材料过程中所需要的各项费用，包括采购费、仓储费、工地保管费、仓储损耗。

(5)检验试验费：对建筑材料、构件和建筑安装物进行一般鉴定、检查所发生的费用，包括自设试验室进行试验所耗用的材料和化学药品等费用。

3)施工机械使用费

施工机械使用费是指施工机械作业所发生的机械使用费以及机械安拆费和场外运费施工机械台班单价，内容如下。

(1)折旧费:施工机械在规定的使用年限内,陆续收回其原值及购置资金的时间价值。

(2)大修理费:施工机械按规定的大修理间隔台班进行必要的大修理,以恢复其正常功能所需的费用。

(3)经常修理费:施工机械除大修理以外的各级保养和临时故障排除所需的费用,包括为保障机械正常运转所需替换设备与随机配备工具附具的摊销和维护费用、机械运转中日常保养所需润滑与擦拭的材料费用及机械停滞期间的维护和保养费用等。

(4)安拆费及场外运费:安拆费指施工机械在现场进行安装与拆卸所需的人工、材料、机械和试运转费用以及机械辅助设施的折旧、搭设、拆除等费用;场外运费指施工机械整体或分体自停放地点运至施工现场或由一施工地点运至另一施工地点的运输、装卸、辅助材料等费用。工地间移动较为频繁的小型机械及部分机械的安拆费及场外运费已包含在机械台班单价中。

(5)人工费:机上司机(司炉)和其他操作人员的工作日人工费及上述人员在施工机械规定的年工作台班以外的人工费。

(6)燃料动力费:施工机械在运转作业中所消耗的燃料及水、电等的费用。

(7)养路费及车船使用税:施工机械按照国家规定和有关部门规定应缴纳的养路费、车船使用税、保险费及年检费等。

此外,施工企业非施工现场制作工程所使用的构件应按构件制作直接工程费收取构件增值税。

2. 措施费

措施费是指为完成工程项目施工发生于该工程施工准备和施工过程中技术、生活、安全、环境保护等方面的非工程实体项目的费用,包括技术措施费和组织措施费。

1)技术措施费

(1)大型机械设备进出场及安拆费:机械设备整体或分体自停放场地运至施工现场或由一个施工地点运至另一个施工地点,发生的机械进出场运输及转移费用和机械在施工现场进行安装、拆卸所需的人工费、材料费、机械费、试运转费和安装所需的辅助设施的费用。

(2)施工排水、降水费:为确保工程在正常条件下施工所采取各种排水、降水措施排除结构渗水所发生的各种费用。

(3)地上、地下设施和建筑物的临时保护设施费。

(4)已完工程及设备保护费:竣工验收前对已完工程及设备进行保护所需的费用。

2)组织措施费

(1)安全文明施工费:按照国家现行的施工安全、施工现场环境与卫生标准和有关规定购置、更新和安装施工安全防护用具及设施、改善安全生产条件和作业环境,以及施工企业为进行建筑工程施工所必须搭设的生活、生产用的临时建筑物、构筑物和其他临时设施的搭设、维修、拆除费或摊销的费用等。该费用包括安全防护费,即按国家现行的建筑施工安全标准和有关规定,购置和更新施工安全防护用具及设施,改善安全生产条件所需费用,如楼板、屋面、阳台等临边防护、通道口防护、预留洞口防护、电梯井口防护、楼梯边防护、垂直方向交叉作业防护、高层作业防护等。

(2)文明施工和环境保护费:按国家现行的施工现场环境与卫生标准和有关规定改善生产条件和作业环境所需要的费用,包括安全警示标志牌、现场围挡、五板一图、企业标志、材料堆放、现场防火、垃圾清运。

(3)临时设施费:施工企业为进行建筑工程施工所必须搭设的生活和生产用的临时建筑物、构筑物和其他临时设施的搭设、维修、拆除费或摊销的费用等,包括现场办公生活设施、施工现场临时用电的配电线路、配电箱开关箱、接地保护装置等。

(4)夜间施工费:因夜间施工所发生的夜班补助费、夜间施工降效、夜间施工照明设备摊销及照明用电等费用。

(5)二次搬运费:因施工场地狭小等特殊情况而发生的二次搬运费用。

(6)冬季、雨季施工增加费:建筑安装工程在冬季、雨季施工采取防寒保暖或防雨措施所增加的费用,包括材料费、人工费、保温及防雨措施费等。

(7)生产工具、用具使用费:施工生产所需的价值低于 2000 元、不属于固定资产的生产工具及检验用具等的购置、摊销和维修费,以及支付给工人自备工具补贴费。

(8)工程定位复测、场地清理等费用。

2.2.2 间接费

间接费由规费、企业管理费组成。

1. 规费

规费是指政府部门规定必须缴纳的费用,包括社会保障费和住房公积金等。

1)社会保障费

(1)养老保险费:企业按规定标准为职工缴纳的基本养老保险费。

(2)失业保险费:企业按照国家规定标准为职工缴纳的失业保险费。

(3)医疗保险费:企业按照规定标准为职工缴纳的基本医疗保险费。

(4)工伤保险费:企业按照规定标准为职工缴纳的工伤保险费。

(5)生育保险费:企业按照规定标准为职工缴纳的生育保险费。

2)住房公积金

企业按规定标准为职工缴纳的住房公积金。

2. 企业管理费

企业管理费是指建筑安装企业组织施工生产和经营管理所需费用,包括如下内容。

(1)管理人员工资:管理人员的基本工资、工资性补贴、职工福利费、劳动保护费等。

(2)办公费:企业管理办公用的文具、纸张、账表、印刷、邮电、书报、会议、水电、烧水和集体取暖(包括现场临时宿舍取暖)用煤电等费用。

(3)差旅交通费:职工因公出差、调动工作的差旅费和住勤补助费,市内交通费,误餐补助费,职工探亲路费,劳动力招募费,职工离退休,退职一次性路费,工伤人员就医路费,工地转移费以及管理部门使用的交通工具的油料、燃料、养路费及牌照费等。

(4)固定资产使用费:管理和试验部门及附属生产单位使用的属于固定资产的房屋、设备仪器等的折旧、大修、维修或租赁费等。

(5)工具、用具使用费:管理使用的不属于固定资产的生产工具、器具、家具、交通工具和检验、试验、测绘、消防用具等的购置、维修和摊销费等。

(6)劳动保险费:由企业支付离退休职工的易地安家补助费、职工退职金、六个月以上的病假人员工资、职工死亡丧葬补助费、抚恤费、按规定支付给离休干部的各项经费等。

(7)工会经费:企业按职工工资总额计提的工会经费。

(8)职工教育经费:企业职工为学习先进技术和提高文化水平,按职工工资总额计提的费用。

(9)财产保险费:施工管理用财产、车辆保险等。

(10)财务费:企业为筹集资金而发生的各种费用。

(11)税金:企业按规定缴纳的房产税、车船使用税、土地使用税、印花税等。

(12)其他:包括技术转让费、技术开发费、业务招待费、绿化费、广告费、公证费、法律顾问费、审计费、咨询费等。

2.2.3 利润

利润是指施工企业完成所承包工程获得的盈利。

2.2.4 税金

税金是指国家税法规定的应计入建筑安装工程造价内的营业税、城市维护建设税及教育费附加等。

2.3 设备、工具、器具及家具购置费

设备购置费由设备原价和设备运杂费组成。

设备原价分为国产原价和进口原价。

设备运杂费由运费和装卸费、包装费、设备供销部门手续费、采购与仓库保管费组成。其中,采购与仓库保管费包括设备采购人员、保管人员和管理人员的工资、差旅交通费等。

工具、器具及生产家具购置费包括必须购置的、没有达到固定资产标准的设备、仪器、生产家具等。

$$\text{工具、器具及生产家具购置费}=\text{设备购置费}\times\text{定额费率} \tag{2.2}$$

1.国产设备原价的构成及计算

国产设备原价一般是指设备制造厂的交货价,即出厂价或订货合同价。一般根据生产厂或供应商的询价、报价、合同价确定,或采用一定的方法计算确定。其内容包括按专业标准规定的在运输过程中不受损失的一般包装费,及按产品设计规定配备的工具、附件和易损件的费用。

设备原价＝出厂价(或供货地点价)＋包装费＋手续费　　(2.3)

2. 进口设备原价的构成及计算

进口设备的原价是指进口设备的抵岸价，即抵达买方边境港口或边境车站，且交完关税为止形成的价格。

进口设备原价＝货价＋国际运费＋运输保险费＋银行财务费＋外贸手续费＋关税＋增值税＋消费税＋商检费＋检疫费＋车辆购置附加费　　(2.4)

(1)货价：一般指装运港船上交货价(FOB,习惯称离岸价)。设备货价分为原币货价和人民币货价：原币货价一律折算为美元；人民币货价按原币货价乘以外汇市场美元兑换人民币的中间价确定。进口设备货价按有关生产厂商询价、报价、订货合同价计算。

(2)国际运费：从装运港(站)到达我国抵达港(站)的运费。

国际运费＝原币货价(FOB)×运费费率　　(2.5)

我国进口设备大多采用海洋运输，小部分采用铁路运输，个别采用航空运输。运费费率参照有关部门或进出口公司的规定执行，海运费费率一般为6%。

(3)运输保险费：对外贸易货物运输保险是由保险人(保险公司)与被保险人(出口人或进口人)订立保险契约，在被保险人交付议定的保险费后，保险人根据保险契约的规定对货物在运输过程中发生的承保责任范围内的损失给予经济上的补偿，这是一种财产保险。

运输保险费＝[原币货价(FOB)＋国际运费]÷(1－保险费费率)×保险费费率　　(2.6)

保险费费率按保险公司规定的进口货物保险费费率计算，一般为0.35%。

(4)银行财务费：一般指中国银行手续费。

银行财务费＝人民币货价(FOB)×银行财务费费率　　(2.7)

银行财务费费率一般为0.4%～0.5%。

(5)外贸手续费：按规定计取的外贸手续费。

外贸手续费＝[人民币货价(FOB)＋国际运费＋运输保险费]×外贸手续费费率　　(2.8)

外贸手续费费率一般为1%～1.5%。

(6)关税：海关对进出国境或关境的货物和物品征收的一种税。

关税＝[人民币货价(FOB)＋国际运费＋运输保险费]×进口关税税率　　(2.9)

进口关税税率按我国海关总署发布的进口关税税率计算。

(7)增值税:对从事进口贸易的单位和个人,在进口商品报关进口后征收的税种。按《中华人民共和国增值税暂行条例》的规定,进口应税产品均按组成计税价格和增值税税率直接计算应纳税额。

增值税=[人民币货价(FOB)+国际运费+运输保险费+关税+消费税]×增值税税率 (2.10)

增值税税率根据规定的税率计算,目前进口设备适用的税率为17%。

(8)消费税:对部分进口设备(如轿车、摩托车等)征收的一种税。

应纳消费税额=[人民币货价(FOB)+国际运费+运输保险费+关税]÷(1-消费税税率)×消费税税率 (2.11)

消费税税率根据规定的税率计算。

(9)商检费:进口设备按规定付给商品检查部门的进口设备检验鉴定费。

商检费=[人民币货价(FOB)+国际运费+运输保险费]×商检费费率 (2.12)

商检费费率一般为0.8%。

(10)检疫费:进口设备按规定付给商品检疫部门的进口设备检验鉴定费。

检疫费=[人民币货价(FOB)+国际运费+运输保险费]×检疫费费率 (2.13)

检疫费费率一般为0.17%。

(11)车辆购置附加费:进口车辆需缴纳的进口车辆购置附加费。

进口车辆购置附加费=[人民币货价(FOB)+国际运费+运输保险费+关税+消费税+增值税]×进口车辆购置附加费费率 (2.14)

在计算进口设备原价时,应注意工程项目的性质以及有无按国家有关规定减免进口环节税的可能。

3. 设备运杂费的构成及计算

国产设备运杂费指由设备制造厂交货地点起至工地仓库(或施工组织设计指定的需要安装设备的堆放地点)止所发生的运费和装卸费;进口设备运杂费指由我国到岸港口或边境车站起至工地仓库(或施工组织设计指定的需要安装设备的堆放地点)止所发生的运费和装卸费。其计算公式为

运杂费=设备原价×运杂费费率 (2.15)

2.4　工程建设其他费及预留费

2.4.1　工程建设费用(造价)

(1)建筑工程费。土建工程费用如下:①各类房屋建筑工程和列入房屋工程预算的供水、供暖、卫生、通风、煤气等设备费用及其装设、油饰工程的费用,例如建筑工程预算的各种管道、电力、电信和电缆敷设构成的费用;②设备基础、支柱、工作台、烟囱、水塔、水池、灰塔等建筑工程以及各种窑炉的砌筑和金属结构工程的费用;③为施工而进行的场地平整,工程和水文地质勘察,原有建筑物和障碍物的拆除以及施工临时用水、电、气、路和完工后的场地清理,环境绿化,美化等工作的费用;④矿井开凿,井巷延伸,露天矿剥离,石油、天然气钻井,修建铁路、公路、桥梁、水库、堤坝灌渠及防洪等工程的费用。

(2)设备购置费。具体为工程建设项目购置或自制的设备、工具、器具的费用。设备购置费由设备原价和设备运杂费组成。设备运杂费主要由运费和装卸费、包装费、设备供销部门手续费、采购与保管费组成。

(3)安装工程费。各种需要安装的机电设备的装配、装置工程,与设备相连的工作台、梯子的装设工程,附属于被安装设备的管线敷设,以及被安装设备的绝缘、刷油、保温和调整试验所需的费用。

2.4.2　工程建设其他费

(1)建设用地费用:①征地补偿费,即通过划拨方式取得土地使用权的,依照《中华人民共和国土地管理法》等法规所应支付的费用,其内容包括土地补偿费、安置补助费、地上附着物和青苗补偿费、征地动迁费及其他税费;②土地使用权出让(转让)金,即通过土地使用权出让(转让)方式,使建设项目取得有限期的土地使用权,按照《中华人民共和国城镇国有土地使用权出让和转让暂行条例》的规定支付的土地使用权出让(转让)金;③在建设期采取租用的方式获得土地使用权所发生的租地费用;④建设期临时用地补偿费。

(2)建设管理费:项目建设单位从项目筹建之日起至办理竣工财务决算之日止发生的管理性质的支出,包括不在原单位发工资的工作人员工资及相关费用、办公费、办公场地租用费、差旅交通费、劳动保护费、工具用具使用费、固定资产使用费、招募生产工人费、技术图书资料费(含软件)、业务招待费、施工现场津贴、竣工验收费和其他管理性质开支。根据《基本建设项目建设成本管理规定》(财建〔2016〕504号)计算。

(3)前期工作咨询费:工程咨询机构接受委托,提供建设项目专题研究、编制和评估项目建议书或者可行性研究报告,以及其他与建设项目前期工作有关的咨询等服务收取的费用。

(4)研究试验费:为建设项目提供或验证设计数据、资料等进行必要的研究试验以及按照设计规定的建设过程中必须进行试验、验证所需的费用。按照研究试验内容和要求进行估算。

(5)工程勘察设计费:①工程勘察费,指工程勘察机构接受委托,提供收集已有资料、现场踏勘、制定勘察纲要,进行测绘、勘探、取样、试验、测试、检测、监测等勘察作业,以及编制工程勘察文件和岩土工程设计文件等服务收取的费用;②工程设计费,指工程设计机构接受委托,提供编制建设项目初步设计文件、施工图设计文件、非标准设备设计文件、施工图预算文件、竣工图文件等服务收取的费用。

(6)施工图设计文件审查费:对建设工程施工图设计文件的结构安全、公众利益和国家现行强制性规范等进行审查,向建设单位收取施工图设计文件审查费。根据《关于降低部分建设项目收费标准规范收费行为等有关问题的通知》计取,实行市场调节价。

(7)招投标代理费:招投标代理机构接受委托,提供代理工程、货物、服务招标,编制招标文件,审查投标人资格,组织投标人踏勘现场并答疑,组织开标、评标、定标,以及提供招标前期咨询、协调合同的签订等服务收取的费用。按照《关于降低部分建设项目收费标准规范收费行为等有关问题的通知》的规定计算,实行市场调节价。

(8)工程监理费:工程监理机构接受委托,提供建设工程施工阶段的质量、进度、费用控制管理,安全生产监督管理,合同、信息方面协调管理等服务收取的费用。

(9)环境影响评价费:按照《中华人民共和国环境影响评价法》等相关规定为评价建设项目对环境可能产生影响所需的费用,包括编制和评估环境影响报告书(含大纲)、环境影响报告表等所需的费用。

(10)场地准备及临时设施费:①建设场地准备费,施工企业为达到工程开工条件所发生的场地平整和对建设场地余留的有碍施工建设的设施进行拆除清理的费用;②临时设施费,施工企业为满足施工建设需要而产生的临时水、电、气、道路、通信等费用和建设单位的临时建构筑物搭设、维修、拆除或建设期间租赁费用,以及施工期间专用公路养护费、维修费。场地准备及临时设施费根据实际工程量估算或按工程费用的比例计算;改扩建项目只计拆除清理费。

(11)引进技术和设备其他费用:引入技术和设备发生的未计入设备购置费的费用。主要包括:①引进设备材料国内检测费;②引进项目图纸资料翻译复制费、备品备件测绘费;③出国人员费用,包括买方人员出国设计联络、出国考察、联合设计、监造、培训等所发生的旅费、生活费等;④来华人员费用,包括卖方来华工程技术人员的现场办公费用、往返现场交通费、接待费用等依据合同或协议规定计算;⑤银行担保及承诺费,引进技术和设备项目由国内外金融机构进行担保所发生的费用,以及支付贷款机构的承诺费用。

(12)工程保险费:建设期间根据需要对建筑工程、安装工程、机器设备和人身安全进行投保而发生的保险费用。

(13)市政公用设施建设及绿化补偿费:使用市政公用设施的建设项目,按项目所在省、自治区、直辖市人民政府有关规定,建设或缴纳市政公用设施建设配套费用以及绿化工程补偿费用。

(14)联合试运转费:新建项目或新增加生产能力的工程,在交付生产前按照批准的设计文件所规定的工程质量标准和技术要求,进行整个生产线或装置的负荷联合试运转或局部联动试车所发生的费用净支出(试运转期间支出大于收入的差额部分费用)。

(15)专利及专有技术使用费:包括国外设计及技术资料费,引进有效专利、专有技术使用费和技术保密费;国内有效专利、专有技术使用费;商标使用费、特许经营权费等。以合同额为计价基础。

(16)安全生产费用:建筑施工企业按照国家有关规定和建筑施工安全标准,购置施工安全防护用具、落实安全施工措施、改善安全生产条件、加强安全生产管理等所需的费用。

(17)生产准备费:为保证竣工交付使用、正常生产运营进行必要的生产准备所发生的费用,包括生产人员培训费、提前进厂参加施工、设备安装、调试以及熟悉工艺流程及设备性能等人员的工资、工资性补贴、职工福利费、差旅交通费、劳动保护费、学习资料费等。

(18)办公及生活家具购置费:为保证新建、改建、扩建项目初期正常生产、使用和管理所必须购置的办公和生产家具的费用。

2.4.3 预备费

项目实施中可能发生,但在项目决策阶段难以预料的支出,需要事先预留的费用。

第3章　公路工程定额

3.1　公路工程定额概述

3.1.1　定额的概念、特点及其作用

在工程建设活动中，完成某一分项工程或结构物的生产，必须消耗一定数量的劳动力、材料、机械台班和资金。这些消耗是随着生产的技术组织条件的变化而变化的，它反映出一定时期的社会劳动生产率水平。

1. 定额的概念

定额是指在正常的施工条件下，为完成一定量合格产品所规定的人力、物力、资金等消耗量的标准。定额是经过科学的测定、分析、计算后，用数字加以规定的法定尺度，是组织施工的基础，也是计算人工、材料、机械、资金消耗量的依据，还是工程计价的主要依据之一。定额反映了一定时期的社会生产力水平，随着生产技术的提高和生产管理的现代化，定额需要及时得到修改及补充，以提高劳动生产率、降低成本。定额产生于19世纪末科学管理的发展时期。当时，为了适应工业的高速发展、解决生产率低下的矛盾，美国工程师泰罗用科学方法分析工人劳动中操作和动作的时间消耗，从而制定最节约的工作时间——工时定额，提高了工人的劳动生产率。实行定额的目的是加强企业的科学管理，充分发掘生产潜力，将生产过程中投入的巨大的人力、物力、资金科学合理地组织起来，在保护工人安全和健康的前提下，以最少的劳动消耗，生产出质量最好、数量最多、成本最低、经济效益最好的产品，不断提高劳动生产率水平。定额既是使工程建设活动中的计划、设计、施工、安装等各项工作取得最佳经济效益的有效工具和杠杆，又是衡量、考核上述各项工作的经济效益的尺度，是按劳分配及经济核算的依据。

2. 定额的特点

我国公路工程定额具有科学性、系统性、统一性、法令性、相对稳定性等特点。

1)定额的科学性

定额的科学性表现在定额中的各类参数是遵循客观规律的要求,运用科学的方法确定的。定额项目的内容采用了经过实践证明是成熟的、行之有效的先进技术和先进操作方法,同时在编制定额的技术方法上,吸取了现代科学管理的成就,具有一套科学的、严密的定额水平确定的手段和方法。因此,定额中各种消耗量指标能正确反映当前社会生产力的水平。

2)定额的系统性

任何一种专业定额都是一个完整、独立的系统,公路工程定额也不例外。它从测定到使用,直至再修订都是为了全面地反映公路工程内容和项目。公路定额与公路工程技术标准、规范配套,完全、准确地反映公路工程施工工艺流程中的每一环节。公路工程定额是为公路建设服务的,虽然公路是一个庞大的实体,但定额将其项目分解为多道工序,使内容层次分明,如项、目、节的划分。任何一个分部分项工程在公路定额中都能一一确定。在编制定额过程中,每一个不同工作都有不同的计算规则或计算模型,它们互相协调组成一个完善的系统。

3)定额的统一性

公路定额由初期借助于国家统一的技术标准、规范,到现在依据交通工程的统一标准、规范,在交通运输部造价总站的统一领导下,按照定额的制定、颁布和贯彻执行统一的制度,使定额管理有统一的程序、统一的原则、统一的要求和统一的标准。

4)定额的法令性

定额的法令性表现在定额是由国家主管部门或其他授权机关统一制定的,一经颁布便具有了法令的性质。只要在执行范围以内,任何单位都必须严格执行,不得任意变更定额的内容和水平。定额的法令性保证对工程项目有一个统一的核算尺度,使国家对设计的经济效果和施工管理水平能够实行统一的考核和监督。

5)定额的相对稳定性

定额反映的是一定时期内施工技术和先进工艺的水平,所以表现为一定的

稳定性，公路工程定额的稳定期一般在 5～10 年。但是，由于定额水平是一定时期内社会生产力水平的反映，它不是一成不变的，而是随着生产力水平变化而变化。编制和修改定额是一项十分重要的工作。它需要动员和组织大量人力、物力，需要很长的周期来收集大量资料、数据，并进行反复调查研究、测算、比较、平衡、审查、批准，最后才能印刷发行。因此，当生产力水平变化不大时，有必要保持定额的相对稳定，但当生产力变化幅度较大时，定额必须随之变化。

3. 定额的作用

定额的作用具体表现在如下方面：定额是节约社会劳动和提高生产效率的工具；定额是国家对工程建设项目进行宏观调控和管理的手段；定额是对市场行为的规范，有利于市场竞争定额是相对完善的信息系统；定额有利于推广先进的施工技术和工艺。

3.1.2　施工定额概述

施工定额是建筑安装工人在合理的劳动组织下或工人小组在正常施工条件下，为完成单位合格产品所消耗的人工、材料、机械台班的数量标准。施工定额应反映企业的施工水平、装备水平和管理水平，它既是考核建筑安装企业劳动生产率水平、管理水平的标尺和确定工程成本、投标报价的依据，也是编制预算定额的基础。

1. 施工定额的性质

施工定额是建筑安装企业内部管理的定额，属于企业定额的性质。正确认识施工定额的这一性质，并将施工定额与其他定额从性质上区别开来是非常必要的。施工定额是企业加强管理、提高企业素质、降低劳动消耗、控制成本开支、提高劳动生产率和企业经济效益的有效手段，加强施工定额管理就成为企业的内在要求和必然的发展趋势，而不是国家、部门、地区从外部强加给企业的压力和约束。施工定额要求明确地赋予企业以施工定额的管理权限，其中包括编制和颁发施工定额。企业应根据本企业的具体条件和可能挖掘的潜力、市场的需求和竞争环境，根据国家有关政策、法律和规范、制度，自行编制定额，自行决定定额的水平。允许同类企业和同一地区的企业之间存在施工定额水平的差距，允许企业就施工定额的水平对外作为商业秘密进行保密，这样在市场上才能具有竞争能力。

2. 施工定额的作用

1)施工定额是企业计划管理的依据

施工组织设计和施工作业计划是企业计划管理中不可缺少的环节,施工定额则是企业编制施工组织设计与施工作业计划的依据。施工组织设计是指导拟建工程进行施工准备和施工生产的技术经济文件,其基本任务是根据招标文件及合同协议的规定,确定经济合理的施工方案,在人力和物力、时间和空间、技术和组织上对拟建工程做出最佳的安排;施工作业计划则是根据企业的施工计划、拟建工程施工组织设计和现场实际情况编制的,它是一个以实现企业施工计划为目的的施工队、组的具体执行计划,综合体现了企业生产计划、施工进度计划和现场实际情况的要求,是组织和指挥生产的技术文件,也是施工队、组进行施工的依据。这些计划的编制必须依据施工定额。

2)施工定额是组织和指挥施工生产的有效工具

企业组织和指挥施工队、组进行施工,是按照作业计划通过下达施工任务单和限额领料单来实现的。施工任务单既是下达施工任务的技术文件,也是班、组经济核算的原始凭证,它列明了应完成的施工任务,也记录着班组实际完成任务的情况,并且作为班组工人工资结算的依据。施工任务单上的工程计量单位、产量定额和计件单位,均应取自施工的劳动定额,工资结算也要根据劳动定额的完成情况计算。限额领料单是施工队随施工任务单同时签发的领取材料的凭证。这一凭证是根据施工任务和施工的材料定额填写的。其中领料的数量是班组为完成规定的工程任务消耗材料的最高限额,这一限额也是评价班组完成任务情况的一项重要指标。

3)施工定额是计算工人劳动报酬的依据

施工定额是衡量工人劳动数量和质量,计算劳动成果和效益的标准,所以,施工定额是计算工人计件工资的基础,也是计算奖励工资的依据。这样才能做到完成定额好,工资报酬就多;达不到定额,工资报酬就会减少。把工人劳动成果与个人生活资料分配直接联系起来,真正实现多劳多得、按劳分配的社会主义分配原则,是很有现实意义的。

4)施工定额是企业激励工人的条件

激励在企业管理目标中占有重要位置。激励,就是采取某些措施激发和鼓励员工在工作中的积极性和创造性。学者的研究表明,如果职工受到充分的激

励，其能力可发挥 80％～90％，如果缺少激励，仅仅能够发挥出 20％～30％的能力。但激励只有在满足人们某种需要的情形下才能起到作用。施工定额可以对生理需要、自尊需要和自我实现需要的满足起到直接激励作用，完成和超额完成定额，不仅能获取更多的工资报酬以满足生理需要，而且也能满足自尊和获取他人(社会)认同的需要，并且进一步满足尽可能发挥个人潜力以实现自我价值的需要。如果没有施工定额这种标准尺度，实现以上几个方面的激励就缺少必要的手段。

5)施工定额有利于推广先进技术

施工定额水平中包含着某些已成熟的先进的施工技术和经验，工人要达到甚至超过定额水平，就必须掌握和运用这些先进技术。如果工人要想大幅度超过定额，就必须创造性地劳动，如在自己的工作中注意改进技术操作方法，注意原材料的节约，避免原材料和能源的浪费。施工定额中往往明确要求采用某些较先进的施工工具和施工方法，所以贯彻施工定额也就意味着推广先进技术。企业或主管部门为了推行施工定额，往往要组织技术培训，以帮助工人能达到和超过定额水平。技术培训和技术表演等方式都可以普及先进技术和推广先进操作方法。

6)施工定额是编制施工预算、加强企业成本管理和经济核算的基础

施工预算是施工单位用以确定单位工程上人工、机械、材料和资金需要量的计划文件。施工预算以施工定额为编制基础，既要反映设计图纸的要求，也要考虑在现有条件下可能采取的节约人工、材料和降低成本的各项具体措施。这就能够更合理地组织施工生产，有效地控制施工中人力、物力消耗，节约成本开支。施工中人工、机械和材料的费用，是构成工程成本中直接费用的主要内容，对间接费用的开支也有着很大的影响。严格执行施工定额不仅可以起到控制成本、降低费用开支的作用，同时为企业贯彻经济核算制、加强班组核算和增加盈利，创造了良好的条件。

7)施工定额是编制工程建设定额体系的基础

施工定额和生产结合最紧密，它直接反映生产技术水平和管理水平，而其他各类定额则是在较高的层次、较大的跨度上反映社会生产力水平。

3. 公路工程施工定额的内容

公路工程施工定额的内容包括总说明，准备工作，路基工程，路面工程，隧道工程，基础工程，打桩工程，灌注桩造孔工程，砌筑工程，模板、架子及木作工程，钢筋及钢丝束工程，混凝土及钢筋混凝土工程，预制构件运输工程，安装工程，钢桥工程，杂项工程，临时工程，备料，材料运输及附录等。在应用时，可根据各地区、各部门的实际生产力水平的高低进行调整，不强求统一。

4. 预算定额的作用

预算定额是编制施工图预算、确定和控制项目建筑安装工程造价的基础。施工图预算是施工图设计文件之一，是控制和确定建筑安装工程造价的必要手段。预算定额是确定一定计量单位分项工程人工、材料、机械的消耗量的依据，也是计算分项工程单价的基础。所以，预算定额对建筑安装工程直接费影响大。

预算定额是对设计方案进行技术经济比较和技术经济分析的依据。设计方案在设计工作中居于中心地位。根据预算定额对方案进行技术经济分析和比较，是选择经济合理设计方案的重要方法。对设计方案进行比较，主要是通过定额对不同方案所需人工、材料和机械台班消耗量、材料重量以及材料资源等进行比较。这种比较可以判明不同方案对工程造价的影响。

预算定额是编制施工组织设计的依据，在公路工程设计各个阶段，必须编制相应的施工组织设计文件。根据预算定额确定的劳动力、建筑材料、成品、半成品和施工机械台班的需用量，为组织材料供应和预制构件加工、平衡劳动力和施工机械提供了可靠依据。

预算定额是合理编制标底、投标报价的重要参考。目前在公路建设项目中.一般都实行招投标制度；建设单位在编制招标标底时应以预算定额为基础，施工单位投标报价应采用自己的企业定额，也可以预算定额作为投标报价的参考。

预算定额是编制概算定额和估算指标的基础。概算定额和估算指标就是在预算定额基础上经综合扩大编制而成的。

5. 预算定额的组成内容

现行的《公路工程预算定额》(JTG/T 3832—2018)于 2018 年 12 月 17 日由交通运输部颁布，2019 年 5 月 1 日施行。

(1)《公路工程预算定额》(JTG/T 3832—2018)(以下简称本定额)是全国公路专业定额。它是编制施工图预算的依据，也是编制工程概算定额(指标)的基础，适用于公路基本建设新建、改扩建工程。

(2)本定额是以人工、材料、机械台班消耗量表现的公路工程预算定额。编制预算时,其人工费、材料费、机械使用费,应按现行《公路工程建设项目概算预算编制办法》(JTG 3830—2018)的规定计算。

(3)本定额包括路基工程、路面工程、隧道工程、桥涵工程、交通工程及沿线设施、绿化及环境保护工程、临时工程、材料采集及加工、材料运输及附录。

(4)本定额是按照合理的施工组织和一般正常的施工条件编制的。定额中所采用的施工方法和工程质量标准,是根据国家现行的公路工程施工技术及验收规范、质量评定标准及安全操作规程取定的,除定额中规定允许换算者外,均不得因具体工程的施工组织、操作方法和材料消耗与定额的规定不同而调整定额。

(5)本定额除潜水工作每工日 6 h,隧道工作每工日 7 h 外,其余均按每工日 8 h 计算。

(6)本定额中的工程内容均包括定额项目的全部施工过程。定额内除扼要说明施工的主要操作工序外,均包括准备与结束、场内操作范围内的水平与垂直运输、材料工地小搬运、辅助和零星用工、工具及机械小修、场地清理等工程内容。

(7)本定额中的材料消耗量系按现行材料标准的合格料和标准规格料计算的。定额内材料、成品、半成品均已包括场内运输及操作损耗,编制预算时,不得另行增加。其场外运输损耗、仓库保管损耗应在材料预算价格内考虑。

(8)本定额中周转性的材料、模板、支撑、脚手杆、脚手板和挡土板等的数量,已考虑了材料的正常周转次数并计入定额内。其中,就地浇筑钢筋混凝土梁用的支架及拱圈用的拱盔、支架,如确因施工安排达不到规定的周转次数,可根据具体情况进行换算并按规定计算回收,其余工程一般不予抽换。

(9)本定额中列有的混凝土、砂浆的强度等级和用量,其材料用量已按附录中配合比表规定的数量列入定额,不得重算。如设计采用的混凝土、砂浆强度等级或水泥强度等级与定额所列强度等级不同,可按配合比表进行换算。但实际施工配合比材料用量与定额配合比表用量不同时,除配合比表说明中允许换算者外,均不得调整。混凝土、砂浆配合比表的水泥用量,已综合考虑了采用不同品种水泥的因素,实际施工中不论采用何种水泥,均不得调整定额用量。

(10)本定额中各类混凝土均未考虑外掺剂的费用,当设计需要添加外掺剂时,可按设计要求另行计算外掺剂的费用并适当调整定额中的水泥用量。

(11)本定额中各类混凝土均按施工现场拌和进行编制;当采用商品混凝土

时，可将相关定额中的水泥、中(粗)砂、碎石的消耗量扣除，并按定额中所列的混凝土消耗量增加商品混凝土的消耗。

(12)水泥混凝土、钢筋、模板工程的一般规定列在第四章说明中，该规定同样适用于其他各章。

(13)本定额中各项目的施工机械种类、规格是按一般合理的施工组织确定的，如施工中实际采用机械的种类、规格与定额规定的不同，一律不得换算。

(14)本定额中施工机械的台班消耗，已考虑了工地合理的停置、空转和必要的备用量等因素。编制预算的台班单价，应按《公路工程机械台班费用定额》(JTG/T 3833—2018)分析计算。

(15)本定额中只列工程所需的主要材料用量和主要机械台班数量。对于次要、零星材料和小型施工机具均未一一列出，分别列入"其他材料费"及"小型机具使用费"内，以元表示，编制预算即按此计算。

(16)其他未包括的项目，各省级公路造价管理部门可编制补充定额在本地区执行；还缺少的项目，各设计单位可编制补充定额，随同预算文件一并送审。所有补充定额均应按照本定额的编制原则、方法进行编制，并将数据上传至"公路工程造价依据信息管理平台"。

(17)本定额表中注明"某某数以内"或"某某数以下"者，均包括某某数本身；而注明"某某数以外"或"某某数以上"者，则不包括某某数本身。定额内数量带"()"者，则表示基价中未包括其价值。

(18)本定额中凡定额名称中带有"※"号者，均为参考定额，使用定额时，可根据情况进行调整。

(19)本定额的基价是人工费、材料费、机械使用费的合计价值。基价中的人工费、材料费按附录四计算，机械使用费按《公路工程机械台班费用定额》(JTG/T 3833—2018)计算。项目所在地海拔超过 3000 m，人工、材料、机械基价乘以系数 1.3。

(20)定额中的"工料机代号"系编制概预算采用电子计算机计算时作为对人工、材料、机械名称识别的符号，不应随意变动。编制补充定额时，遇有新增材料或机械，编码采用 7 位，第 1、2 位取相近品种的材料或机械代号，第 3、4 位采用偶数编制，第 5、6、7 位采用顺序编制。

3.1.3 机械台班费用定额概述

机械台班费用定额是指在一个台班中，为使机械正常运转需要支出和分摊

的折旧、维修、安装拆卸、辅助设施以及人工、动力燃料、养路费、车船使用税等各项费用的消耗标准，即确定机械台班单价的定额。

机械台班费用定额是编制公路基本建设工程设计概算和施工图预算的依据，它在公路基本建设过程中具有很重要的作用。机械台班费用定额是计算机械台班单价的依据。机械台班费用定额是计算台班消耗的人工、燃料等实物量的依据。机械台班费用定额是编制施工组织设计、进行经济比较的依据。

现行的机械台班费用定额是由交通运输部《公路工程机械台班费用定额》(JTG/T 3833—2018)规定，定额内容包括土、石方工程机械，路面工程机械，混凝土及灰浆机械，水平运输机械，起重及垂直运输机械，打桩、钻孔机械，泵类机械，金属、木、石料加工机械，动力机械，工程船舶，其他机械等，以及定额用词说明等。

3.2　公路工程估算指标

3.2.1　投资估算概述

在项目建设的前期，需要编制项目建议书以及可行性报告，而投资估算是其中的关键内容。只有做好投资估算的工作，才能够对项目投资进行控制以及确定，同时为项目决策的过程提供一定的依据。全面深化改革、供给侧结构性改革以及财税体制改革的不断推进，对公路建设项目的各环节提出了新的要求。公路建设的过程出现了越来越多的新兴技术，采用了新的技术工艺，利用了新的工程材料以及设备。2011 年出台的《公路工程基本建设项目投资估算编制办法》《公路工程估算指标》无法有效满足公路建设投资控制中的新需求。《公路工程建设项目投资估算编制办法》(JTG 3820—2018)(以下简称新编制办法)及《公路工程估算指标》(JTG/T 3821—2018)(以下简称新指标)由交通运输部发布，并于 2019 年 5 月 1 日实行，本节选择了九个来自不同地区的项目方案，对新旧两种估算方式的估算效果进行了分析，对新指标以及新编制办法对公路工程造价产生的影响进行分析，为行业的发展提供一定的参考。

3.2.2　对比分析方法

为获得更加具有代表性的对比结果，下面选取来自多个省市的工程项目，其中包括了不同公路等级的新建以及改建项目。各项目的基本情况见表 3.1。

表 3.1　各项目的基本情况

序号	项目名称	路基宽度/m	路线长度/km	公路等级	地形	工程所在地
1	G350 线中江连接线公路工程	60	3.31	一级新建	山岭 重丘区	四川德阳
2	玉林(省界)至湛江高速公路雷州支线工程	26.5/34	29.49	高速改造	平原 微丘区	广东湛江
3	南二环东延线与新元高速立交工程(主线)	60	1.38	高速新建	平原 微丘区	河北石家庄
4	塘汉公路联络线工程(塘汉快速路—中新生态城段)	20	2.17	一级新建	平原 微丘区	天津
5	同创大道(京津塘高速公路大王古庄出入口联络线)工程	33.5	1.91	一级新建	平原 微丘区	天津
6	省道 227 文城至周驻南高速连接线工程	24.5	20.3	一级新建	平原 微丘区	河南驻马店
7	耀旬公路新区至冯兰段三级公路改建工程	7.5	6.44	三级改建	平原 微丘区	陕西铜川
8	祁门历溪龙宫岭隧道及接线工程	7.5	1.87	三级新建	山岭 重丘区	安徽黄山
9	凤台至毛集快速通道新建工程	24.5	10.68	一级新建	平原 微丘区	安徽淮南

本节所研究的工程项目以可行性研究阶段的工程数量为计算依据,结合新方法以及新指标来对项目重新进行投资估算。为能够使新旧两种的编制方法对比更加明显,将人工、材料、机械台班单价、费率标准和费用组成按照以下的标准进行适当调整。

(1)人工单价:旧估算的单价不另外进行调整,新估算的单价按照全新的标准进行定价。

(2)材料单价:新估算与旧估算的单价保持一致,按照旧估算的单价进行计算。

(3)机械台班单价:可变费用中的人工单价按照新规定来进行定价。燃油料

的单价按照旧估算中的标准进行计算。车船使用税按照全新的标准进行估算，养路费不包括其中。固定费用部分按照《公路工程机械台班费用定额》(JTG/T 3833—2018)来进行计算，旧估算则按照公路工程机械台班费用定额》(JTG/T B06—03—2007)计算。

(4)费率标准：旧估算中的各项指标均按照旧方法来进行编制，新估算中需要根据情况来进行分类，其中措施费以及企业管理费按照新方法来计算，工地转移以及综合里程按照旧方法来进行计算。其中新估算中的规费费率需要按照省市的最新要求来进行计算。对于增值税税率以及预备费费率，新旧估算统一采用 9%的标准。

(5)费用组成：新编制方法在其他工程费的内容方面进行了适当的调整，将临时设施费、安全及文明施工措施费纳入建筑安装工程费，其他费用组成措施费。为保证新、旧估算的过程在对比的内容方面保持一致，将调整的费用组成排除，最后通过对总费用进行估算来与新估算中的专项费用进行对比。另外，为了能够得到更加科学的对比结果，将补充定额、数量乘单价项目在旧估算中的应用排除在外。设备购置费、征地拆迁费及建设期贷款利息在新方法与旧方法对比的过程中不体现。

3.2.3　分项工程对比结果分析

1. 路基工程

除项目 2 外，新估算都比旧估算低，降幅为 1.19%～14.86%，平均为 7.31%。

(1)路基挖、填方：新估算挖方降低 2.92%～22.1%，填方降低 7.48%～21.33%，均具有较大的降低幅度。

(2)特殊路基处理：对新旧估算指标进行对比，软基处理是路基工程中主要发生变化的内容。旧指标结合不同处理深度进行编制，计算标准为处治的面积，虽然指标具有较强综合性，但在实际施工过程路基处理方面的差异通过指标得不到有效区分，容易出现偏差。新指标做出了相应调整，丰富了处治的方式，按公路工程概算、预算相关定额来进行计算，更符合实际工程的情况。特殊路基处理费用在建安费中占据比例较大，为了将新旧指标的差异全面展现出来，为此采用了不同方式进行测算。

①项目 2 在采用旧方法进行估算时，结合工程可行性研究报告，软土层统一采用的是复合地基处理，处理深度 12 m，估算使用的是软基处治(处治深度 3 m $<h\leq$12 m)指标来进行计算。在重新编制估算的过程中，通过设计人员的确

认,利用水泥搅拌桩来进行软基处理。拌桩(桩间距 1.2 m、桩长 12 m)上铺 50 cm 碎石垫层及土工格栅,新估算根据具体工程数量利用新指标来进行计算。通过对比发现,新估算软基处理费用增加 7620.78 万元,增幅 90.32%。可知,项目前期阶段利用旧指标来计算特殊路基处理费用的效果较差,没有达到投资控制的要求,而新指标可达到更加理想的效果。

②其余项目在利用旧方法进行编制的过程中,设计人员提供了具体工程量,估算利用概算定额来直接计算。编制新估算的过程中,某些内容通过新指标来计算,未包括的内容利用新概算定额来进行计算。通过对比表明,水泥土、石灰土、土工织物新估算相比于旧估算有所下降,但下降幅度较小,而新估算在水泥石灰土、清淤、石料垫层的下降幅度较大。水泥搅拌桩、塑料排水板的新估算相比于旧估算增加幅度在 20%以上。

(3)排水工程:新估算的增减比例为-36.19%~6.84%,其中砌石圬工相比旧估算有所增加,混凝土圬工相比旧估算有所降低。排水工程的其他指标相对有所减少,高速公路新指标具有较小的降幅,其他等级公路新指标具有较大的降幅。

(4)防护与加固工程:新估算砌石防护指标相比旧估算有所下降,混凝土防护指标(含片石混凝土)相比旧估算下降幅度较大。新估算中植草护坡、骨架护坡都具备较大的变化幅度,主要的原因是旧指标是通过防护面积来进行计算,指标具有较强的综合性,新指标则根据设计内容的不同利用实际工程量来进行计算。

2. 路面工程

新估算的变化幅度为-5.56%~16.77%,变化较大。

(1)垫层、基层:主要包括石灰粉煤灰土、水泥稳定碎石、石灰稳定土、石灰粉煤灰碎石、级配碎石,新估算中级配碎石指标具有较大的降幅,其余的指标降低的幅度较小。

(2)沥青混凝土面层:新估算相比旧估算有所增加,其中新估算中的低等级公路和改性沥青混凝土面层具有较大增幅。

(3)路面零星工程:新估算中高等级公路平原微丘区指标的增幅具有较大变动,山岭重丘区指标具有较大增幅,低等级公路指标也具有较大增幅,集中在 48.79%~59.43%。

3. 桥梁工程

新估算的变化幅度为-11.37%~1.7%。

(1)一般结构桥梁：对新旧指标进行对比可以发现，预制空心板桥、预制T梁桥的新旧指标基本保持不变，而现浇箱梁桥、预制小箱梁桥新旧指标具有较大的变化幅度。

(2)技术复杂大桥：项目9中的西淝河特大桥属于技术复杂大桥，分别按照基础、下部、上部来利用估算指标进行计算。新估算中桩基础具有较大的增加比例，承台增加4.23%，而下部结构出现微小的下降。新估算中上部结构（本项目为预应力混凝土连续梁）增加5.69%。在新估算中桥梁的整体费用增加10.57%。

4. 隧道工程

项目8中的双向两车道单洞隧道，总长865 m。对新旧估算结果进行对比，除管棚的新指标呈现增加的趋势外，洞门、明洞、洞身的新指标都相对下降，其中洞身指标降幅为19.48%。新估算隧道造价整体降低幅度为18.45%。

5. 交叉工程

新估算中各等级平面交叉指标都呈现增加趋势，其中一级指标增加的幅度较为明显，二到四级指标的增幅则相对较小。互通式立体交叉新估算增加6.89%～11.98%，其中主线工程新旧指标存在相同的差异规律，匝道的新指标具有较大增幅，匝道桥、被交道的新旧指标存在的差异较小。

6. 交通工程及沿线设施

新估算的安全设施指标均具有较大的上升幅度，三大系统、隧道机电及房建工程的新旧指标差异不明显。

7. 专项费用

新估算的变化幅度为－18.27%～106.27%，变化很大。

(1)施工场地建设费/临时设施费：施工场地建设费是以临时设施费为基础进行补充，增加了平整、场地硬化、排水、绿化、标志、污水处理设施、围墙隔离设施等费用，还涵盖施工扬尘污染防治措施费及文明施工、职工健康生活的费用等。通过对比，项目1、项目5、项目7新估算相比旧估算下降，且下降明显。说明利用新方法进行估算能够在增加新内容的基础上减少消耗的费用。通过深入分析可知，虽然新估算具有较高的计费基数，但是费率呈现的是下降的趋势，计费基数超过10000万元时，新估算的费率在1.118%～1.785%之内呈现递减，而旧估算中占比大的工程所规定的费率标准都高于以上的费率区间，其中构造物、隧道的费率低高于路面。可见，项目具有较好建设安装工程费数额时（一般计费基数在10000万以下），施工场地建设费高于临时设施费，且随建设安装工程费减少，增幅提升（项目1、项目5、项目7）。但随着项目的建设安装工程费的提升，桥隧比随之提高，施工场地建设费比临时设施费具有更大的降幅（本节为1.37%～43.78%）。

（2）安全生产费/安全及文明施工措施费：新估算中均呈现上升趋势。

8. 工程建设其他费

新估算的变化幅度为－40.26%～2.5%。

（1）建设项目管理费。

①建设单位（业主）管理费：新估算增加11.46%～44.65%，增幅很大，主要原因是新方法中的费率相比于旧方法有很大的提升。

②工程监理费：新估算的变化幅度为－44.37%～0.95%，费率一般低于旧估算中不同等级公路的费率。其中项目2、项目3为高速公路，新估算与旧估算在费率上的差异很小，并且费用的变化不明显，但是其他的项目经过新估算后出现较大的减少。

③设计文件审查费：新估算降低23.21%～46.7%，降幅很大。

④竣（交）工验收试验检测费：新估算增加14.91%～180.65%，其中，随桥隧比的增加，增幅也不断增加。

（2）建设项目前期工作费：新估算降低30.79%～68.27%，平均降低50.07%，降幅很大，主要原因是旧估算根据可行性研究报告进行各项内容的估算，根据国家标准以及规定来进行计算，但是新估算不再对费用进行细分，直接采用规定费率进行计算，两者在使用的方法以及采用的费率上都存在较大差异。

（3）其他：其余费用在工程建设其他费中的占比不大，其中专项评价（估）费、生产准备费具有较大变化，新估算中联合试运转费具有较大降幅。此外，新估算还增加了建设项目信息化费、工程保险费。

3.2.4 建筑安装工程费对比结果分析

为能够对新估算中的工料机（人工、材料、机械）水平的变化情况以及计算基数变化对费率费用产生的影响，本节结合建筑安装工程费中费用的变化情况，做进一步的对比分析。建筑安装工程费包含工料机费用、费率费用及专项费用三类，各类费用的变化情况见表3.2。

表 3.2　建筑安装工程费变化比例表(单位:%)

序号	类型	项目 1	项目 2	项目 3	项目 4	项目 5	项目 6	项目 7	项目 8	项目 9	合计
1	人工费	33.26	41.96	26.97	−10.54	−10.21	17.78	25.98	−13.73	23.06	−13.73～41.96
2	材料费	3.56	20.64	4.94	5.57	8.36	3.50	−6.62	−6.17	2.69	−6.62～20.64
3	机械费	−7.97	23.31	15.88	−8.46	−8.89	−6.04	0.10	−12.63	4.36	−12.63～23.31
4	工料机费用(1+2+3)	1.97	23.59	10.24	−0.80	4.06	3.36	−1.46	−8.87	5.66	−8.87～23.59
5	措施费/其他工程费	−48.98	−44.80	−27.60	−41.47	−41.30	−57.51	−27.45	−44.95	−45.42	−57.51～−27.45
6	企业管理费	−46.41	−24.43	−28.32	−44.11	−41.04	−47.21	−33.13	−48.09	−44.53	−48.09～−24.43
7	规费	79.08	72.74	22.84	−3.94	−3.63	36.74	33.52	−17.35	29.46	−17.35～79.08
8	利润	−26.94	−4.13	−0.96	−22.59	−20.46	−28.88	−7.36	−29.84	−21.94	−29.84～−0.96
9	税金	−4.64	14.88	2.38	−9.52	−4.10	−4.79	−5.70	−16.58	−3.81	−16.58～14.88
10	费率费用(5+6+7+8+9)	−15.77	3.55	−4.07	−19.94	−17.32	−18.39	−7.48	−27.07	−16.19	−27.07～3.55
11	专项费用/(临时设施费+安全及文明施工措施费)	21.08	5.83	2.19	5.55	33.28	−6.41	106.27	11.48	−18.27	−18.27～106.27
12	建筑安装工程费(4+10+11)	−1.23	18.25	6.04	−6.07	−0.12	−1.91	0.18	−13.07	−0.89	−13.07～18.25

注:其他工程费中已扣减临时设施费和安全及文明施工措施费。

(1)工料机对比结果分析。

①人工费:由表3.3可知,新估算的人工消耗量比旧估算降低28.66%~49.98%,平均降低36.88%,降幅很大,但是人工单价却呈现增加的趋势,并且根据地区的不同呈现不同的增幅。从整体来看,人工消耗量下降较少,并且人工单价上升较大的项目一般人工费用相对较高。

表3.3 人工费增减比例(单位:%)

工程名称	人工消耗量	人工单价	人工费
项目1	−39.82	121.44	33.26
项目2	−28.73	99.18	41.96
项目3	−29.74	80.70	26.97
项目4	−33.57	34.67	−10.54
项目5	−33.33	34.67	−10.21
项目6	−41.71	102.06	17.78
项目7	−46.42	135.10	25.98
项目8	−49.98	72.48	−13.73
项目9	−28.66	72.48	23.06
合计	−49.98~−28.66	34.67~135.1	−13.73~41.96

注:增减比例=(新估算−旧估算)/旧估算。

②主要材料消耗量:新旧估算所采用的材料单价相同,在材料费方面存在的差异是材料消耗量不同引起的。由表3.4可知:钢筋、钢材新估算都比旧估算增加,且钢材的增幅很大(项目8除外)。在项目8中隧道工程占比很大,而新估算隧道指标中钢筋、钢材的消耗量较原本有大量减少;水泥、砂、碎石、沥青的变化规律不明显,但变化不大。石灰、土新估算都比旧估算增加,其中土的增幅很小,石灰的增幅较大。

③主要机械台班消耗量:由表3.5可知,除挖掘机、起重机、工程驳船外,其余主要机械的台班消耗量新估算都比旧估算减少,且降幅很大。挖掘机、工程驳船的台班消耗量新估算比原来增加,其中挖掘机的增幅很大,工程驳船的增幅较大。

(2)费率费用对比结果分析。费率费用是指按编制办法中规定的取费基数和相关费率计算的工料机费用之外的其他建筑安装工程费用,包括措施费、企业管理费、规费、利润和税金,新估算调整了各项费率费用的计算基数。由表3.2

表 3.4　主要材料消耗量增减比(单位:%)

工程名称	项目 1	项目 2	项目 3	项目 4	项目 5	项目 6	项目 7	项目 8	项目 9	合计
钢筋	7.57	1.84	5.32	1.97	—	−3.65	—	−44.13	1.20	−44.13～7.57
钢材	69.96	19.23	28.46	30.03	62.37	43.39	—	−9.82	21.17	−9.82～69.96
水泥	1.46	6.67	3.90	1.22	2.25	−0.05	−5.98	−1.72	−0.78	−5.98～6.67
砂	1.81	−5.03	0.59	10.38	−8.58	−11.58	−36.16	−11.08	−3.08	−36.16～10.38
碎石	1.94	6.23	1.81	−4.61	1.71	0.87	0.61	−2.35	−8.09	−8.09～6.23
沥青	0.86	0.93	−18.54	2.27	3.71	5.91	−1.05	—	−5.14	−18.54～5.91
石灰	—	—	—	7.71	4.78	13.65	—	—	3.80	3.8～13.65
土	—	—	—	1.86	1.06	0.88	0.19	—	1.00	0.19～1.86

注:增减比例=(新估算−旧估算)/旧估算。项目 2 的新旧估算中均不含软基处理费用,只对比其余部分的主要材料消耗量。

表 3.5　主要机械台班消耗量增减比例(单位:%)

工程名称	项目 1	项目 2	项目 3	项目 4	项目 5	项目 6	项目 7	项目 8	项目 9	合计
推土机	−22.30	—	—	−28.11	—	−19.05	−60.26	−8.82	−36.07	−60.26～−8.82
挖掘机	25.15	88.82	—	−6.77	—	57.05	111.29	—	—	−6.77～111.29
平地机	−11.26	−13.35	—	−4.53	−17.11	−14.30	−13.33	—	−16.25	−17.11～−4.53
压路机	−34.28	4.25	−19.94	−28.57	−29.30	−32.60	−20.47	—	−35.49	−35.49～4.25
沥青混合料拌和设备	−46.00	−48.39	−62.50	−53.85	−50.00	−51.02	−14.29	—	−62.50	−62.5～−14.29
自卸汽车	−43.23	−34.09	−42.43	−43.62	−31.69	−39.14	−39.00	−41.31	−37.60	−43.62～−31.69
起重机	15.17	5.49	27.28	16.91	−17.98	−14.10	38.46	−1.58	9.76	−17.98～38.46
回旋钻机	—	−26.01	−28.75	−27.79	—	−23.66	—	−33.91	−24.93	−33.91～−23.66
工程驳船	—	—	—	11.25	—	—	—	—	15.56	11.25～15.56
混凝土拌和船	—	—	—	−30.59	—	—	—	—	−13.83	−30.59～−13.83

注:增减比例=(新估算−旧估算)/旧估算。项目 2 的新旧估算中均不含软基处理费用,只对比其余部分的主要机械台班消耗量。

可知，新估算中下降较为明显的是措施费、企业管理费、利润，而规费相比于旧估算大多增加，且增幅很大。总体看来，新估算的费率费用比旧估算降低4.07%～27.07%（项目2除外），平均降低15.78%，降幅较大。

(3)桥梁指标在新估算中进行了较大的调整，隧道指标在新旧估算中的差异也较大，所以对于桥隧比例较高的项目，建筑安装工程费具有较大的增加幅度。

(4)新估算中建筑安装工程费在人工消耗量以及主要的机械台班消耗量都呈现降低的趋势，并且费率费用的下降幅度也较大。

(5)新估算中的其他费占比较小，并且相对于旧估算有很大的下降。新标准对费用的组成进行了调整，选择了不同的标准与方法，对于各环节的估算指标进行了细化，对于设计文化以及工程量统计的要求更高。另外可以发现新标准中的某一项指标在编制的过程中有错误的情况，对于某些指标调整的程度较大而导致估算的内容出现错误、计算的结果不合理等问题，还需要对新估算中的某些细节问题进行完善。对于新编制方法以及指标的运用是需要长期发展的，本节通过对比不同的项目实例，对新旧估算中存在的差异进行了分析，从而能够为行业的发展提供一定的参考。

3.3　概算定额与预算定额

1992年交通部以交工发〔1992〕65号通知发布《公路工程预算定额》和《公路工程概算定额》（以下简称92定额），编制依据为我国“七五”期间公路基本建设设计、施工的技术、工艺和设备，反映了20世纪80年代末期人工、材料、机械的消耗水平。我国公路建设自“八五”以来发展迅速，尤其是高速公路长大隧道，跨越大江、大河、海峡的深水大跨桥梁，交通监控、通信、收费、安全设施等项目的设计、施工技术不断优化，新结构、新工艺、新设备、新材料在公路建设行业得到广泛应用，公路施工企业的机械装备更加先进，提升了整体机械化施工水平。与92定额编制期间对应的有关公路勘察、设计、施工、养护的标准与规范不断完善，92定额难以反映公路建设的发展，造成定额部分缺项，所包含的施工技术与工艺与目前公路设计与施工的实际情况不符合。因此，需要对92定额进行全面修订，从而为编制合理的施工图预算和初步设计概算提供依据。

3.3.1　新定额修订重点考虑的因素

(1)新工艺的需要。修订后的定额将“八五”至“十五”期间公路建设所使

用的新结构、新材料、新工艺、新设备纳入其中，如软基处理的CFG桩、高边坡防护的预应力锚索、滑模摊铺水泥混凝土路面、移动模架浇筑箱梁、悬索桥、斜拉桥以及交通工程的通信、监控、收费、照明等定额，使得无定额可用的问题得以解决。

(2)考虑提高工程质量的需要。修订定额时，降低模板周转次数，混凝土配合比按照新的水泥标准单独计算外掺剂费用，提高金属设备摊销计算标准等，上述措施保证了公路建设的材料用量，从而进一步保证工程质量。

(3)考虑公路建设环境保护的需要。新定额涵盖了边坡防护和绿化工程，从而解决公路建设在环境保护方面的问题。

(4)考虑公路建设项目实际情况的需要。修订后的定额得到了完善，有效提升了机械化程度，减少了人工消耗，满足公路建设的实际需求。修订后的项目路面工程中可以对油石比进行调整、可结合设计桩径的不同来进行调整系数的选择、桩身混凝土用不同桩径来进行计算、混凝土分泵送和非泵送等。由于定额中的模板一般都是常规模板，当特殊要求混凝土结构的外观时，需要对模板特殊处理，该过程可结合定额中的混凝土模板接触面积，增加对应的特殊模板费用、混凝土拌和可以选择多种方式、对钢管桩支架的上下部进行分别计算、塔吊和电梯费用结合施工工期计算等。编制概预算时，可结合项目情况和施工组织设计完成费用计算，使得项目和施工组织之间有更加紧密的联系，得到更加准确的造价。

(5)考虑山区高速公路建设的需要。修订后的定额将高边坡、高墩、长大隧道及其辅助坑道纳入定额，可以解决山区公路计价的问题。

(6)考虑大跨径桥梁建设的需要。将悬索桥、斜拉桥、钢管拱、大吨位支座、STU支座、大位移量伸缩缝纳入定额，可解决大跨径桥梁计价的问题。

(7)考虑今后编制补充定额的需要。修订后的定额将材料名称的代号由原来的10～391调整为11～996，机械由原来的400～998调整为1000～1998，以便之后编制补充定额增加材料和机械。凡定额名称中带有"※"号者，均为参考定额，使用时可根据情况来进行定额的调整。

3.3.2 路基工程

路基工程定额结合近年来高等级公路建设的设计以及施工实践增加新项目，并按新工艺进行定额编制，主要有以下几个方面。

(1)新增机械设备。高等级公路建设的发展速度不断加快，公路施工中涉及

的机械种类大大增多,功率和装载量不断提升,对此本次编制做了修改和补充,见表3.6。

表3.6 机械设备编制表

施工机械名称	规格单位	修订前采用规格	修订后采用规格
光轮压路机	t	10～15	18～20
振动压路机	t	10,15	20
自卸汽车	t	≤15	20

另外还增加了粉体发送设备、深层喷射搅拌机、高压旋喷钻机、高压注浆泵、120 t·m以内强夯机、300 t·m以内强夯机等机械。

(2)机械土石方。机械土石方施工中由施工组织设计确定人工施工的部分的工程量,套用定额时,工程量中人工操作部分应按定额乘以1.15的系数。

(3)土石方运输。路基土石方运输运距较远的项目,92定额水平偏低。新定额土石方运输定额按运距大小分级划分增运子目,增运距离相同时,不同的总运距,对应不同的定额水平:平均运距在15 km以内的土、石方运输,利用自卸汽车运输;当平均运距超过15 km时,运输费用的计算应该按照相关的社会规定。当运距超过第一个定额运距单位时,其运距尾数不足一个增运定额单位的半数时不计,等于或超过半数时按一个增运定额运距单位计算。如平均运距为10.2 km,套用第一个1 km和运距15 km以内的增运定额18个单位后尾数为0.2 km,不足一个增运定额单位(0.5 km)的半数(0.25 km),因此不计;如平均运距为10.3 km,套用第一个1 km和运距15 km以内的增运定额18个单位后尾数为0.3 km,已超过一个增运定额单位(0.5 km)的半数(0.25 km),因此应计,增运单位则合计为19个。

同时使用增运定额套用时候要注意两点:平均运距不扣减第一个1 km;平均运距为整个距离内直接套用,不是分段套用。如平均运距为10.2 km,增运定额应直接套用15 km内的增运定额,而不是分段套用5 km以内、10 km以内、15 km以内的定额。以上计算方法同样适用于路面及桥涵的运距规定。

(4)土石方工程量。土方挖方按天然密实体积计算,填方按压(夯)实后的体积计算;石方爆破按天然密实体积计算。当以填方压实体积为工程量,采用以天然密实方为计量单位的定额时,应乘以压实系数。推土机、铲运机施工土方的增运定额按普通土栏目的系数计算;人工挖运土方的增运定额和机械翻斗车、手扶拖拉机运输土方、自卸汽车运输土方的运输定额在相应系数的基础上增加0.03

的土方运输损耗，但弃方运输不应计算运输损耗。增加0.03的土方运输损耗指套用汽车运土方定额时才增加，而套用挖、装定额时则不予增加。例如某高速公路工程压实方为10000 m^3，全为借土（普通土），则挖、装的工程量为11600 m^3，汽车运土的工程量为11900 m^3。路基工程中工程量以m^2为定额单位的，一般是指水平投影面积，但挖台阶是指台阶面积。

(5)石方碾压。新定额增加石方碾压子目。高等级公路石方填筑碾压技术标准、施工工艺日渐成熟，按现行规范的相应规定，增补了石方路基的碾压内容。施工内容包括人工摊平和机械碾压。

(6)排水工程。排水工程增加了混凝土排水管铺设，雨水井、检查井项目，同时调整了排水工程的内容，原本防护工程中的排水项目纳入路基工程中。通过对章节内容进行重新规划，能够更加方便使用者查找相应的定额。

(7)软基处理。软土地基处理项目增加了粉体喷射搅拌桩、高压旋喷桩、CFG桩、土工格栅、强夯、堆载及真空预压等处理方法，基本上涵盖了目前施工中较广泛采用的工艺方法。其中粉体喷射搅拌桩和高压旋喷桩处理软土地基定额的工程量为设计桩长；强夯定额适用于处理松、软的碎石土、砂土、低饱和度的粉土与黏性土、湿陷性黄土、杂填土和素填土等地基。定额中已将夯坑的排水费用考虑在内，使用时不再另外增加费用。夯击遍数应根据地基土的性质来确定，低能量满夯不作为夯击遍数计算；堆载预压定额中包括了堆载四面的放坡，沉降观测，修坡道增加的人工、材料、机械消耗，施工中测量放线、定位的人工、材料消耗，使用定额时均不得另行计算。有些处理方法如路基注浆、土工格室、预应力管桩、混凝土桩等项目，因为相关的资料内容较少，所以没有增列。

(8)防护工程。防护工程主要增补了喷射混凝土护坡和预应力锚索护坡，目前具有广泛的使用，但92定额中并未包含。其中喷射混凝土护坡内容包括坡面清理及湿润，脚手架的搭设、移动、拆除，排水孔的设置，混凝土配运料、拌和、运输、喷射、养护。预应力锚索护坡内容包括脚手架搭拆、地梁锚座混凝土及钢筋的制作安装、预应力锚索成孔、张拉、锚定及锚孔注浆。喷射混凝土定额中边坡高度为垂直高度，不是坡面高度。以m^2为定额单位的，一般是指水平投影面积，但是铺草皮为边坡的坡面面积，预应力锚索护坡定额中脚手架面积应按施工组织设计所需脚手架搭设的面积进行计算。

3.3.3 路面工程

路面工程定额中的结构类型、面层结构变化较大。沥青路面增加了沥青玛

琋脂碎石混合料、沥青混凝土抗滑表层。水泥路面增加了钢纤维混凝土路面、碾压混凝土路面、滑模摊铺水泥混凝土路面。

(1)路面工程。路面工程中增加的大功率、大吨位机械如表3.7所示。

表3.7　路面工程机械配置表

施工机械名称	规格单位	修订前采用规格	修订后采用规格
稳定土厂拌设备	t/h	250	50、100、200、300、400
稳定土摊铺机	m	—	7.5、9.5、12.5
自卸汽车	t	≤15	≤20
沥青混合料拌和设备	t/h	30、60、100、150	120、160、240、320
沥青混合料摊铺机	m	4.5、6.0、8.5	12.5

(2)新增定额内容。

①不同拌和能力的稳定土拌和设备。

②碎石垫层:拖拉机带铧犁拌和水泥石灰砂砾土基层、水泥石灰碎石土基层,稳定土拌和机拌和水泥石灰砂砾土基层、水泥石灰碎石土基层,厂拌法拌和水泥石灰砂砾土基层、水泥石灰碎石土基层。自卸汽车运输稳定土混合料、沥青混合料和水泥混凝土定额项目,仅适用于平均运距在15 km以内的混合料运输,当平均运距超过15 km时,应按社会运输的有关规定计算其运输费用。当运距超过第一个定额运距单位时,其运距尾数不足一个增运定额单位的半数时不计,超过半数时按一个增运定额运距单位计算。

③摊铺机铺筑厂拌基层稳定土混合料。

④路面面层的碾压面积按该面层的顶面面积计算。

⑤沥青玛琋脂碎石混合料路面的拌和、铺筑。纤维稳定剂可根据设计用量进行调整。

⑥沥青路面定额中的乳化沥青和改性沥青均按外购成品料进行编制,如在现场自行配制时,其配制费用应包含在材料预算价格内。

⑦沥青混凝土抗滑表层。

⑧钢纤维混凝土路面。

⑨20t以内自卸汽车运输沥青混合料。

⑩碾压混凝土路面,其内容包括混凝土配运料、拌和、摊铺、碾压、养护,切缝,灌注填缝料。

⑪水泥混凝土路面铺筑方法除轨道式外,还增加了滑模摊铺式水泥混凝土

路面。

⑫风镐、破碎机挖除旧路面。

3.3.4 隧道工程

1.新定额的变化

结合当前建设发展的需要，特别根据长大隧道和近年来隧道建设中广泛采用的新技术、新工艺和新材料的特点纳入新的定额。新定额除了对原有项目进行完善，重点补充了隧道超前支护广泛采用的管棚及小导管；喷射混凝土中增加了钢纤维混凝土；锚杆中增加了中空注浆锚杆、自进式锚杆；山区隧道建设中采用连拱隧道施工技术，增加了连拱隧道施工的中(侧)导洞的开挖和衬砌；隧道衬砌项目中增加了整体模板台车衬砌；隧道防排水项目中补充了橡胶止水带及排水管沟等。此外，为解决长大隧道施工中工期和改善作业环境，还新增了辅助坑道中斜井和竖井项目。

公路隧道近年来多采用“新奥法”，该工法拥有成熟的施工工艺以及高质量的管理水平。在开挖项目中新定额排除了隧道长度的影响因素，如出碴、风水电管线路等。支护项目中喷射混凝土的回弹量由35%降低至15%，主要是因为施工工艺由潮喷变为湿喷。衬砌项目中将超挖回填量综合在定额中，较92定额更加合理，解决了同类项目超挖率不同的问题。在项目编制和水平比较上新定额和同行业的铁路定额基本一致。

(1)定额采用与现行隧道技术规范一致的围岩划分标准将围岩分为六级，即Ⅰ～Ⅵ级。

(2)定额中混凝土工程均未考虑拌和的费用，应按桥涵工程相关定额另行计算。

(3)开挖定额中已将超挖及预留变形因素考虑在内。

(4)洞内出碴运输定额已综合洞门外500 m运距，当洞门外运距超过此运距时，可按照路基工程自卸汽车运输土石方的增运定额加计增运部分的费用。

(5)定额均未包括混凝土及预制块的运输，需要时应按有关定额另行计算。

(6)定额未考虑地震、坍塌、溶洞及大量地下水处理，以及某些特殊情况所涉及的费用，需要时可另行计算。

(7)定额没有将施工时所需进行的监控量测以及超前地质预报的费用考虑在内，监控量测的费用已考虑在施工辅助费中，使用定额时不得另行计算，可根

据需要另行计算超前地质预报的费用。

(8)隧道工程项目采用其他章节定额的规定:①洞门挖基、仰坡及天沟开挖、明洞明挖土石方及明洞顶防水层等,应使用其他章节有关定额;②洞内工程项目如需采用其他章节的有关项目,所采用定额的人工工日应乘以系数 1.26。

2. 洞身工程

(1)人工开挖、机械开挖轻轨斗车运输项目系按上导洞、扩大、马口开挖编制的,也综合了下导洞扇形扩大开挖方法,并综合了木支撑和出碴、通风及临时管线的工料机消耗:①正洞机械开挖自卸汽车运输定额系按开挖、出碴运输分别编制,不分工程部位(拱部、边墙、仰拱、底板、沟槽、洞室)均使用本定额。施工通风及高压风水管和照明电线路单独编制定额项目;②连拱隧道中导洞、侧导洞开挖和中隔墙衬砌是按连拱隧道施工方法编制的,除此以外的其他部位的开挖、衬砌、支护可套用其他定额。

(2)开挖(正洞、斜井、竖井、出碴)工程量按设计断面(成洞断面加衬砌断面)计算,包含洞身及所有附属洞室的数量,定额中已考虑超挖因素,不得将超挖数量计入工程量:①正洞内开挖、出碴运输、通风管线路等与隧长相关的项目,按隧长≤1000 m、≤2000 m、≤3000 m、≤4000 m 编制;②当隧长>4000 m 时,正洞开挖,以隧长≤4000 m 定额为基础,与隧长>4000 m 增加定额叠加使用;③正洞出碴运输通过隧道进出口开挖正洞,以换算隧长套用相应的出碴定额。

$$换算隧长=全隧长度-通过辅助坑道开挖正洞的长度 \tag{3.1}$$

当换算隧长>4000 m 时,以隧长≤4000 m 定额为基础,与隧长>4000 m 每增 1000 m 定额叠加使用。通过斜井开挖正洞,出碴运输按正洞和斜井两段分别计算,二者叠加使用。正洞内运输,当开挖长度≤1000 m 时,套用隧道长度 1000 m 以内的出碴定额,当开挖长度>1000 m 时,以换算隧长套用相应的出碴定额。

$$换算隧长=2\times 通过辅助坑道开挖正洞的长度 \tag{3.2}$$

正洞出碴运输按围岩级别编制,洞外出碴距离按 500 m 以内编制,若超过时,超过部分可按路基工程中“自卸汽车配合装载机运土、石方”项目的增运定额计算。通风、管线路定额,按正洞隧道长度综合编制,当隧长>4000 m 时,以隧长≤4000 m 为基础,与隧长>4000 m 每增 1000 m 定额叠加使用。辅助坑道中含斜井、竖井项目:斜井按开挖、出碴、通风及管线路分别编制;竖井项目定额中已综合了出碴、通风及管线路。斜井相关定额项目系按斜井长度 800 m 以内综合编制。斜井出碴定额适用于自卸汽车出碴;斜井支护按正洞相关定额计算。

3. 工程量计算规则

(1)开挖、出碴工程量按设计断面数量(成洞断面加衬砌断面)计算,定额中已考虑超挖因素,不得将超挖数量计入工程量。

(2)现浇混凝土衬砌工程数量均按设计断面衬砌数量计算。

(3)喷射混凝土工程量按设计厚度乘以喷射面积计算,喷射面积按设计外轮廓线计算。

(4)锚杆工程量为锚杆、垫板及螺母等材料重量之和。

(5)斜井洞内通风、风水管照明及管线路的工程量按斜井设计长度计算。

4. 支护

支护定额按超前支护、喷射混凝土、锚杆、钢筋网、格栅钢架、型钢钢架分别编制。其中喷射混凝土定额消耗中已计入混凝土的回弹量;钢纤维混凝土中钢纤维掺入量按喷射混凝土重量的3%掺入。当设计采用的钢纤维比例与本定额不符或采用其他材料时,可以抽换。

(1)钢支撑。格栅钢架、型钢钢架均按永久性支护编制,如作为临时支护使用,应按规定计取回收。格栅钢架、型钢钢架工程数量按钢架的设计重量计算;连接钢筋的数量不得作为工程量计算。

(2)锚杆。锚杆增列了中空注浆锚杆和自进式锚杆。砂浆锚杆工程量为锚杆、垫板及螺母等材料重量之和;中空注浆锚杆、自进式锚杆的工程量按锚杆设计长度计算。

(3)管棚、小导管。管棚按套拱、管棚分别编制管棚管径划分子目。当设计管径与定额不同时可调整定额中钢管的消耗量。管棚、小导管的工程量按设计钢管长度计算。

(4)喷射混凝土。喷射混凝土按混凝土、钢纤维混凝土分别编制。施工工艺按湿喷编制,定额中已包含岩面不平及回弹损耗。喷射混凝土工程量按设计厚度乘以喷射面积计算,喷射面积按设计外轮廓线计算。

(5)衬砌。衬砌项目按现浇混凝土衬砌,石料、混凝土预制块衬砌分别编制。衬砌项目不分工程部位(拱部、边墙、仰拱、底板、沟槽、洞室)均使用本定额;定额中已综合考虑超挖回填因素;当设计采用的混凝土强度等级与本定额不符时或采用特殊混凝土时,可根据具体情况对混凝土配合比进行抽换。

现浇混凝土衬砌包括整体台车衬砌、钢拱架衬砌、中隔墙、仰拱、仰拱拱上混

凝土及混凝土运输。整体台车衬砌、钢拱架衬砌定额综合了因超挖、预留变形等因素增加的回填数量。现浇混凝土衬砌项目中混凝土运输单独编制，混凝土运输按工程现场平均运距计算。

现浇混凝土衬砌中浇筑、运输的工程数量均按设计断面衬砌数量计算，包含洞身及所有附属洞室衬砌数量。定额中已综合因超挖及预留变形需回填的混凝土数量，上述因素的工程量应该排除在设计数量之外。

5. 防排水

(1)防排水项目中当设计采用的防水板、止水带、透水管材料规格与防排水定额中采用的规格不符时，可以抽换。

(2)防水板、止水带、盲沟、透水管等工程数量，均按设计数量计算。

(3)横向塑料排水管每处为单洞两侧的工程数量；纵向弹簧管按隧道纵向每侧铺设长度之和计算；环向盲沟以隧道横断面敷设长度计算。

(4)洞内施工排水。洞内排水定额仅适用于反坡排水，排水量按≤10 m^3/h 编制，超过此排水量时，抽水机台班按下表中的系数调整。洞内施工中一般排水已综合在定额中。

表3.8　抽水机台班系数调整

排水量/(m^3/h)	调整系数
≤10	1.00
≤15	1.20
≤20	1.35

6. 通风及消防设施

(1)定额中不含通风机、消火栓、消防水泵接合器、水流指示器、电气信号装置、气压水罐、泡沫比例混合器、自动报警系统装置、防火门等的购置费用，应按规定列入预算“设备及工具、器具购置费”中。

(2)通风机预埋件按金属构件的重量计算工程数量，包括钢拱架、通风机拱部钢筋、通风机支座及各部分连接件等。

(3)洞内预埋件工程量按设计预埋件的敷设长度计算，定额中已综合了预留导线的数量。洞内预埋件工程量按设计预埋件的敷设长度计算，定额中已综合了预留导线的数量。

7. 桥涵工程

新时代的发展背景下，我国桥梁建设技术突飞猛进，在结构形式、施工工艺和新材料、新设备的应用方面获得了突破性的进展。因此有很多关于定额的修订和增补的项目。

(1)混凝土配合比。结合国家水泥标准的变化，以及为保证公路工程质量，结合调查到的相关资料开展分析，对混凝土配合比进行了全新制定。修订前定额与修订后定额水泥标准对应关系如表 3.9 所示。

表 3.9 修订前定额与修订后定额水泥标准对应关系

修订前	修订后
325 号水泥	取消
425 号水泥	32.5 号水泥
525 号水泥	42.5 号水泥
625 号水泥	52.5 号水泥

(2)混凝土拌和。92 定额中混凝土定额包括 250L 搅拌机的拌和，如采用集中拌和，应抽换定额。而新的混凝土定额除标注的内容外，一般不将混凝土的拌和和运输包括在内，编制项目概预算时，应结合实际的项目施工组织设计来进行混凝土拌和方式的选择，如搅拌机拌和、拌和楼拌和、搅拌船拌和，选择机动翻斗车或水泥运输车运输。新定额与 92 定额的主要差异在于新定额使用中需要将混凝土的拌和和运输费用包括在内。

(3)外掺剂。92 定额的混凝土定额中将混凝土所必要的外掺费用已综合到其他材料费中。桥梁工程在实际的施工过程中，可供选择的外掺剂有多种，并且涉及的价格区间较大。所以新定额规定混凝土定额没有将外掺剂的费用包括在内，需要时，应根据混凝土设计配合比计算外掺剂的费用并调整定额中水泥的用量。

(4)混凝土损耗。根据混凝土的浇筑方式，分为非泵送和泵送混凝土，并规定了不同的损耗系数(表 3.10)。

表 3.10 非泵送和泵送混凝土损耗系数

项目名称	预制		现浇	
	92 定额	新定额	92 定额	新定额
非泵送混凝土	10.1	10.1	10.2	10.2

续表

项目名称	预制		现浇	
	92定额	新定额	92定额	新定额
泵送混凝土	—	10.3	10.4	10.4

(5)商品混凝土。新定额中各类混凝土的编制均按施工现场拌和情况进行，当采用商品混凝土时，可扣除相关定额中的水泥、中(粗)砂、碎石的消耗量，并在所列的混凝土消耗量中增加商品混凝土，商品混凝土的消耗量应包括损耗。

(6)钢筋工程。钢筋焊接形式的不同，需要分别进行焊接连接和钢套筒连接定额的编制，可以结合实际项目来进行概预算的编制。定额中凡钢筋直径在10 mm以上的接头，除注明为钢套筒连接外，均采用电弧搭接焊或电阻对接焊。定额中的钢筋按选用图纸分为光圆钢筋、带肋钢筋，如设计图纸的钢筋比例与定额存在差异，可改变钢筋品种的比例关系。定额中的钢筋以一般定尺长度来计算，如设计提供的钢筋连接用套筒数量与定额存在差异，可根据设计数量来对定额中钢套筒消耗进行调整，不调整其他消耗。钢套筒数量应按照设计图纸中相关尺寸计算，不能用钢筋总重量除以钢筋定尺重量计算。钢筋工程量为钢筋的设计重量，定额中已计入施工操作损耗，一般钢筋因接长所需增加的钢筋重量已包括在定额中，这部分重量不应该计入钢筋设计重量内。某些特殊的工程，需要在施工现场分段施工。采用搭接接长时，其搭接长度的钢筋重量未包括在定额中，应在钢筋的设计重量内计算。如钻孔灌注桩的钢筋笼，应在现场搭接接长，其接长的长度应含在设计提供的数量内。

(7)基坑开挖。以1500 m^3为标准，结合不同的基坑容量来进行定额编制。不同基坑面积对应不同机械作业效率，增加了斗容量为2 m^3的挖掘机、105 kW和135 kW的推土机挖基坑。编制预算时，可根据实际需要来进行机械的选择。增补了悬索桥锚碇基坑开挖定额，锚碇基坑开挖土石方的坑外运输应按自卸汽车运路基土石方定额另行计算，除放坡方式开挖石方需另计装车费用外，其他均不得再计装车的费用，因为非放坡开挖定额已将塔式起重机进行土石方的吊装考虑在内。

(8)沉井。沉井浮运增加了导向船联结梁，其设备摊销费按照施工期4个月编制。可以根据实际工期的具体情况来进行调整。沉井下沉定额中的软质岩石指的是各类松软的岩石，其饱和单轴极限抗压强度在40 MPa以下，硬质岩石是指饱和单轴极限抗压强度在40 MPa以上的各类较坚硬和坚硬的岩石。修订前沉井下沉岩石仅分为一档，显然并不合理。修订后将岩石拆分为砾(卵)石、软质岩石、硬质岩石3类，方便结合不同的地质情况来进行分档计算。

3.4 施工定额与预算定额的区别

3.4.1 概念不同

施工定额是规定建筑安装工人或小组在正常施工条件下，完成单位合格产品所消耗的人工、材料和机械台班的数量标准。它是施工企业组织生产、编制施工阶段施工组织设计和施工作业计划签发工程任务单和限额领料单，并考核工效、评奖、计算劳动报酬、加强企业成本管理和经济核算、编制施工预算的依据。

预算定额是施工图设计阶段采用的定额，这种定额按分项工程和结构构件的要求，以一定产品单位来规定人工、材料和机械台班的消耗数量。

3.4.2 编制原则不同

编制施工定额应遵循的原则如下。

(1)平均先进原则：指在正常的施工条件下，大多数生产者经过努力能够达到和超过的水平，企业施工定额的编制应能够反映比较成熟的先进技术和先进经验，有利于降低人工和材料消耗，提高企业管理水平，达到鼓励先进、勉励中间、鞭策落后的目的。

(2)简明适用性原则：企业施工定额设置应简单明了，便于查阅，计算要满足劳动组织分工、经济责任与核算个人生产成本的劳动报酬的需要。同时，企业自行设定的定额标准也要符合《建设工程工程量清单计价规范》中“四个统一”的要求，定额项目的设置要尽量齐全完备，根据企业特点合理划分定额步距，常用的对人工和材料消耗影响大的定额项目步距可小一些，反之步距可大一些，这样有利于企业报价与成本分析。

(3)以专家为主编制定额的原则：企业施工定额的编制要求有一支经验丰富、技术与管理知识全面的专家队伍，可以保证编制施工定额的延续性、专业性和实践性。

预算定额应遵循的原则如下。

(1)社会平均水平原则:预算定额理应遵循价值规律的要求,按生产该产品的社会平均必要劳动时间来确定其价值。也就是说,在正常的施工条件下,以平均的劳动强度、平均的技术熟练程度,在平均的技术装备条件下,完成单位合格产品所需的劳动消耗量就是预算定额的消耗水平。

(2)简明适用的原则:预算定额要在适用的基础上力求简明。由于预算定额与施工定额有着不同的作用,对简明适用的要求也是不同的。预算定额是在施工定额的基础上进行扩大和综合的。它要求有更加简明的特点,以简化预算编制工作和简化建设产品价格的计算程序。当然,定额的简易性也应服务于适用性。

(3)坚持统一性和因地制宜的原则:从培育全国统一市场规范计价行为出发,定额的制定、实施由国家归口管理部门统一负责,有利于通过定额管理和工程造价的管理实现建筑安装工程价格的宏观调控。

3.4.3　分类不同

施工定额分类如下。

(1)劳动定额(人工定额):在先进合理的施工组织和技术措施的条件下,完成合格的单位建筑安装产品所需要消耗的人工数量。它通常以劳动时间(工日或工时)来表示。劳动定额是施工定额的主要内容,主要体现生产效率的高低,劳动力是否合理运用,劳动力和产品的关系以及劳动力的配备情况。

(2)材料消耗定额:在合理地使用材料的条件下,完成合格的单位建筑安装产品所必需消耗的材料数量。主要用于计算各种材料的用量,其计量单位为千克、米等。

(3)机械台班使用定额。机械台班使用定额分为机械时间定额和机械产量定额两种。在正确的施工组织与合理地使用机械设备的条件下,施工机械完成合格的单位产品所需的时间,为机械时间定额,其计量单位通常以台班或台时来表示。在单位时间内,施工机械完成合格的产品数量则称为机械产量定额。

预算定额按管理权限和执行范围分为全国统一定额、行业统一定额和地区统一定额等。全国统一定额由国务院建设行政主管部门组织制定发布,行业统一定额由国务院行业主管部门制定发布;地区统一定额由省、自治区、直辖市建设行政主管部门制定发布。预算定额按物资要素分为劳动定额、材料消耗定额和机械定额,但它们互相依存形成一个整体,作为预算定额的组成部分,各自不具有独立性。

3.5 公路工程施工机械台班费用定额

3.5.1 公路工程机械台班费用定额编制原则

(1)合理确定和控制公路基本建设工程造价、提高投资效益。

(2)有利于促进公路基本建设工程施工机械化的发展,提高公路施工企业和管理水平均数自我积累、自我发展能力。

(3)施工机械选型。国产机械按国家已定型生产的,目前公路基本建设工程中常用的施工机械的型号、规格取定。进口机械中凡与国产机械性能、规格相同的一律选用国产机械,其性能、规格与国产机械不相同的,则从各地公路施工企业填报或调查的资料中选择运用较广泛、成熟的机型和规格。

(4)机械预算价格的确定。国产机械是根据国家有关部门公布的产品价格目录和价格浮动幅度并参考机械生产厂家询价以及各地公路施工企业填报和调查的近几年实购价格,经分析后合理取定;进口机械根据各地公路施工企业填报和调查的到岸完税价格取定。

(5)注重调查研究。广泛搜集各地公路施工企业和各部门有关施工机械的技术、经济基础数据资料,整个编制工作按准备工作,调查研究,整理分析资料,编写初稿和征求意见稿,测算、修改及编制送审稿,送审,修改,定稿,出版,总结等阶段进行。

3.5.2 公路工程机械台班费用定额编制范围和费用项目划分

(1)本定额编列了在公路基本建设工程中常用的土石方工程机械,路面工程机械,混凝土及灰浆机械,水平运输机械,起重及垂直运输机械,打桩、钻孔机械,泵类机械,金属木、石料加工机械,动力机械,工程船舶,其他机械,共计 11 类 427 个子目。

(2)本定额的费用项目划分为不变费用和可变费用。不变费用包括折旧费、大修理费、经常修理费、安装拆卸及辅助设施费。可变费用包括人工费、动力燃料费、养路费及车船使用税。

(3)本定额的费用项目划分与原定额比较,主要有以下区别。

①定额模式不同。

传统的定额模式是全国有统一的国家基础定额,具体的预算定额由各地区、各部门自行制定,不但有各省定额,还有各行业专业定额。长期以来,建设工程预算定额是我国承发包计价定价的主要依据,定额中规定的消耗量和有关施工措施性费用是按社会平均水平编制的,以此为依据形式的工程造价基本上属于社会平均价格。随着市场经济的不断发展及国际化发展的需要,这种平均价格只能作为市场竞争的参考价格,而不能反映参与竞争的企业的实际消耗和技术管理水平,在一定程度上限制了企业的公平竞争,剥夺了承包人生产经营的自主权。

工程量清单计价模式是在统一的工程量计算规则、统一的分部分项工程项目名称、统一的计量单位、统一的项目编码的原则下,投标人根据招标人提供的统一量和对拟建工程情况的描述及要求,结合项目、市场风险以及本企业的综合实力自主报价。这种计价模式把过去预算定额中规定的施工方法、消耗量水平、取费等改由施工企业来确定,实现建筑产品价格市场化。

②分项工程单价的构成不同。

定额计价中分项工程的单价是工料机单价,即只包括人工费、材料费、机械费。工程量清单计价中分项工程的单价为综合单价,除了人工费、材料费、机械费,还包括管理费(现场管理费和企业管理费)、利润和必要的风险费。

③工程项目的分类不同。

定额计价的工程项目是按预算定额中的项目划分的。它把一个项目整体按照工程类别来划分,如土建定额的划分原则是按工程的不同部位、不同材料、不同工艺、不同施工机械、不同施工方法和材料规格型号等进行划分,十分详细。工程量清单计价的工程项目划分只考虑工程部位、材料和工艺特征,不考虑具体的施工方法或措施,有较强的综合性。所以工程量清单中的量是综合的工程量,不是按定额计算的“预算工程量”。

④计价依据不同。

按定额计价的唯一依据就是预算定额,而工程量清单计价的主要依据是由企业自主报价,即企业根据招标文件、工程量表、工程现场情况、施工方案及企业自身的消耗量标准、材料价格、施工机械及管理现状等为依据自行的报价,所以这是工程量清单计价和按定额计价的根本区别。

⑤单位工程造价的构成形式不同。

按定额计价时，工程造价由直接费、间接费、利润、税金构成。计价时先计算直接费，再以直接费（或其中的人工费）为基础计算各项费用、利润、税金，汇总为工程造价。工程量清单计价时，工程造价由工程量清单费用、措施项目清单费用、其他项目清单费用、规费、税金等部分构成。与定额计价相比较，它不能表现人工的总费用、材料的总费用和机械的总费用，但是能表现每一个工程部位的费用。

3.5.3　各项费用的计算方法和基本数据的取定

(1)施工机构选型。通常情况下，公路工程需要通过推土机进行推土作业时按工程量决定其需要量，进行多项辅助作业时需要量应根据工程具体情况决定，一般1台推土机与2台挖掘机配套，推土机功率不小于60 kW。混凝土坝施工，一般以吊运入仓机械为主要设备，其他机械设备与之配套，形成综合机械化施工系统。主要起重吊运机械有缆索起重机、门座式起重机、塔式起重机、履带式起重机、负压溜槽及胶带机等。负压溜槽的生产率取决于自卸汽车给溜槽供料能力和溜槽下部汽车的转料能力。一般上坝道路的通过能力都能满足汽车运输强度的要求，只要确保混凝土运输车辆的运输能力，即可满足浇筑强度的需要，无须对溜槽的生产能力和数量进行计算。

(2)机械选型及基本数据表中机械的耐用总台班、折旧年限、年工作台班、使用周期、大修理间隔台班均按有关规定，结合公路基本建设工程的施工特点和各地公路施工企业填报的基础数据分析取定。

(3)折旧费：机械设备在规定的使用期限内陆续收回其原值的费用。

(4)机械预算价格：由机械出厂或到岸完税价格和从生产厂销售单位交货地点或口岸运至使用单位机械管理部门验收入库的全部费用组成。

①国产机械。

国产机械预算价格＝出厂(或销售)价格＋供销部门手续费＋一次性运杂费　(3.3)

国产运输机械预算价格＝出厂(或销售)价格×(1＋购置附加费费率)＋供销部手续费＋一次性运杂费　(3.4)

国产机械的出厂(或销售)价格是根据国家主管部门近几年公布的产品目录和价格浮动幅度，并参考了部分厂家询价和部分公路施工部门填报的资料经分析后合理取定的。少数无法取得价格依据的机械项目，按部分公路施工部门的

近年购入账面价格经分析后合理取定。

国产机械的供销部门手续费和一次性运杂费，根据各地公路施工部门填报的资料综合平衡，取定为机械出厂价格的 7%。

国产运输机械的购置附加费费率按国家规定取定为 10%。

②进口机械。

进口机械预算价格＝到岸完税价格＋关税＋增值税＋外贸部门手续费＋银行财务费＋国内一次性运杂费　(3.5)

进口运输机械预算价格＝(到岸完税价格＋关税＋增值税)×(1＋购置附加费费率)＋外贸部门手续费＋银行财务费＋国内一次性运杂费　(3.6)

进口机械的到岸完税价格主要是根据部分施工部门填报的到岸价格，按国家公布的人民币外汇牌价折算后取定。

进口机械的关税、增值税、外贸部门手续费、银行财务费等根据有关部门提供的资料约占到岸价格的 21%。

进口机械一次性运杂费，按统一定额的规定取定为机械到岸价格的 3%。

进口运输机械的购置附加费费率按国家规定取定为 15%。

(5)残值率：按统一定额的规定取定为 5%。

(6)耐用总台班：机械设备从开始投入使用至报废前所使用的总台班数。

耐用总台班＝大修理间隔台班×大修理周期　(3.7)

大修理间隔台班：机械设备从开始投入使用至第一次大修理或上次大修理起至下次大修理止的使用台班数。

大修理周期：使用周期，指机械设备在规定的耐用总台班内需要大修理次数＋1。

(7)大修理费：机构设备按规定的大修理间隔台班必须进行大修理，以恢复其正常功能所需的费用。

大修理一次费用：根据各地公路施工部门填报资料以及有关部门的台班费用定额的基本数据，经类比分析平衡后取定。对于少量的目前尚无大修理一次费用资料的机械项目，按同类或相近机械的大修理一次费用占机械预算价格的比例予以取定。

(8)经常修理费：机械设备除大修理以外的各级保养(包括一、二、三级保养)及临时故障排除所需的费用；为保障机械正常运转所需替换设备、随机使用工具、附具摊销和维护的费用；机械运转与日常保养所需要的润滑油脂、擦拭材料、布及棉纱等费用和机械在规定年工作台班以外的维护保养费用等。替换设备及工具附具包括轮胎、电缆、蓄电池、运转皮带、钢丝绳、胶皮管、履带、刀片、锯片等消费性材料设备和随机配备的全套工具附具。

经常修理费的计算方法:典型机械按照经常修理范围、内容等确定;其余机械则按照典型机械测算的经常修理费与大修理费的比值(K 值)推算。由于在各地公路施工部门填报的资料中没有较完整的经常修理费用的数据,本定额的 K 值采用参照同类机械类比或从原定额推算的方法予以取定。

(9)安装拆卸及辅助设施费:机械在施工现场进行安装、拆卸所需的人工、材料、机械费,试运转费以及安装所需要的辅助设施费。辅助设施费包括安置机械的基础、底座及固定锚桩等费用。至于大型机械的辅助设施、大型发电机、拌和设备、动力机的混凝土基础、散热池,以及机械操作所需的轨道、工作台等,不在此项费用内,在工程项目中另行计算。

各种机械的一次安装拆卸费、年平均安装拆卸次数,以及台班辅助设施摊销费,根据各地公路施工部门的资料经分析平衡后取定。

(10)人工费:随机操作人员的工作日工资,包括基本工资、工资性津贴、地区生活补贴及劳动保护费。

(11)动力燃料费:机械在运转施工作业中所耗用的电力、固体燃料、液体燃料等。

本定额机械燃料动力消耗量按以下方法确定。

①机械规格按相应的燃料动力消耗量,结合各地公路施工企业的施工特点和机械燃料动力消耗的调查资料分析平衡后取定。

②按原定额的标准。

(12)养路费及车船使用税:机械按国家规定应缴纳的养路费和车船使用税等。

3.5.4 公路工程机械台班费用定额计费规定

为了加强公路工程机械管理,充分发挥机械效能。保证机械具有良好的技术状态,以提高机械利用率。合理结算费用,根据公路工程的特点,拟定计费规定如下。

(1)各类机械。除工程船舶、潜水设备、变压器和配电设备外,每台班按 8 h 计算。每台班不足 4 h 按半个台班计算,超过 4 h 按一个台班计算。潜水设备每台班按 6 h 计算。

(2)工程船舶、变压器变电设备每昼夜按一个台班计算。

(3)机上人员管理费:在工程其他直接费和间接费中属生产人员开支范围的费用,包括随机人员的辅助工资、工资附加费、劳动保护用品、探亲路费、施工津贴、取暖补贴六项。该项费用一般可人工费乘以 1.15 系数计取。

(4)法定节假日、计划保养修理停工日和由于自然因素影响不能施工时,不计收费用。凡因机械本身原因不能施工时,在停工期间不计收费用。

(5)为了提高机械的利用率,避免不合理停置。在施工期间,因机械使用单位的责任造成的机械停置,应按实际停置台班计收停置费。

$$停置费=(折旧费+经常修理费)\times 50\%+人工费+机上人员管理费+养路费及车船使用税 \tag{3.8}$$

(6)实行机械管用统一的独立核算的施工企业,利用自有机械施工时,实行工程预算中“机械使用费”统一核算。机械不用时,不计停置费。

(7)能计算产量的机械,一般应完成的工程量和工程单价计算费用,不计停置费。因使用单位的责任造成的机械停置,应按实际停置台班计收停置费。

(8)工程驳船、变压器和配电设备,在工地期间无论使用与否,其使用费用均按式(3.9)计算。

$$使用费用=台班预算价格\times 在工地日历天数 \tag{3.9}$$

无随机人员的小型机具,在工地期间,无论使用与否,其使用费用按式(3.10)计算。

$$使用费用=台班预算价格\times 在工地日历天数\times 50\% \tag{3.10}$$

(9)机构的安装、拆卸及辅助设施的设置如由机械使用单位承担,机械管理部门在收费时,应扣除台班费用定额中的“安装拆卸及辅助设施费”。

(10)机械在调迁期间,可自行转移的机械一律计收使用台班费,不能自行转移的机械,在调迁期间一律按一个昼夜停置台班计费。

(11)由于工程需要,对机械进行改装和复原等所发生的一切费用,均按实际结算。

第4章 公路工程造价编制

4.1 项目建设前期的造价编制

近年来，我国在造价管理方面进行了大量的探索，不断改进工程计价的方法，同时也在对造价管理的体系进行完善，我国的造价管理正在向专业化方向发展。但是，我国目前的造价管理和发达国家之间还存在一定的距离，项目在管理的过程中还存在着一些问题需要解决，特别是针对建设项目的造价控制，在项目管理理念方面还存在一定的偏差，可能导致投资失控的问题，从而无法真正完成预期目标。造价管理工作应该涵盖建设工程的全过程，即投资决策阶段、设计阶段、发承包阶段、施工阶段和竣工结算阶段。但是在实际造价管理过程中，部分管理人员将更多的注意力放在了项目的实施阶段，可能忽视前期投资决策和设计阶段的控制。事前控制工作没有做好，建设实施阶段就会出现问题，从而必须通过事后控制来解决，不仅会造成大量人力、物力的浪费，而且可能无法实现预期目标。

4.1.1 投资决策阶段的造价控制

(1)应该以当地政府颁发的方针政策以及相关法律法规作为基础，始终坚持可持续的发展思想，结合当地的建设条件以及经济社会环境，来开展造价控制工作。影响建设规模的因素有很多，包括市场因素、技术因素以及环境因素等。只有将各因素之间的关系处理好，才能够合理地确定建设的规模，为整个建设项目控制过程提供基础。在进行建设地区以及场址选择的过程中，要对气象情况以及地质情况等自然条件进行综合考虑，同时也要考虑劳动力以及生活环境等社会条件，从而能够确保所采取的技术方案是安全可靠、经济可行的。在进行设备选择时，最好选择国产的设备，同时也要注意进口设备以及国产设备之间是否存在不配套的问题。

(2)应该将项目的构思方案转化为能够具体操作的行动方案。政府投资的

项目应该根据经营性项目和非经营性项目来分别实行项目法人制以及代建制。融资策划是影响成本控制工作的重要环节，良好的融资策划能够有效控制建设投资，同时减少项目面临的风险。项目不同，其融资特点也不同，所以应该根据项目类型来选择最佳的融资方案。同时要能够真正明确项目的构成及其存在的内在关系，从而将质量、进度计划、安全环境等目标良好匹配。

(3)应该对项目整体进行任务分解，并策划相应的组织工作，使得项目在具体实施过程中能够将各个环节充分做好。另外要根据项目的特点做好可行性研究分析工作，该工作需要结合市场调查的内容，发现项目建设过程存在的问题。通过对各项技术方案进行比较，来确定项目是否可行。同时通过开展一系列的经济分析以及财务分析工作，来判断建设项目在经济方面的合理性。完成可行性研究分析工作之后，需要编制相应的研究报告反映工作成果。可行性研究涉及的内容，应该能够满足项目决策的需要，能有效减少投资决策过程存在的不必要的损失，从而将资金的效用最大程度发挥出来。投资估算工作是在投资决策阶段，根据项目建设总投资的情况所进行的预测工作，是进行项目经济效益评价的关键步骤，也是影响项目决策的重要依据。项目投资估算的过程主要是项目规划阶段项目、建议书阶段、初步可行性研究阶段以及可行性研究阶段。结合各阶段的性质，其涉及的内容以及估算的精度存在差异。在对投资估算进行编制的过程中，应该结合项目建设的性质以及相应的资料和数据，来选择合适的估算方法，例如生产能力指数法。

(4)应该重视经济评价。经济评价是影响项目决策阶段的重要工作内容，其包括财务分析以及经济分析，通过估算项目的财务效益和费用，能够预测项目的盈利能力以及清偿能力，确保项目在财务上是可行的。经济分析的立足点是国家的整体经济利益，分析项目对国民经济的贡献，对建设项目所能够带来的经济效益进行分析，确保项目在宏观经济上是合理的。投资决策阶段的造价控制对整个项目的造价控制工作来说都是相当重要的，并且影响该阶段造价控制工作的因素有很多，所以在实际工作当中必须要综合考虑多方面的因素，精确定位建设项目，从而做出科学的投资决策。

4.1.2　设计阶段的造价控制

设计阶段包括施工图的初步设计、技术设计和施工图设计，不断细化设计深度，编制总体设计预算，依据相应的概算指标、概算定额和预算定额，编制设计总概算、修正总概算和施工图预算。这一阶段是经济技术管理的重要环节，也是价格控制的关键。但我国部分开发人员的设计理念难以适应社会经济发展的需要,设计方案不符合实际,只是从美学设计的角度考虑,忽略了技术与经济的联系,在一定程度上失去了投资的控制,因此现阶段需要注意以下几点。

(1)经济性和技术性相结合,使设计方案的价值最大化。在初步设计阶段,对可行性研究报告和投资估算进行多系统技术经济分析,选择最优方案,确保项目的合理性;在施工设计的设计阶段,根据优化的设计方案和设计概算编制施工设计预算,以降低成本,有效控制成本,实现技术与经济的统一。

(2)推行标准化设计和限额设计。积极实施标准化设计,践行国家政策,将国家有关部门批准的设计规范标准化,结合国家自然地理条件和资源可用性,能保证设计质量、降低设计成本、提高工作效率。设计限额按照批准的投资限额和初步设计预算进行初步设计、施工设计,在保证投资额不变的前提下,对个别专业的投资额进行最大限度的利用和规模最大化。设计限额作为设计阶段价格管理的重要内容,是进行多方案技术经济分析、实施价格控制的重要工具。其特别强调技术和经济一体化,目的是通过目标和指标节约成本,从而有效控制投资限额。

(3)方案的评价与优化。方案的评价与优化即采用技术经济分析方法对设计方案进行评价和优化。对各工程方案的技术经济指标逐一进行分析,综合考虑工程质量、成本、工期、安全、环保等目标,选择经济效果最好的方案。因此,有必要建立严格规范的指标体系,采用多指标法、单指标法和多因素评分法对方案进行优化,确定优化方案并汇总存档。

(4)充分发挥价值工程在设计阶段的作用。价值工程主要应用于设计阶段发现、分析和解决问题,旨在寻求产品的高价值,通过分析产品成本与功能的关系,找到有效的解决方案,以实现方案的优化。价值工程实际上是对象的比较价值,即研究对象的功能和成本之间的关系,以便产品以最低的生命周期成本实现其适当的功能。然而,在现实生活中,产品的功能并不能达到预期的理想化目标,需要通过有效的途径提高产品的价值:①双向型,即在提高产品功能的同时,降低成本,这样就要求生产者具有先进的技术水平和较好的经济条件;②改良型,是指在保持产品成本不变的前提下,改进产品功能,要求优化产品结构,合理配置资源,提高产品使用效率;③节约型,即产品功能不变,成本降低,产品价值提高;④投资型,即大大提高产品功能,略微增加产品成本;⑤牺牲型,即使产品的功能略有下降,也大大降低了产品的成本。价值工程主要用于产品设计阶段,通过技术进步,可以实现最佳结果。

(5)加强勘察设计的监管。勘察单位应当按照工程建设强制性标准进行勘察工作，提供的勘察结果应当真实、准确。设计单位根据勘测结果进行工程设计，不篡改勘测数据以满足设计要求。监理单位严格监督控制单位的工作，消除设计工作的障碍。施工单位严格控制设计单位的设计成果，通过满足设计要求最大限度地减少设计变更和现场签证，有效控制成本。

4.2　勘察设计阶段的造价编制

4.2.1　勘察设计工作对项目造价具有决定性作用

统计显示，虽然项目勘测费用一般约占工程预算总额的1%，但对工程总值有重大影响。数据显示，原项目对项目总成本的影响为75%～95%，工程总值受设计图所影响，占工程总值的20%～30%。而在施工期间，无论透过何种技术方案控制工程成本，工程总值只受5%～10%的影响。因此，可以通过集中进行勘测设计，合理控制设施的总成本。提高设计文件质量，完善管理体系是前期价格管理的关键。

4.2.2　合理确定设计周期，提高设计文件质量

高速公路设计线性走向的性质，使得前期工作需要大量时间，设计工作周期大大缩短，地质勘察周期也相应受到限制。此外，确定地质调查工作量的方法也不明确，地质调查精度和样品数量不够，有时只能参考原始记录推断地质情况，但原始记录数据不能正确反映现场实际地质情况，导致基础设计数据不准确，结构方案选择不合理。缩短设计工作周期导致设计单位缺乏足够的时间和精力，进行科学确定线路位置、深入研究设计路线方向、优化结构设计等工作，使得设计文件未达到相关规定的设计深度。设计阶段的工作是技术探索、方案改进和资源优化配置的集体论证过程，足够深度的设计文件、合理的施工数量和科学的施工工艺都需要一定的设计周期来讨论和论证。因此，合理的设计周期可以保证工程勘察的深度，保证工程勘察的质量，满足相应技术规范的要求，保证设计文件的质量，使设计概算文件最大限度地反映项目的实际成本。设计文件的深度主要体现在地质勘探资料的翔实性、项目选线的合理性、设计方案的可操作性、现有管网的现状及规划熟悉性等方面。

1. 地质勘探资料的翔实性

地质勘探结果对构造的选择有重要影响。地质构造决定了线路的结构，不同结构的造价差别很大。例如，岩层条件对决定桥梁桩基长度起着决定性作用，而桩基长度是影响桥梁造价的重要因素。受压缩设计周期的影响，设计文件的深度，尤其是初步设计阶段地形地质勘察的深度，不足以反映线路位置内的地质条件。设计方案在桥柱类型、桥梁桩基长度、围岩隧道方案、土石比确定等方面过于保守，导致部分桥隧结构在预算阶段造价指标偏高。软基在施工阶段难以处理，导致桥梁方案需要修改；隧洞在岩石中的不合理位置将导致围堰方案的重大调整，甚至隧洞内外长度的调整；如果边坡的稳定性受到影响，很容易坍塌，这将大大增加后续修复的成本。上述情况都将大大增加项目成本。在项目建设初期，建设单位应加强对项目单位地质勘察工作的管理。根据整个项目的地质记录，重点审查勘测计划的合理性，如特殊地质段的位置、钻孔的分布、钻孔的数量和钻孔的深度。在整个项目期间，提前与当地行政部门协调，在咨询当地居民和管理部门后，进一步调查访问，详细比较和选择项目方案。在现场测量阶段，指派有经验的项目管理人员全程跟踪和参与，严格按照规范进行钻孔和取样，确定实际钻孔量，并做好留样比对和检测工作。

2. 项目选线的合理性

虽然桥梁、隧道及道路的建造成本较高，但是必须综合考虑施工成本及运营期间的利润，不能只追求控制工程成本，还要控制工程长度，减少使用交互高速公路的通道。随着公路里程和列车运行的不断增加，交互建设的密度和数量必然增加，交互运动的形式和范围越来越丰富，而交互难度的增加必然会增加高速公路建设的成本。随着公路网不断扩大，通过跨网接入的高速公路数量也呈现出几何式增长，交通量的增加意味着运营期内公路收费收入的必然增长，因此，多式联运线路的建设带来了可观的经济效益，它的边际收益远远大于多模线路建设的边际成本。新节点工程应尽可能规划红线范围内的垂直空间的充分利用和土地资源的密集利用，减少新的征用，控制土地拆迁费用。高速公路建设项目应尽量避开既有建筑，通常出口处距离该地区毗邻的中心区 4～5 km，提供适度的搬迁费用，同时也为高速公路建设项目提供便利。在土方路基设计、隧道设计中，应考虑在一定时间内回采与土方平衡，合理利用土方路基，避免浪费。在设计路面时，必须充分考虑高速公路运行过程中货车数量和行车量的快速增长，适

当提高设计标准，并调整路面设计，提高路面维修工程的质量，以延长道路障碍物的使用期。管理中心和区域设计可以脱离交通安全、机电设计，选择更专业的建筑设计组织进行专业设计，提高工程的合理性。管理中心和自然保护区的地址，原则上应选择在主要农业保护区范围内，在降低搬迁成本的同时，减少高速开挖和低土方工程，从而减少施工难度，合理控制施工成本。

3. 设计方案的可操作性

设计项目的重点不是设计工作本身，而是设计方案在经过比较现场实际情况和施工期间可能出现的新变化后进行优化的阶段。优化设计方案需要选择合理控制投入量，不断优化结构动态过程，使施工过程尽可能简单，以保证工程质量，同时合理降低施工总成本，提高投资回报。可运用工程造价理论进行项目经济技术选型，在技术超前条件下追求经济合理性，在经济合理的基础上，达到科学节约投资、控制建设成本的目的。

设计方案应前瞻性强，适当完善设计标准，尽可能融入提前控制的概念，对设计进行深入细致的思考。设计标准不合理或深度不够，虽符合相关规范要求，但施工期长，现场实际情况变化较大。若施工单位无法按原设计工作，可对工程进行调整，但此时相关费用会增加。此外，从设计阶段到施工阶段，预测运输量、原材料价格、劳动力成本等实际变化，技术标准(包括增加建材比例，如桥梁、桥梁施工，增加道路基础设施的宽度和高度，增加道路施工软地基处理费用，提高路面结构，外观要求，绿化，道路安全，提高换料要求等)政策的改变，必然会导致工程成本的提高。因此，在预留开支预算中，有因政策改变而增加的开支，但在预算案中并没有包括，除非实际进行，否则不会量化。设计方案应结合施工现场实际合理确定，避免项目管理降低施工成本的要求，而不能满足现场实际条件。施工期间不能按原设计施工，导致了不必要的、提前的结构变化，既可能是由于施工延误，也可能是由于施工成本的增加。在使用垂直空间时，必须考虑现有道路网的排水方案，设置所需的绕行道路，并预留一定的交通违例收费。

4. 既有管网的现状及规划熟悉性

随着城镇范围的不断扩大，特别是经济相对发达的大城市周边，高速公路项目沿线管网的布局日趋复杂。影响高速公路项目的管网主要有三种类型：电网、通信网络和管道。其中，电网影响大、范围广，搬迁复杂，搬迁成本也高。在许多高速公路项目的初步研究和设计过程中，并没有注意现状调查和管网规划调查，对现场管网布局没有深入了解，因此对管网搬迁的预算费用估算不够。进入施工现场后，若发现线路位置的地下条件发生了明显变化，一些影响施工的管道需要先进行搬迁，耗时较长，大大增加了工程成本。因此，建设单位和项目单位需要加强与能源、通信网络、燃气等主管部门或物业单位的协调，在更高层次上合理完善各建设项目的规划。在选择项目路线时，有必要仔细调查项目周围管网的现状。项目路由基本稳定后，要检查路由附近其他项目的建设规划，尽快查明项目路由范围内管网的现状和规划布局，特别注意电网等现有管网的布局，通信网络和管道或未来规划布局，充分合理利用其他建设项目所购土地，并尽可能经济地使用土地。设计方案应与工程线路位置同步确定，并及时跟踪管网布局的变化，避免改变现场条件，如在设计期与施工期的时差内，平面外新增管网，将影响工程施工，并增加重新定位管网的难度以及项目成本。预算文件应充分考虑管网的变化，预扣费用部分应充分考虑该部分的置换预算。如果发生，将根据预算预测执行；如果没有发生，则不会清算。当管网不可避免要搬迁时，建设单位和设计单位应提前介入，尽快与主管部门和相关权属单位确定管网搬迁方案，然后移交给管道搬迁咨询单位进行搬迁费用审查，以缩短管网搬迁的协调时间。

4.3　公路工程施工招投标阶段的造价编制

随着《中华人民共和国招标投标法》的颁布实施，我国公路建设市场取得了长足的发展，并且其发展过程有了强有力的理论支撑。建设项目之间存在的竞争能够激发建筑企业的发展动力，从而能够有效提升工程建设的质量，降低短期成本，提高工程效益，促进施工企业的科学发展。项目之间的竞争问题应成为施工企业领导学习的重要内容。招标文件的编制水平在审查过程中起着非常重要的作用，而报价在整个招标文件中起着重要的作用。在准备公开募股时，不仅要考虑到中标的目标可以给公司带来一定的经济利益，还需要从以下方面讨论投标报价的编制。

4.3.1　研究招标文件

应当认真研究编写招标文件的基本依据。招标文件载有与招标文件的编制有关的条文，特别是有关投标书部分的个别合约条款，以及指明承建商在合约下的权利和义务可能引致的风险，都需要认真研究。

4.3.2　现考察和市场调查

在参加客户组织的实地考察期间，根据项目实施地周边地质条件，分配施工用水、供电条件等。根据现场情况，拟定工程临时设施的位置。需要严格勘察材料运输路线，并分析其运距、出场价格以及供应量等因素。同时，在施工前，应认真总结施工技术，对地块的划分及其质量进行研究，并与标书所列的地段进行比较，有利于编制投标书时更好地控制成本。

4.3.3　报价编制

仔细阅读设计图纸，根据技术规范和合同专用条款的计量和付款规定划分工程量，并验证图纸与工程量清单中的工程量是否相符。如果业主未收到工程量清单澄清和修改通知，则报价应继续以原工程量清单中的工程量为基础，投标人不得单独修改工程量清单。定额的选择和调整将采用道路工程造价管理软件，费用将按照预算编制方法的规定收取，利润可根据投标人自身情况确定。工程所需措施的造价应以施工组织的设计方案为依据，即施工方案编制是否合理直接影响工程造价。因此，投标人应根据工程的施工经验、具体特点和技术复杂性，编制先进合理的施工方案。报价编制是招标过程中的关键环节，也是中标的决定性因素，因此，报价编制人员必须根据现场调查获得的数据和确定的施工方案，认真、细致地编制报价。

4.3.4　确定和报价调整

在完成初步编制预算建议后，会根据过往报价的经验，以及近年来同类工程的投标企业的管理水平，调整报价。此外，还必须考虑投标者在投标部分的地位，并根据以往工程的开标数据、承包商的实力以及目前正在进行的建筑工程，分析报价的可能数量。在研究招标文件中评审投标书的方法时，总结这些因素，然后完成投标书的编制。如果业主控制价格，投标人的最终报告不应高于上限，也不应低于成本。最后报价完成后，投标者须考虑如何调整其内部分项目报价，使其能达到不影响整体报价的目的，并在投标完成后，达到更高的成本效益。即采用不平衡报价法，对各工段的单位成本进行量化。可根据以下原则进行调整：为提供流动资金，可就个别较后的项目工程提出较高的价格（如桥梁、辅助工程等），对于将来工程量增加或可能发生变化的项目，单价上涨；对于数量可能减少

的项目,单价可以降低;如果图纸内容不明确或增加不正确,单价可以提高。

4.3.5 报价编制的注意事项

报价编制应与确定的施工方案相符;要特别注意工程量清单中各工程细目的组成,防止发生丢、漏项;根据市场询价,合理地确定人工、材料、机械的预算价格,考虑施工期间的涨价风险;工程保险费、不可预见费等费用严格依据招标文件的要求计算。

4.4 公路工程施工期中的造价编制

高速公路的大规模建设,使得高速公路建设市场的竞争日益激烈。如何合理控制工程造价,最大限度地发挥资金效益,创造更大的工程效益,是我们需要关注的问题。项目成本控制贯穿公路工程的决策、设计和施工过程。施工阶段是公路成本控制的重要阶段,因为该阶段通过施工将设计图纸和原材料转化为工程实体。通常,高速公路建设阶段占项目时间的大部分。因此,该阶段的管理对高速公路项目的成本有着非常重要的影响。根据本高速公路项目的施工特点加强成本控制是确保项目顺利完成并取得较好经济效益的重要手段之一。

4.4.1 公路工程施工阶段造价控制现状

1. 部分技术及施工管理人员对造价控制的意识比较薄弱

目前,我国因工程变更引起的工程造价增加的事件不断增加,控制工程造价的根本方法是利用控制变更控制工程造价。科学编制施工组织设计,合理控制工程进度,避免因工程延误而增加工人工资和管理人员管理费用。此外,必须支付某些损害赔偿金。在公路工程的施工过程中,一些施工专业技术人员在项目实施阶段只注重技术管理,而忽视了成本的影响,因此造成经济费用不合理的后果。这将直接影响到施工阶段的成本控制,对建设项目的经济效益产生重要影响。

2. 工程的结算控制未到位

在道路项目的建设中,部分管理者不重视项目清算的细节,这将导致项目竣

工时数据收集不完整，清算申报不符合或偏离设计竣工和项目现状，且清算工作严重脱离施工过程，这会给项目清算带来不必要的问题，甚至造成经济损失。因此，加强工程的沉降控制也非常重要。

3. 索赔不及时，方式不合理

索赔是公路建设中常见的问题。许多施工单位在索赔中往往采取不合理、不及时的方法，这将导致索赔达不到预期的效果。一般来说，常见的权利要求如下：设计变更引起的权利要求；人为因素引起的指控；工期延长或延误引起的投诉（包括暂停工程或材料问题、发现文物等）；外部环境变化引起的索赔，如地质条件变化、自然灾害、战争等因素引起的索赔。对于这些原因引起的索赔，承包商将按照规定提出相应的索赔。

4. 合同的管理不科学严谨

加强合同管理是控制工程造价的必要组成部分之一。在高速公路工程建设中，每份施工合同的条款对分包商和施工单位的行为具有一定的法律效力。合同管理是否科学严谨，将直接影响到各厂家的权责分配和风险控制。在高速公路建设项目成本控制中，合同管理不科学经常导致法律纠纷和投诉。例如，项目招标文件中的技术条款与合同工程量发票不符，合同工程量发票中相应的工作内容、项目预算和施工图纸不符，导致各方在执行过程中对项目内容的理解出现偏差，导致合同纠纷，影响合同的正常执行。

5. 成本控制体系不完善，管理措施不到位

成本控制系统基本上是建筑单位为将新的管理理念融入企业而采用的管理模式的改变。因此，我们必须进一步完善企业预算控制，促进企业经济效益最大化。传统预算管理模式中的组织结构已不能满足当前形势的需要，资源的合理配置和材料的使用相对落后，这将使企业难以实现经营目标。

4.4.2　公路工程施工造价控制措施

1. 增强施工技术管理人员的造价控制意识

对于从事公路建设的公司来说，项目为生产的一线，在直接创造产值的同时

也会发生成本,它不仅是企业的利润来源,也是企业成本的所在。项目实施是一个复杂的系统过程,只有在工序中付出大量努力并全面协调,才能取得最佳结果。因此,企业应加强对施工人员的经济理论培训和经济意识教育,使他们充分认识到从点滴做起,在工作中注意材料和机械的合理使用,树立"以技术为起点,以经济为终点"的理念。

人为控制因素表现在3个方面,即施工质量管理、工程进度管理和严格规范工作变化。施工质量是影响价格控制的关键因素之一,如果因施工质量问题不能承接道路工程,造成返工、抢修、加固等情况,对后续道路工程的验收有一定影响,与建筑成本控制直接相关。因此,在施工过程中,必须严格执行质量控制,采用分级动态管理、质量控制和检验的方式,指导工程企业保证各项工作的质量。工程进度对管理成本和人工成本有很大影响,实际延误越大,人工成本和管理成本就越大。因此,有必要根据偏离时间表的原因,对实施计划的进展和实际进展进行比较分析,调整相应的措施。工程费用的变动是一个重要因素,但同时也是最难解决的原因,因为有关变动涉及多个工程阶段以及参与者。施工阶段应严格按期施工、按方案变更和合理改装,从而实现自主管理。

2. 工程价款的结算控制

在对工程进行结算的时候,在某些情况下,原始合同价格会发生变化,因此必须对合同价格进行必要的调整。而作为造价工作者,必须充分了解合同的所有条款,并根据合同要求进行相应的计算。此外,合约内未说明的项目结算应分类,而结算所用的辅助材料亦须分开及清晰分类,以方便结算过程。而为了更好地控制施工成本,相关施工单位必须在施工过程中抓住前期预算、中期结算以及中间索赔的管理,做到准确及时。

3. 加强索赔与变更控制

在施工阶段,经常会发生一些设计变更和投诉。在目前的报价中,业主应以合理的低价赢得报价。在参与高速公路报价时,项目变更为承包商摆脱低合同价格和扩大利润提供了有利机会。因此,如何控制中标项目的变更和索赔对施工单位来说尤为重要。设计单位和业主提出的变更项目主要是为了降低工程成本,缩短工期,优化设计和施工。因此,对于设计单位和业主提出的设计变更,必须首先评估变更实施过程中是否会侵犯承包商和业主的利益。

4. 加强合同的管理

合同在工程项目管理中起着不可或缺的作用，在一定程度上限制了双方的行为。签订雇佣合同也是合同管理流程的重要组成部分。签订合同不仅明确了双方的权利和义务，也为项目部和施工队提供了相应的监管依据：①签订责任、权益明确的施工合同，可为分包团队和项目部的责任目标提供更全面的依据；②项目部的定位必须正确，发挥其协调和服务职能，不断提高透明度，减少后期人为影响，使项目部在管理施工队伍方面发挥有利作用，避免纠纷的解决。

此外，劳动合同的签订应务实，不应停留在表面上，执行合同是双方的共同义务。任何一方不得随意违反合同，以实现双赢。此外，在签订施工合同时，应充分考虑可能出现的差异和费用索赔，并了解每份合同的条款，避免因合同条款不明确而导致的纠纷。

5. 加强执行公路造价现行相关规范和标准的力度

道路工程施工和工程分包的投标文件应采用工程量清单计价方式，并应采用现行的技术规范、标准、法律法规和标准。此外，如果供应数量清单中的项目划分与清单价格模型和供应技术规范之间存在冲突，则应以供应数量清单中的项目划分为准。对于招标文件和合同中约定的标价模式、技术规范、标准、法律法规，无论是控制单位、业主单位还是过程控制单位，都必须严格执行法规的修改、测量、表述，以便有依据。对于采购文件和合同中未明确约定或采用的关税规则，以及规范中未明确规定的清单中的项目或问题，应在公平合理的情况下通过谈判解决。为了减少成本纠纷的发生频率，缩短纠纷管理的期限，应促进高速公路成本控制的标准化管理。

6. 加强施工的过程控制

1）施工组织设计和经济效益应统一

在施工过程中，应认真审查和分析合同工程量、发票价格等相关文件，组织相关技术人员和预算人员优化施工组织设计，选择技术可行、经济合理的方案，使施工组织设计与经济效益统一。承包商提出的改造项目一般基于对原设计的不同观点或更好的技术建议，不仅可以优化设计，还可以给施工带来一定的舒适度。由于堆场条件发生了许多变化，施工过程中无法充分体现建设项目的意图。为了确保结构的功能完整性和施工的合理性，承包商将提出更有针对性的设计变更,这些变更应是技术性和功能性的。

2)加强施工现场造价管理

项目开工前,管理人员和施工人员应详细调查和深入了解施工现场的各种情况,并加强以下方面的控制:加强项目进度管理,根据施工组织的可行性制定合理的资金使用计划,保持成本控制与进度控制的一致性;严格质量管理要求,对各单位工程和隐蔽工程进行质量监督检查,发现问题及时解决;做好施工和签证管理的日常记录;加强对合理使用建筑材料的管理;应控制材料的使用,避免材料浪费。在项目开始之前,将举行选举以供审查。

3)加强造价管理的制度建设、严格造价纪律和廉政建设

在施工过程中,应加强造价人员的素质职业培训,严格执行制度建设和管理,严格控制和审查,明确责任分工,建立个人责任和法律追究机制,以达到造价控制的目的。

4)正确处理投标文件中的不平衡清单报价套用

原则上,对于不超过招标书(合同)所示数量或未修改、增加数量的发票项目,单价应适用于中标时相应的不平衡单价表;对于超过招标书(合同)所示数量或修改、增加的发票项目,应合理重组,并在审查后确认单价。

第5章　公路工程量计算与计量

5.1　工程量计算与计量概述

5.1.1　工程量计算概述

工程量是指以自然计量单位或物理计量单位表示的各分项工程或结构构件的工程数量,如灯箱、镜箱、柜台,以“个”为计量。

工程量计算的内容:工程清单、项目编码、综合单价、措施项目、预留金、总承包费、零星费用、消耗定额、企业定额、招标标底、投标报价、建设项目、单项工程、单位工程、分部工程、分项工程。

物理计量单位是以物体的某种物理属性来作为计量单位。如墙面抹灰以“m^2”为计量单位,窗帘盒、窗帘轨、楼梯扶手、栏杆以“m”为计量单位,土石方以“m^3”为计量单位,钢筋、钢管、工字钢以“kg”为计量单位等。正确计算工程量,其意义主要表现在以下几个方面。

(1)设计价格以设计数量为准。因此,工程量计算的准确性直接影响到工程造价的准确性和工程建设的投资控制。

(2)工程量是施工单位编制施工计划,合理组织施工进度,组织现场、材料、机械工作的重要依据。

(3)工程量是施工单位编制项目统计进度报告和与项目建设投资方结算工程价款的重要依据。

(4)施工图纸及配套的标准图集。施工图纸及配套的标准图集,是工程量计算的基础资料和基本依据。施工图纸全面反映建筑物(或构筑物)的结构构造、各部位的尺寸及工程做法。

(5)预算定额、工程量清单计价规范。根据工程计价的方式不同(定额计价或工程量清单计价),计算工程量应选择相应的工程量计算规则,编制施工图预算,应按预算定额及其工程量计算规则算量。若工程招标投标编制工程量清单,应按计价规范中的工程量计算规则算量。

5.1.2 公路工程造价超概算

公路工程的开发离不开造价管理，造价不仅影响着施工单位的经济效益，还对公路工程的开发质量造成了影响。到目前为止，依然有部分公路工程的造价超过了预先的概算，使公路工程的施工成本增加，且保证不了施工单位的经济效益。接下来针对公路工程造价超概算的原因以及控制方法作出了相应的分析。

1. 公路工程造价超概算概述

我国公路项目开发工程具有施工技术繁杂、施工因素恶劣以及开发数额大等特征，而预算以外的支出费用增加和建筑市场用工材料的价格陆续上涨等，破坏了开发单位的经济效益，也致使公路工程造价管理过程中一直出现支出费用超额的问题。开发单位一定要熟知影响公路工程项目造价的要素，并结合自身造价管理状况，从而达到合理配置、管理公路项目建设资源的目标。

公路工程的项目成本管理，即工程项目的施工、竣工、决策、招投标、设计等阶段的全面造价管理。正是由于工程项目的建设质量、周期关联着工程概预算项目的质量和经济利益，每个参与建设项目的单位，为了更好地控制公路工程工作的造价，必须要做好工程造价成本的管理，并对影响公路工程工作造价的原因进行分析。同时，为工程造价在管理方面提供合理的思路，有利于项目开发经济效益的提高。我国目前公路工程造价构成情况如图 5.1 所示。

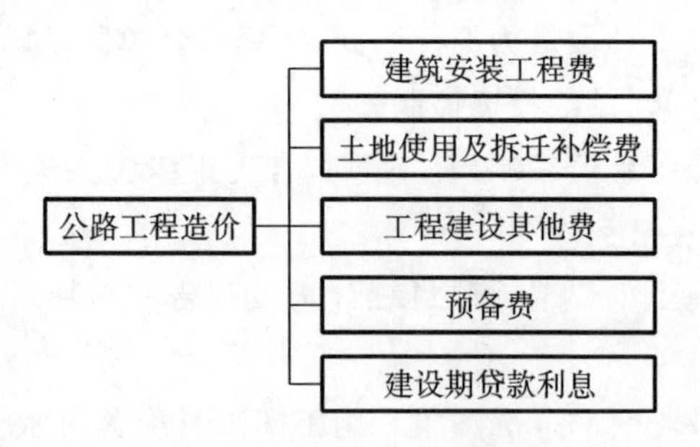

图 5.1 公路工程造价构成

2. 公路工程超概算的原因

1) 参建单位重视度不足

有些开发单位做造价管理工作的时候，忽视了开发资金的流向，签订工程项

目施工合同时，合同有些条款不够明了，甚至存在着不完整的条款，若施工单位完全依照施工合同工作，则可能出现设计差错、遗漏项目等问题，其原因是有些勘察设计单位的技能水平不高，欠缺专业设计职员，网络信息化新技能得不到有效运用。在勘察时期，对水文考察、沿线地表质量没有明确了解，也没有结合实际情况，致使实际精确的施工方案计划和工程测量的信息数值有着很大偏差。建设单位为了设计的美观，可能在最初的设计上有所变动，而设计单位为了使建设单位满意，会修改设计图纸，从而导致出现工程超概算的问题。施工单位也可能因为单位的利益和技术能力等原因的问题，使施工质量没有达到标准，导致工程发生变动更改。此外，部分监理单位的职员对工程项目监理的认知不够，未依照施工图纸对工作的质量进行查验，致使施工质量出现了安全隐患。具体如图5.2所示。

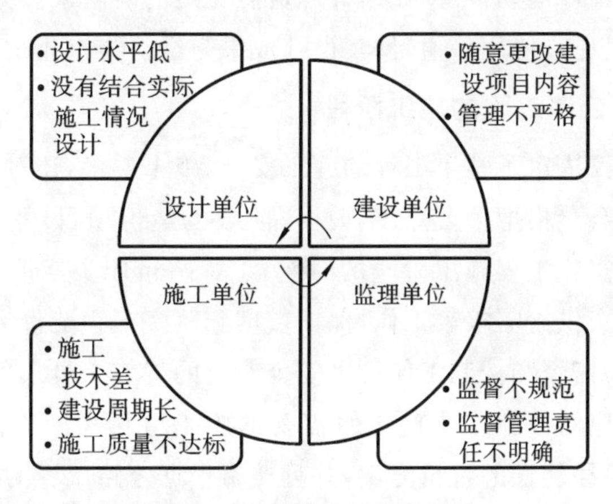

图 5.2　参建单位重视度不足

2)设计单位设计变更频繁

正确的技术方案计划可为施工提供有效的引导。虽然在前期通过全面的勘察，形成了比较完善的设计方案，但是在施工时仍会出现多变因素，致使出现设计变更。虽然有些设计的变更会降低投资，可在经验过程当中超概算现象更加多见。

3)工程量计算不准确

工程量计算作为公路造价的全部估算措施，其算法步骤是关键点，可在有些工程量算法当中，往往会出现地质勘探深度不到位、文件不齐全等问题，导致后期在计算工程量的时候数值出现偏差，采购、挑选材料也会受到影响，最后没有办法采用精准的信息数据来实现工程方案。

3. 解决公路造价问题的相关对策

1)规范设计,准确测算

当前数据表明,公路项目支付的勘察费用只占总造价的2%左右,可这2%的支出影响了整个工程造价。勘察设计费主要关注下面两方面内容。

(1)注意勘察深度,仔细搜集勘察资料内容和信息数据。

(2)注重勘察质量。为了能够使勘察信息数据精准和文件齐全,在挑选方案的时候,一定要认真挑选文件和评估内容,采用严谨的评估方案来保证最后评估成果具备有效的利用价值。此外,合理延伸设计时间。当方案在优化以及设计的时候,必须要有一定的时间隔断,保证取得的设计方案计划具有最高的使用价值。合理地延伸设计周期,可以让设计职员有充足的时间来做方案,得到更好的方案,同时让方案更具使用价值,使其设计成果与经济需求相吻合。

2)严格把控公路工程的施工阶段

施工阶段不仅决定了整个工程的施工安全、施工质量,还对公路工程的造价成本有影响。只有严格把控公路工程施工阶段的造价项目,才可能避免造价超概算的问题。在实施工程施工阶段的时候,工程造价职员应严格按照工程合同的条件和工程现实供给需求来工作,保证贯彻和落实工程造价概算。而且,进行控制造价的时候,监督和控制工作可由安全专业的工作人员来负责,为把控施工设备、施工材料,应对公路工程施工时需要的施工材料和施工设备进行市场解析,评选出最具备经济性的价格方案,并且严格根据公路工程的现实需求来科学购买施工设备以及施工材料。另外,在工程施工中,还要将施工材料和施工设备保管好,保证材料的质量达到施工标准要求,并保证设备稳定性和运行安全性。为保证交底项目工作的周密,利于实时精确的实施造价项目工作,应对施工人员的施工行为进行规范,从而在一定程度上提高工程的施工效率以及施工质量。

3)做好项目前期造价控制

建设单位需要做好工程项目工作的可行性评价管理,做出合理的投资估算和概算,防止在计算的时候出现少算、漏算。建设单位需要做好工程项目工作的经济效益、设计方案、施工技术等分析,从而达到设计方案总概算的科学把控:①要根据现实需求来设计施工图纸,根据工程建设标准计算有关费用;②根据最小成本生产出最完美的产品的原则来实行施工管理,才可以确保建设项目工作质量施工标准相符。与此同时,建设单位还要做好工程项目的限额设计管理,根

据核定工程数量、投资额，对工程项目进行分包管理，有助于达成材料、设备、工程量的动态控制。只有深化项目方案工作的编辑深度，才可以防止工程项目成本的耗损，最终达到资源的合理配置管理。

5.1.3　施工组织设计或施工方案

施工图纸主要表现拟建工程的实体项目，分项工程的具体施工方法及措施，应按施工组织设计或施工方案确定。如计算挖基础土方，施工方法是采用人工开挖，还是采用机械开挖，基坑周围是否需要放坡、预留工作面或做支撑防护等，应以施工组织设计或施工方案为计算依据。

1. 基本计算

工程量计算之前，首先应安排分部工程的计算顺序，然后安排分部工程中各分项工程的计算顺序。分部分项工程的计算顺序，应根据其相互之间的关联因素确定。

计算同一子项目不同部分工程量是计算工程量的基本方法。子项目由同一类型的工作组成。如“预应力空心板”是一个子项目，但由于建筑物间距和板材荷载等级的差异，产生了一系列不同的模型，这些模型是通过对每个板材类型的数量进行汇总，然后通过对混凝土和钢筋各自体积进行比较来计算的。此外，如“内墙面一般抹灰”是指须同时包括内墙及内墙双面灰泥的分项目，则根据工程量的计算规则，将内墙总灰泥面积相加计算。

在计算工程量时，工程内容和图纸计量单位必须符合相关工程的内容和计量，符合相应的工程量计算规则，不得随意改变。为确保计算工作量的准确性，工程数量的有效位数应遵守以下规定：以“吨”为单位，应保留小数点后三位数字，第四位四舍五入；以“立方米”“平方米”“米”为单位，应保留小数点后两位数字，第三位四舍五入；以“个”“项”等为单位，应取整数。

2. 计算工程量

计算工程量应分不同情况，一般采用以下几种方法。

(1)按顺时针顺序计算。以图纸左上角为起点，按顺时针方向依次计算，当按计算顺序绕图一周后又重新回到起点。这种方法一般用于各种带形基础、墙体、现浇及预制构件计算，其特点是能有效防止漏算和重复计算。

(2)按编号顺序计算。结构图中包括不同种类、不同型号的构件，而且分布在不同的部位，为了便于计算和复核，需要按构件编号顺序统计数量，然后进行计算。

(3)按轴线编号计算。对于结构比较复杂的工程量，为了方便计算和复核，有些分项工程可按施工图轴线编号的方法计算。如在同一平面中，带形基础的长度和宽度不一致时，可按A轴①～③轴，B轴③、⑤、⑦轴这样的顺序计算。

(4)分段计算。在通长构件中，当其中截面有变化时，可采取分段计算。如多跨连续梁，当某跨的截面高度或宽度与其他跨不同时，可按柱间尺寸分段计算；如楼层圈梁在门窗洞口处截面加厚，其混凝土及钢筋工程量都应按分段计算。

(5)分层计算。该方法在工程量计算中较为常见，如各层墙体、构件布置、墙柱面装饰、楼地面做法等不同，都应分层计算，然后再将各层相同工程做法的项目分别汇总。

(6)分区域计算。大型工程项目平面设计比较复杂时，可在伸缩缝或沉降缝处将平面图划分成几个区域分别计算工程量，然后再将各区域相同特征的项目合并计算。

(7)快速计算。该方法是在基本方法的基础上，根据构件或分项工程的计算特点和规律总结出来的简便、快捷方法。其核心内容是利用工程量数表、工程量计算专用表、各种计算公式加以计算，从而达到快速、准确计算的目的。

此外，计算工程量还应达到以下要求。

(1)准确性。在计算工程量时，根据建筑图纸列出的分部工程应与预算定额中相应的分部工程一致。如水石楼的土壤细分工程预算定额包括白色水泥石浆、光滑水泥浆、条状圆角和无圆角的面层，但不包括水泥砂浆结合层。在计算细分量时，应列出表面行程和连接行程。例如，水磨石楼梯的面层和水泥砂浆的连接层已包含在预算定额中，因此不应单独列出计算。因此，在计算工程量时，除了熟悉施工图纸和工程量计算规则外，还必须掌握预算定额中各子项目的工作内容和范围，避免重复列出和遗漏。

(2)规则性。计算工程量采用的计算规则，必须与本地区现行的预算定额计算规则相一致。

计量单位计算工程量时，所列出的各分项工程的计量单位，必须与所使用的预算定额中相应项目的计量单位相一致。例如，楼地面层按照《全国统一建筑装饰工程定额》则以面积计，在计算工程量时，一定要与所用定额一致，以免发生差错。

(3)精度规范。工程量的计算结果，除钢材、木材取三位小数外，其余一般取

小数点后两位。

(4)计算工程量的方法。为了便于计算和修订工程量,避免遗漏或重复计算,应根据项目的不同性质,按照相应的顺序进行计算。

在工程量计算过程中,应采用总体规划法的原则对各子项目的工程量进行分析,因此,根据计算过程的内部报告,应按照“先主后辅”的原则将计算过程组织成一个整体,以简化烦琐的计算。

5.1.4　工程计量概述

工程计量这一术语是组合词,由工程概念和计量概念两者组合而来。工程计量概念的术语化描述,在此特指专业工程及其项目在具体实施过程中,作业组织品质、效率的标识性度量与审计。工程造价的确定,应该以该工程所要完成的工程实体数量为依据,对工程实体的数量做出正确的计算,并以一定的计量单位表述。这就需要进行工程计量,即工程量的计算,作为确定工程造价的基础。

工程量是以物理计量单位或自然计量单位表示的各个分项工程和结构构件的数量。物理计量单位一般是指以公制度量表示的长度、面积、体积和重量等。如楼梯扶手以“米”为计量单位;墙面抹灰以“平方米”为计量单位;混凝土以“立方米”为计量单位;钢筋的加工、绑扎和安装以“吨”为计量单位等。自然计量单位主要是指以物体自身为计量单位来表示工程量。如砖砌污水斗以“个”为计量单位;设备安装工程以“台”“套”“组”“个”“件”等为计量单位。

1. 做好公路工程计量

公路工程计量管理是一项复杂而烦琐的工作,特别是在工程竣工阶段,由于工程结算的需要,会多次调用前期工程的测量数据。如果项目的前期工作不扎实,往往会导致重复工作。因此,结合一级公路的实践,总结出一套完整、高效的计量管理方法。

1)计量的依据

主要计量依据如下。

(1)工程量清单及说明。

(2)合同图纸。

(3)工程变更令及修订的工程量清单。

(4)合同条款。

(5)技术规范。

(6)有关计量的补充协议。

(7)索赔时间/金额审批表

2)计量的原则

(1)必须严格按照主测量基准进行测量。

(2)按设计中注明的净值和监理工程师实际完成并确认的工程量计量。隐蔽工程的测量必须在覆盖前进行确认,否则视为承包商进行的辅助工程而不进行测量。

(3)计量的所有项目(交换工作除外)都是数量账户中列出的项目。

(4)承包商必须完成计量项目的所有程序,并对已通过交付中间验收的"产品"进行计量;未通过质量验收的设计不能进行测量。

(5)如果签字程序不完整,数据不完整,则测量的主要文件和附件不进行测量。

3)工程计量的方式与程序

(1)计量台账的建立。

①合同工程计量台账的建立。

开工后,工作处于起步阶段,计量工程师首先要熟悉工程图纸,检查各部门和分项目的设计工作,及时与相关部门人员核对出现问题的工作量,确保准确无误。研究合同文件、技术规范,深入了解合同各部分的测量范围,为后续测量奠定基础。相应表格以 Excel 格式编制,应与合同文件不同部分的工作量清单中所列的项目和编号完全一致。其中,每个月的"数量"是每个月量化核实后的最终数量和金额。"可计量指标"一栏所列数量和金额等于每月核准的数额和金额,并记入公式,在输入某个月的计量数据后,按数量和金额自动相加。表格可按合约工程时间表编制,视实际工期而增减。在"小计"一栏中,只将"可计量指标"栏中所列月份的数额和公式中所列的数额相加,以便能够清楚地说明按月份计算的数额和所列的总额。

②变更工程台账的建立。

随着施工的深入,不可避免地会出现各种各样的工作变化,为了不影响工程的顺利进行,图纸和设计要求会变化很快,工作量的确定也会比较容易,而"变更令"则会比较滞后,测量对象的变化主要是由价格决定的,可采用现时合约工程的单位成本或估计一个暂定单价。由于修改数量不多,一般采用流水线法建立

记账，在“变更令”发布后进行汇总整理。

③分项工程计量台账的建立。

由于分项工程庞大而冗长，除设立上述账目办事处外，亦会设立一个账目办事处，以量度并监察工程进度，如土堤、隧道、护土墙等。此外，这些分项目的账簿亦应列明设计工作的数目，并在任何时间计算数量与量度数量的差额，以避免重新计算。设计工作的数量可以记录在设计图纸中，如果较大的子项目发生变化，则在工作数量发生变化后再重新记录。

④工程量的计算。

a. 路基土石方工程。路基土石方是公路工程的主要工程量之一，在公路方案比选中，路基土石方量是评价公路勘察设计质量的主要技术经济指标之一。在编制道路施工组织计划和工程预算时，还需要确定路段和全线的路基土方量。土壤的形状非常复杂，填挖不是简单的几何形状，因此只能进行近似计算。计算的准确性取决于中间桩的间距、横断面测绘中采样点的密度以及计算公式与实际情况的接近程度。一般应根据设计要求，在保证使用精度的前提下，简化计算。

b. 计算断面面积。路基填挖断面是指横断面设计中原地面线和路基设计线所包围的区域。接地线上方区域填充，接地线下方区域开挖。两者应单独计算。通常采用积距法和坐标法。

(a)积距法：将断面按单位横宽划分为若干个梯形和三角形，每个小条块的面积近似按每个小条块中心高度与单位宽度的乘积：

$$A_i = b\,h_i \tag{5.1}$$

(b)坐标法：已知断面图上各转折点坐标(x_i, y_i)，则断面面积为：

$$A = \frac{1}{2}\sum(x_i y_{i+1} - x_{i+1} y_i) \tag{5.2}$$

坐标法的计算精度较高，适宜用计算机计算。

c. 土石方数量计算。路基土石方计算工作量较大，加之路基填挖变化的不规则性，要精确计算土石方体积是十分困难的。因此，在工程上通常采用近似计算，即假定相邻断面间为棱柱体，则其体积为：

$$V = (A_1 + A_2)\frac{L}{2} \tag{5.3}$$

式中：V为体积，即土石方数量，m^3；A_1、A_2分别为相邻两断面的面积，m^2；L为相邻断面之间的距离，m。

此种方法称为平均断面法。用平均断面法计算土石方体积简便、实用，是公路上常采用的方法。但其精度较差，只有当 A_1、A_2 相差不大时才较准确。当 A_1、A_2 相差较大时，按棱台体公式计算更为接近，其公式如下：

$$V=\frac{1}{3}(A_1+A_2)L(1+\frac{\sqrt{m}}{1+m}) \tag{5.4}$$

式中：$m=A_1/A_2$，其中 $A_1<A_2$。

该种方法精度较高，应尽量采用，特别适用于计算机计算。

用上述方法计算的土体体积包括覆盖体积。如果设计的纵断面在填筑时基本平衡，则在填筑的总体积与实施体积相差不大。但是，占路面一部分的面积必须扣除及增加，特别是道路厚度较大时，不容忽视。

在计算土堤数量时，应减去大、中型桥梁、隧道轨道占用的地块体积；桥头引道的土石方，如有需要，可全部或部分纳入建桥工程，但应避免遗漏或重复；小型桥涵所占的体积通常不扣除。

利用以上推导出的几个公式，用 Excel 制表计算，可轻松计算出填方路基的计量数量。

d.路基土石方的调配。土方工程的开挖量按天然密度体积计算，土方按压实后体积计算，不同类型土方及各阶公路的天然压实方，应注意土方的换算。

分析土层分布，以确定土层的来源、土层的位移以及岩层工程的数量和体积。合理解决不同路段土体平衡利用问题，在经济合理的搬迁条件下，挖出壕沟土体进行填土，尽量减少路外借土和埋地，减少占用耕地面积，降低道路建设成本。

4)土石方调配计算的几个概念

(1)平均运距。

土方调配的运距是从开挖体积重心到填充体积重心的距离。为了简化路线工程中的计算，该距离可以简单计算为从挖方段间距中心到填方段间距中心的距离，称为平均距离。

(2)免费运距。

土石方加工作业包括开挖、装载、运输、卸载等工序。在一定距离内，只评估土石方量，无须运输，这种特定距离称为自由运输距离。不同的施工方法有不同的自由运输距离，如人工运输为 20 m，铲运机运输为 100 m。

纵向调配时，当平均运距超过定额规定的自由运距时，地面交通量应按超出运距计算。

(3)经济运距。

用于填充的土壤来源：一是路上纵向调运，二是就近路外借土。一般来说，

使用路堑开挖填充道路附近的路堤是经济的。然而，如果运输距离太长，以至于运输速度超过路堤附近借地的成本，那么将挖方作为路堤附近的借地进行填筑并不经济。因此，采用“借”还是“调”，有个限度距离问题，即经济运距，其值按式(4.5)计算：

$$L_{经} = B/T + L_{免} \tag{5.5}$$

式中：B 为借土单价，元/m^3；T 为远运运费单价，元/($m^3 \cdot km$)；$L_{免}$ 为免费运距，km。

经济运距是确定借土或调运的界限，当调运距离小于经济运距时，采取纵向调运是经济的，反之，则可考虑就近借土。

(4)运量。

土石方运量为平均超运运距单位与土石方调配数量的乘积。

在生产中，如工程定额中将人工运输免费运距设为 20 m，平均每增运距 10 m 划为一个运输单位，称为“级”，当实际的平均运距为 40 m，超远运距 20 m 时，则为两个运输单位，称为二级。

$$总运量=调配(土石方)数量\times n \tag{5.6}$$

其中

$$n = (L - L_{免})/A \tag{5.7}$$

式中：n 为平均超运运距单位(四舍五入取整数)；L 为土石方调配平均运距，m；$L_{免}$ 为免费运距，m；A 为超远运距单位，m。

(5)计价土石方数量。

在土石方计算与调配中，所有挖方均应予计价，但填方则应按土的来源决定是否计价，如路外就近借土就应计价，而移“挖”作“填”的纵向调配利用方，则不应再计价，否则将形成双重计价。即计价土石方数量为：

$$V_{计} = V_{挖} + V_{借} \tag{5.8}$$

式中：$V_{计}$ 为计价土石方数量，m^3；$V_{挖}$ 为挖方数量，m^3；$V_{借}$ 为借方数量，m^3。

5)土石方调配原则

(1)在半填半挖路段，考虑将挖方移填该路段，以达到水平平衡，多余的土方应纵向调配，以减少总交通量。

(2)在分配土方工程和砌体时，应考虑桥梁和下水道位置对施工运输的影响。一般情况下，大型沟渠不会通过。同时，应注意施工的可能性和便利性，以减少土壤向边坡的运输。

(3)为了使配置合理，应根据土地和建设条件选择合适的运输方式，并确定合理的运输经济距离，以分析项目土壤是转移还是借用。

(4)土方工程的分配应考虑经济阻力距离，还需要综合考虑废弃土方工程、补偿农作物的损失和对农业生产的影响。有时路堑开挖会随着路堤填筑进行纵向调整。虽然运输距离较长，运输成本较高，然而，如果占用的土地较少，农业生产受到的影响较小，那么就整体而言，这可能是经济的。

(5)应根据项目需要配置不同的土方和石料，以确保路基的稳定性和人工结构材料的供应。

(6)对于斜坡上的转弯曲线段，应优先考虑地面在线路上的垂直运输。

(7)对于土方工程分配，应提前与当地管理部门讨论贷款和处置事宜，并妥善处理。贷款地点的选择应结合土地和农业用地规划，广泛考虑借地还地、整地等措施。弃土不得占用或少占用耕地，如有可能，应平整成耕地，以避免随意排放或堵塞河流，并破坏农业用地。

6)土石方调配方法

土石方调配方法，生产上采用土石方计算表调配法，直接在土石方表上进行调配，其优点是方法简单，调配清晰，精度符合要求。该表也可由计算机自动完成。具体调配步骤如下。

(1)土石方调配是在土石方数量计算与复核完毕的基础上进行的，调配前应将可能影响运输调配的桥涵位置、陡坡大沟等注明在表旁，供调配时参考。

(2)计算并填写表中“本桩利用”“填缺”“挖余”各栏。当以石作填土时，石方数应填入“本桩利用”的“土”一栏，并以符号区别。然后按填挖方分别进行闭合核算，其核算式如下。

$$填方=本桩利用+填缺 \tag{5.9}$$

$$挖方=本桩利用+挖余 \tag{5.10}$$

(3)在进行纵向调配前，根据“填缺”“挖余”的分布情况，选择适当施工方法及可采用的运输方式定出合理的经济运距，供土方调配时参考。

(4)根据填缺、挖余分布情况，结合路线纵坡和自然条件，本着技术经济、少占用农田的原则，具体拟定调配方案。将相邻路段的挖余就近纵向调配到填缺内加以利用，并把具体调运方向和数量用箭头标明在纵向调配栏中。

(5)经过纵向调配，如果仍有填缺或挖余，则应会同当地政府协商确定借土或弃土地点，然后将借土或弃土的数量和运距分别填到借方或废方栏内。

(6)调配完成后，应分页进行闭合核算，核算式如下。

$$填缺=远运利用+借方 \tag{5.11}$$

$$挖余=远运利用+废方 \tag{5.12}$$

(7)本公里调配完毕，应进行本公里合计，总闭合核算除上述外，尚有：

$$(跨公里调入方)+挖方+借方=(跨公里调出方)+填方+废方 \tag{5.13}$$

(8)土石方调配一般在本公里内进行，必要时也可跨公里调配，但需将调配的方向及数量分别注明，以免混淆。

(9)每公里土石方数量计算与调配完成后，需汇总列入“路基每公里土石方表”，并进行全线总计与核算。至此完成全部土石方计算与调配工作。

7)隧道工程量的计算

至于隧道工程方面，一般根据工程项目每类围板的隧道工程量来计算和检验，而围板的改变是按改变的品种来衡量的。在计算开口孔和入口孔的工作量时更容易出错，在填充开口孔时，必须减去洞口壁的厚度，洞口、顶部的保护等，计算时要仔细。

8)其他工程量的计算

路面工程、桥梁工程、排水及防护工程的工程量审核，一般以施工图及变更图纸为依据，比较简单，这里不再赘述。

9)工程计量的汇总

测量每月审查后，应及时将测量数据输入测量账户，以便随时查阅。账目必须平衡、清晰。应注意重要或临时数据，以避免错误或遗漏。必须及时发现问题，以便在下一次测量审查中纠正。

总之，测量在项目中起着重要作用，应在实践中不断学习和提高，为确保工程顺利进行打下坚实的基础。

5.2　投资估算的工程量计算

公路工程估算即公路工程投资估算是在项目决策过程中，依据现有的资料和特定的方法，对建设项目的投资数额进行的估计。它是项目建设前期编制项目建议书和可行性研究报告的重要组成部分，也是项目决策立项的重要依据之一。投资估算的准确与否不仅影响到可行性研究工作的质量和经济评价结果，而且也直接关系到下一阶段设计概算和施工图预算的编制，对建设项目资金筹措方案也有直接的影响。因此，全面准确地估算建设项目的工程造价，是可行性研究乃至整个决策阶段造价管理的重要任务。

5.2.1 估算指标

在《公路工程估算指标》(JTG/T 3821—2018)(以下简称新指标)中,公路工程估算指标根据基本建设前期工作的深度和要求,主要分为综合指标和分项指标两类。其中,综合指标是指以人工、主要材料和其他材料费、机械使用费及各项费用指标等全部工程造价为表现形式的指标。其项目按全国省区、公路等级、地质地貌区划的类型划分,是以公里为单位编制的实物量指标,是编制建设项目建议书投资估算的依据。分项指标是以各项工程的人工、主要材料和其他材料费、机械使用费及施工管理指标为表现形式的指标。其项目的划分与概算十分接近,是编制建设项目可行性研究报告投资估算的依据,也可作为技术方案比较参考的依据。主要用于确定近期建设方案的建设项目的经济成本,以便研究经济效益是否可行。

1. 估算指标的含义及作用

估算指标是指以独立的建设项目、单项工程或单位工程为标定对象,完成单位合格产品(1 km 或 1000 m^3 等)所必须消耗的人工、材料、机械数量(或费用)标准。

估算指标是指以能独立发挥投资效益的建设项目、单项工程或单位工程为对象的扩大的技术经济指标。它是定额的一种表现形式,但又不同于其他的计价定额,它要与项目的前期工作深度相适应,从项目建设的全过程出发估算全部投资额,所以比其他计价定额更具有综合性和概括性。其作用如下。

(1)在编制项目建议书和可行性研究报告阶段,它是多方案比选、优化设计方案、正确编制投资估算、合理确定项目投资额的重要基础。

(2)在建设项目评价、决策过程中,它是评价建设项目投资可行性、分析投资效益的主要经济指标。

(3)在实施阶段,它是限额设计和工程造价确定与控制的依据。

2. 估算指标的分类及编制原则

1)估算指标的分类

估算指标按其用途和表现形式分为综合指标和分项指标两大类。

综合指标适用于编制项目建议书投资估算,主要用于建设项目经济上的研

究、项目的选择及合理性研究、建设规模和编制公路建设发展规划的研究。

分项指标适用于编制公路建设项目可行性研究报告投资估算，主要用于建设项目投资效益、经济可行性研究，方案的经济比选和建设成本的确定。

2)编制原则

估算指标反映的是建设项目从立项到竣工所需的全部费用，要求估算指标应具有较强的综合性、概括性和准确性，所以估算指标的编制工作除应遵守一般的定额编制原则外，还必须坚持以下原则。

(1)与项目前期阶段的工作深度相适应。

(2)按不同的单项工程和单位工程编制。

(3)具有较强的综合性、概括性。

(4)表现形式应准确、简化、方便使用。

(5)应选择具有代表性的典型项目。

3)估算指标的编制依据

(1)国家对基本建设的有关方针、政策。

(2)国家和交通运输部制定颁布的技术标准和规范。

(3)交通运输部颁发的《公路工程概算定额》以及其他建设项目工期定额等。概算定额缺少的项目按《公路工程预算定额》分析计算。

(4)编制年度的各类工资标准、材料预算价格和施工机械台班单价。

(5)典型的图纸和资料。

一般一种结构类型应有两种以上资料经过分析得出结论，作为编制指标的依据。如比较分析后，因条件不同对造价影响较大，可以分不同因素划分子目编制。

(7)施工方案。一般应选经济合理、有代表性、多数施工企业能做到的施工方案，作为编制指标的依据。如因施工条件不同影响造价较大，可以按不同因素划分子目编制。

4)估算指标工程数量的确定

估算指标的编制，就是利用已完工程或在建工程的概算、预算、决算资料，在概算定额项目划分的基础上，进行适当的综合和扩大，其关键环节就是指标中综合工程项目工程量的确定。因此，指标的编制方法也就是对基础资料工程量会量分析的方法。一般有如下三种。

(1)算术平均值法。

基本做法就是根据所占有的基础资料,在指标子目划分平衡分析表中对每个建设项目的资料进行必要的分析。其中误差较大的项目属于正常情况的,根据产生误差的界定条件划分子目。不合理的内容予以剔除,最后将属于同一指标子目的各建设项目的工程细目的工程量进行算术平均,求得指标子目的工程量组合。

(2)加权平均值法。

其基本方法与算术平均取值法相同,区别之处是将属于同一子目的各建设项目的工程细目的工程量进行加权平均,求得指标子目的工程量组合。

(3)典型工程取值法。

基本做法就是在指标子目划分平衡分析表中对每个建设项目的资料进行必要的分析后,在计算出准备子目的算术平均值或加权平均值的基础上,选用某一个与算术平均值或加权平均值子目基价相接近的建设项目的工程量,或某几个建设项目工程量的平均值作为取定指标子目的工程量组合的依据。

这三种取值方法各有特点,在指标编制时,要根据不同指标项目的特点选用合适的编制办法。

5.2.2 编制办法

新编办的项目建设书投资估算和可行性研究报告投资估算,都采用同一估算项目表和表格样式,工程类别划分方法和费率与《公路工程建设项目概算预算编制办法》(JTG 3830—2018)一致。通过差异对比和项目测算,我们可以明显看出新估算指标更加贴近设计阶段造价编制方式,在相同的人工单价下,定额中人工、材料、机械的造价水平都与现有公路行业的发展特点相一致。新指标的施行,有利于工程造价的有效、合理控制。

1. 路基工程

新指标中其他排水工程量按路基长度计算,其中路基长度指路线长度减去桥隧长度。

(1)路基土石方。路基土石方指标分为挖土方、填土方、借土方及汽车运土、石方。挖土方指标已综合本桩利用和远运利用的挖、装工序,在新指标下,远运运输需要套用汽车运输的指标。需要注意的是,借土方挖装指标仅适合集中取土,不适用于路基断面处土方的挖、装。路基土石方指标中已综合压实系数及运

输损耗，不再调整指标系数。

(2)防护及软基处理。在投资估算阶段因对防护结构类型、软基处理措施考虑不周，致使此部分费用在施工图设计阶段经常超出估算。因此，在做特殊路基防护及处理时，应尽量对防护结构类型及软基处理措施进行较详细设计，需要时套用概算定额计价。

2. 路面工程

新指标沥青路面中增加了广泛采用的改性沥青路面以及沥青玛瑇脂路面。基层、垫层按顶层面积计算，沥青路面和水泥混凝土路面按路面实体计算，定额已包含损耗。

3. 隧道工程

(1)隧道土建工程。新指标中的隧道土建指标中的隧道土建主要指的是隧道洞内工程，即隧道进出口洞门端墙和墙面之间的工程，洞门墙以外的工程应按有关指标另行计算。洞门指标单位为每端洞门，高速和一级公路中的一座隧道的工程量按两端洞门计算，二级及以下公路中的一座隧道的工程量按一端洞门计算，连拱隧道按两端洞门计算。

(2)隧道机电工程。隧道机电设施包括监控系统、通风系统、消防系统、供配电及照明、预留预埋件等项目。隧道工程机电设施指标单位为 km，工程量以隧道双洞长度计算。若隧道为单洞，则需将指标乘以 0.5。在计列主线监控系统时，工程量应按建设项目路线总长度扣除隧道(双洞)的长度计算，隧道监控系统另按指标计价(隧道通风系统在隧道长度小于 500 m 时不计)。

4. 桥梁工程

桥梁工程指标包括基础、下部、上部、桥台锥坡、桥头搭板等工程。当设置导流坝、丁坝等调治构造物时，其圬工及土石方等工程应分别按路基工程的防护指标及路基土石方指标另行计算。桥梁工程指标已综合混凝土集中拌和、混凝土运输及拌和站安拆、临时轨道、混凝土构件蒸汽养生及养生室建筑等项目。桥梁指标中已包含桥梁防撞护栏及桥面沥青混凝土路面，不再重计。

5. 交叉工程

(1)互通式立交。新指标将互通式立交从主线中分离出来，单独计价。匝道工程量按设计长度计算，包括路基、路面构造物及其他附属设施等全部过程，但不包含特殊路基处理、高边坡防护、预应力锚索等工程。

(2)通道指标仅适用于跨径为 5 m 以内的涵式通道，桥式通道用桥梁指标计算。通道洞身工程量按需要设置的总长度计算，洞口按需要设置的洞口数量计算，包括通道本身、通道内路面等全部工程。

6. 交通工程及沿线设施

新指标中监控系统扣除隧道监控系统。收费系统工程量按建设项目主线和匝道收费所需的收费车道(包括进与出)数目之和计算。服务房屋指标工程量按建设项目所需的服务区、停车工区、养护工区、养护管理所等房屋的建筑面积之和计算，但不包括收费天棚的建筑面积。本指标不包括外供电，若建设需要外供电，则应另行计算。

5.3 公路工程概预算工程量计算

深入熟悉设计图纸资料，了解施工方案是编制概预算的基础。设计图纸是计算工程量的主要依据，表示各种不同结构的尺寸。作为计价基础资料的各种工程量，基本上都反映在图表上，而有些又隐含在图纸上，如混凝土、砂浆标号、砌石工程的规格种类以及施工要求，对新材料、新工艺的应用等。应核对各种图纸，如构造物的平面、立面、结构大样图等，对影响较大的关键部位或量大价高的工程量，必要时应复核计算。因此，熟悉各种设计图集是必不可少的。

5.3.1 路基工程

(1)路基土石方的开挖工作，是按工作难易程度，将土壤和岩石分为松土、普通土、硬土、软石、次坚石、坚石六类，而土石方的运输和压实则只分为土方和石方两项，并均以 m^3 为计算单位。所以，应注意按土石类别或土方和石方分别计算工程量，以便套用定额进行计价。

(2)路基土石方的开挖、装卸、运输是按天然密实体积计算，填方则是按压(夯)实的体积计算。当移挖作填或借土填筑路堤时，应考虑定额中所规定的换算系数。即采用以天然密实方为计量单位的定额乘以规定的换算系数进行计价。

(3)由于施工机具存在经济运距的问题，如推土机推移土石方的经济距离，中型推土机一般为 50～100 m，超过经济运距是不经济的，而汽车的运距若小于 500 m，也难以发挥汽车运输的优势。所以，为了合理确定路基土石方的运输费用，同时考虑公路路基土石方的施工以推土机为主，在计算土石方的增运数量时，应考虑不同机械类型及经济运距，进行统计和汇总后计算出平均运距，以此作为土石方运输计价的依据。

(4)路基排水及防护工程，概算定额综合了挖基、排水等工程内容，以圬工实体作为计价依据，如石砌挡土墙，不分基础、墙身、片石的块石。

(5)软土地基处理，当采用砂或碎石等材料作为垫层时，要核查设计图表资料是否已扣减相应的路基填方数量，以免重复计价。

(6)填方数量，要根据实际情况，确定需要洒水的数量。

(7)在计算路基土石方数量时，不扣除涵洞和通道所占路基土石方的体积；而高等级公路应根据实际情况，适当扣减路基填方数量。

(8)有些项目不能在设计图表中反映出来，应在施工组织设计中考虑：清除表土或零星填方地段的基底压实，耕地填前夯实后回填至原地面标高所需的土石方数量，因路基沉陷需增加填筑的土石方数量，为保证路基边缘的压实须加宽填筑时所需的土石方数量。

5.3.2　路面工程

(1)开挖路槽的废方，在计算路基土石方数量时，是否做了综合平衡调配。原则上不应在某一地段一面借土填筑路堤，一面又产生大量废方需远运处理的不合理现象。若路槽废方需远运处理时，应确定弃土场的地点及其平均运距，根据路基横断面和沿线路基土石方成分确定挖路槽的土石方体积，不应以路基土石方的比例作为划分的依据。

(2)根据概算定额的规定，各类稳定土基层级配碎石、级配砾石路面的压实厚度在 15 cm 以内，填隙碎石一层的压实厚度在 12 cm 以内，垫层和其他种类的基层压实厚度在 20 cm 以内，面层的压实厚度在 15 cm 以内，拖拉机、平地机和压路机台班按定额数量计算。如超过以上压实厚度，进行分层拌和、碾压时的拖拉机、平地机和压路机台班按定额数量加倍，每 1000 m^2 增加 3 个工作日。

(3)在概算定额中，有透层、黏层定额，一般是在完工的基层上洒布透层油。再进行沥青混合料的铺筑工程。旧沥青路面上或水泥混凝土路面上应洒布粘层油，在计算工程量时，不应漏计这些工程内容。

(4)桥梁、涵洞、通道、隧道等工程,如已计列了桥面铺装,应扣除桥梁所占的长度和面积,以免重复计价。

(5)根据施工组织设计或标段的划分,结合现有拌和设备的生产能力,综合考虑临时用地、材料和混合料的运输费用等,合理确定拌和场的地点和面积,需要安拆的拌和设备的型号,并计算出混合料的平均运距。

5.3.3 桥梁工程

桥梁工程中项目较多,计算工作难度也大。

(1)开挖基坑。桥梁工程中围堰、筑岛根据实际情况详细计算出数量。基坑的开挖工作应按土方、石方、深度、干处或湿处等不同情况分别统计,基础工程有砌石、混凝土、沉井打桩和灌注桩等多种结构形式。基础砌石和混凝土圬工,为天然地基上的基础。砌石基础应按片石、块石分别进行统计,若设计图表上只有砌体总数时,考虑基础外缘和分层砌筑等因素,可分别按80%的片石、20%块石计算。

(2)钻孔的土质划分为八种,并按不同桩径和钻孔的深度划分为多项定额标准,应按地质钻探资料,以照定额土质种类的规定,分别确定其钻孔的工程量。因钻孔的计量单位是以m计,其钻孔深度,应以地表与设计桩底的深度为准;当在水中采用围堰筑岛填心施工时,就以围堰的顶面与设计桩底的深度为准。

(3)桥梁下部构造工程,有砌石、现浇混凝土和预制安装混凝土构件等不同结构形式。墩台的计价工程量为墩台身及翼墙、墩台帽、拱、盖梁及耳背墙、桥台的锥形护坡以座计。台背及锥坡内的填土夯实综合在定额内,不需要另计。桥台上路面归入路面工程内计算。

(4)桥梁的上部构造工程,划分为行车道系、桥面铺装和人行道系三个部分,有砌石、现浇混凝土、预制安装混凝土构件、钢桁架和钢索吊桥等不同结构形式。行车道系和桥面铺装都是以m^3为计量单位,人行道系则以桥长(m)作为计量单位。在计算工程量时,应按行车道系、桥面铺装和人行道系的顺序分别计算工程量以免重复和遗漏。

(5)涵洞工程在概算中通常以洞身、洞口和体积计,而在预算中要根据施工步骤进行计量,因考虑涵洞所处的地质类型,如软土地基、湿陷性黄土、多年冻土等特殊地质,要进行特殊地基处理。

(6)钢筋工程。编制概算时,涵洞工程已将钢筋工程的工料消耗综合在定额

中，其余的钢筋工程都以混凝土分开计量，单位是 t。钢筋应以其设计长度所计算的理论质量为准，施工焊接和下料等操作损耗，已计入定额内，不计入钢筋的工程量内。钢绞线和高强钢丝的工程量以锚固长度之和，如预应力空心板（标准跨径 10～16 m），一般可按板长增加 1.5 m 计算。当编制概算，若设计图纸上未提出钢筋数量时；可参考《公路工程概算定额》（JTG/T 3831—2018）说明中提供的钢筋含量定其钢筋数量。

5.3.4　其他工程

交叉工程、其他工程及沿线设施、临时工程、便道、便桥、轨道铺设、电力线路中等工程应根据实际情况分别取定。材料中自采材料的平均运距因采用的计算方法不同，其结果也不一样，通常运用加权平均运距法和算术平均法计算料场的选定与经济分界点，用加权平均法计算所得运距较为精确。在材料运杂费的计算上有所统一，应注意在运输环节中，通过公路、铁路、水路等部门运输的材料应按国家或地方有关部门规定的运价计算。工程概算中工程量的计算是一项烦琐的工作，涉及有关建设的方针政策，所以，对编制的工程概算的内容及工程量计算情况应进行一次全面的、专人的检查核对，注意各项计价工程量的取值是否符合工程计价要求，分部、分项工程的划分是否符合规定，有无漏项和重复计列情况，特别注意计量单位的小数点位置，定额抽换和增计的系数是否符合要求等，以便发现错误，及时进行纠正，从而提高工程概算的准确性和编制质量。

5.4　施工结算的工程量计量

对于建筑项目资金的使用过程来说，竣工结算审计工作具有十分重要的意义。有效的竣工结算审计可以促进工程审计和监督有序实施，极大程度提高了资金使用的安全性。所谓工程结算，具体指的是针对已经完成建设的工程量，施工单位和建设单位、项目法人依据国家相关标准和规定所进行的一次性价款结算活动。而工程结算审核是工程结算的重要依据，只有提高工程结算的准确性，才能提高工程项目投资的合法性和真实性。因此，想要提高项目审计工作水平，必须做好工程结算审核工作，通过降低各类风险，全面提高工程决算审计质量。

5.4.1 公路竣工结算各费用之间的关系

1.高速公路中的工程竣工结算

总的来说,高速公路工程结算,就是对一个阶段的工作进行总结,并且计算此期间所消耗的各类资源,主要包含两方面内容的结算:实物量和价值量,其审核结构如图 5.3 所示。国家所出台的高速公路暂行办法:在公路整个建设期间,根据相关合同的约定,预算或者预付工程款项。工程款项主要包含两方面内容:工程进度款项以及工程竣工结算款项。

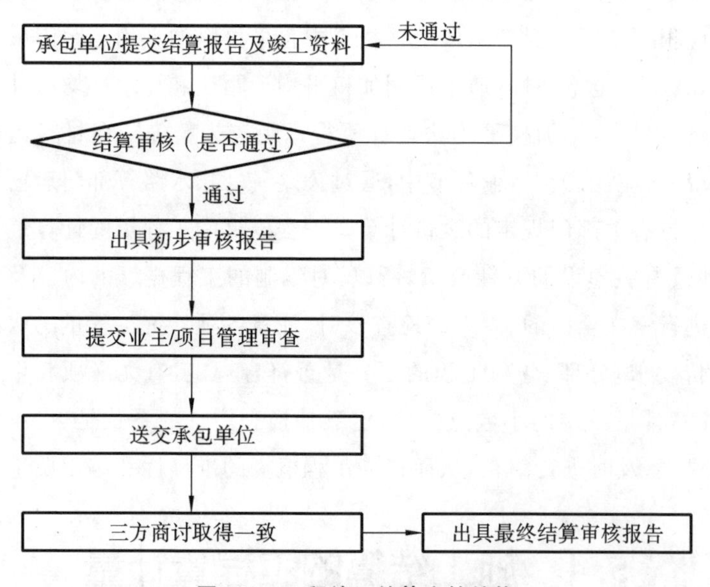

图 5.3 工程竣工结算审核结构

2.高速公路中的工程竣工决算

决算就是终结计算,即针对特定时间内某个工程项目建设施工中使用的各项资源进行计算终结。具体来说,决算工作就是针对特定时间内的某个时刻,按照实物量和价值量进行计算,对这段时间内建筑施工所消耗的资源进行合理分类,然后从多个角度进行计算,从而反映该段时间内项目的实际成本。对于高速公路项目来说,竣工结算就是对已经竣工的项目进行验收,其直接反映了项目从筹建到竣工所需要的实际成本,主要包含两方面内容:财务决算和工程决算,其内容如图 5.4 所示。

- 竣工决算
  - 竣工决算报告情况说明书
  - 竣工财务决算报表
    - 竣工财务决算审批表
    - 竣工财务决算总表：体现资金来源等于资金运用这一基本会计等式
    - 建设项目交付使用财产明细表
    - 建设项目交付使用财产总表（大、中型项目特有）
    - 竣工工程概况表（大、中型项目特有）
  - 建设工程竣工图
  - 工程造价比较分析：主要分析主要实物工程量、材料消耗量和取费标准

图 5.4　竣工决算的内容

5.4.2　高速公路结算费用审计中存在的不足

1. 被审单位配合不足

开展决算审计工作的主要目的就是通过合理控制建设投资，有效降低工程施工的成本，保证项目经济效益，提高投资收益。但是在工程决算审计工作中，部分建设单位配合程度较低，有些建设单位甚至认为工程决算审计核减额越大，证明建设施工存在的问题越多。工程结算审核工作的开展需要承包人配合，但也可能会出现对承包人不利的条款，所以在决算审计工作中需要给予重视，必要的时候给予适当调整和纠正。

2. 工程设计数量不够精准

通常来说，一个项目的工程量清单，大多由设计单位提供，但是绝大多数的审计单位计算工程量的唯一依据就是项目设计图纸，没有扣除承包人需要完成的附属工作数量。在实际建设施工中，存在部分承包人虚报计量冒领工程款的问题，其主要原因是项目建设方、监理方没有严格按计量原则进行计算，比如项目施工中的土方、钢筋细目数量问题较多，导致费用精准性得不到有效保证。

3. 监理单位责任意识较差

部分监理单位所提供的监理日志不能真实、客观反映工程的实际情况，监理日志的填写规范性较差，甚至存在事后补充虚假记录的问题。另外，部分监理人员责任意识不足，在实际工作中存在走过场的问题，没有重视施工原始记录的收集，导致工程原始记录缺失。因此，若监理单位责任意识不足，在实际工作中不能肩负起应有的责任和义务，给工程施工带来了巨大的隐患，同时增加了工程结

算审核决算审计的难度。

5.4.3 高速公路工程结算费用审计的重点及方法

1. 竣工决算报表的审核

建设单位根据相关法律法规所编制的,可以反映工程整个施工过程所应用到的全部建设资金的使用明细的汇总类文件,称为决算报表。审计人员需要根据相关标准和规定,对决算报表的合法性和合规性进行审核,主要审核的内容有施工设计、预算文件以及施工图纸等,属于项目立项审核的主要程序和工作。在实际审核工作中,审计单位需要根据相应的合同、资料和设计对决算报表内数据的完整性、真实性进行逐一核对。

2. 工程项目概算实施情况的审核

作为工程建设管理的主要内容,概算是公路工程投资成本控制限额最高的一个环节,同时也是评价公路工程整体管理水平的重要指标和采纳数。概算审核包含概算执行情况的审核和子项目执行情况的审核。具体来说,就是审核子项目额度的使用是否相互调节,审核财务实际支出情况是否符合相关标准及规定,是否存在施工标准突然升高或者降低的问题,是否存在计划外的项目概算追加情况等。

3. 工程资金到位及使用情况的审核

高速公路工程具有投资量大、施工连续性较强的特点。为了保证高速公路资金及时到位,使用合理,必须制定科学的投资计划。对工程资金的到位情况以及实际使用情况进行审核,可以保证项目资金使用的合理性。具体的工作内容包括审核项目资金管理是否符合国家相关标准和规定、审核资金的到位情况,资金实际使用是否和施工进度相符、审核资金的实际使用和管理是否存在转移和挪用等问题。如果建设单位存在资金结余的现象,那么需要审核结余资金的处理是否符合相应的财务规定,另外还要重视对各类资金投入渠道的合法性进行审核。

4. 建筑安装费用的审核

建筑项目安装支出,也称为安装工程造价,具体指的是项目建设施工中各类

设备安装所产生的费用。建筑安装费用主要包含六个部分：税金部分、直接费用、间接费用、计划利润、装备费以及施工技术费用。因此，建筑安装费用审核主要的工作包括确定工程取费类别、确定直接费用中的间接费用、确定措施费用、确定税金。在直接工程费用审计中，安装费用的审计是重点内容。

对工程量计算结果进行审查，主要是审查工程竣工结算文件的有效性、完整性、合法性以及真实性，根据竣工图进行计算，正确识别重复计算、序列项目、工程量加大等内容。在办理工程变更的时候必须参考相应的依据，提高内容的准确性和完整性。

在对定额套取与取费工程定额计价进行计算的时候，必须根据取费和计算的定额来执行。审计人员需要深入施工现场，对现场进行全面仔细的勘查，然后根据审查结果、图纸检查定额套取的真实性。

审计索赔的原则：对是否在规定时间内提出了相应的索赔报告和索赔通知进行审计；对是否导致企业额外费用的增加进行审计；对是否是施工企业自身原因导致的索赔进行审计。如果以上内容的审计结果都是否，那么就需要核减索赔费用。另外，还需要对价款支付是否符合合同相关规定、工程款的抵扣是否准确、发票是否合法、预付备料款是否准确、保证金的扣留是否合规进行审核。

5. 设备投资支出的审核

设备投资支出审核工作的重点就是对设备采购制度的执行情况进行审核，另外还需要审核的内容：设备的采购是否经历了有效的招投标过程；所采购的设备的品种以及规格是否符合工程预算；是否采购了项目不需要的设备；设备采购、运输、安装、调试、存储等过程所产生的费用是否按照相应的规定列入设备购置成本；在计算设备使用费用的时候，是否按照项目施工中所应用的设备的规格、品名和类别进行；通风、照明以及动力等各类设备所产生的费用是否按照相应的规章制度包含到设备安装成本中。这里需要注意的是，项目工程建立工程师办公所用的办公设施、试验设备、生活设施以及交通用具等所产生的费用不能纳入设备成本，而是需要纳入建筑安装工程成本。

6. 收尾工程及结余资金的审校

收尾审查主要包含的工作：审查项目收尾工程的属实性，审查预留费用的真实性，按照当前的施工进度以及整个工程的预算，对还未完成的收尾工程量以及所需要的资金数额进行审查。完成核对工作后，根据合同价格和预算价格，综合考虑各种变更因素，可以将收尾工程列入竣工结算的过程。对银行的存款以及先进情况进行审核，分析是否存在库存盘亏情况，重点对物资违规挪用以及款项或者物资隐蔽转移情况进行严格的审查。审查债权债务以及账款往来情况。除此之外，还需要对建设施工期间，资金的擅自挪用，债务限定不合理、不及时的问题进行审查。

总而言之，竣工结算审计工作对建筑项目资金使用过程来说是非常重要的。竣工结算审计工作的开展不仅可以确保工程审计监督顺利实施，还可以有效提高资金使用的有效性和安全性。

无论对施工方还是业主而言，计量与支付在公路建设工程中都是非常重要的工作内容，它既是业主用成本付出换取产品的方式，也是施工方通过业主得到利润的途径。工程计量与支付的准确性及合理性是双方资金运行正常的重要保障，可确保工程按进度完成，提高工程质量。只有重视该项工作，才能在最大程度上获得社会效益与经济效益。

5.4.4　公路工程计量与支付工作的现状

1. 缺乏有效的内部控制监督

目前大多数公路工程量都使用定额计价方式计量，按工程进度对工程款项进行计量和结算，其核算成本和支付价款的本质是成本会计管理中的“产品法”。甲方工程技术人员在操作中需要复核、检查乙方的实际工程内容和数量，确定应付款项并办理结算。流程过于复杂，周期较长，而且在计量计算中财务部门比较被动，只是依照先前的流程结论付款，难以主动监控前述资料的真实性和准确性。而且工程本身有较强专业性，一些项目比较隐蔽，造成部分控制环节可能失控。

2. 难以准确计量工程量

公路工程建设综合了多种技术，十分复杂，使部分单位没有测算和计量完成的实际工程量就支付款项，导致计量支付手续不规范或不齐全、超进度支付、拖欠工程款等现象，并且从现行操作环节和技术手段而言，部分工程部门提出的补偿、变更等并不科学，难以验证。

3. 工程计量结算不符合工程款项进度

在实际公路工程的计量与支付工作中，工程进度很可能不符合合同约定，且可能因财务管理需要或资金紧张等无法准确及时结算资金，或工程可能无法直接满足规范或合同要求，造成工程计量支付不符合工程款项进度，使施工企业处于被动状态，拖延进度。

5.4.5　计量原则与支付条件的把握

(1)计量原则。施工方完成建设的工程与设计图纸要求相符，且经专业人员的质量监理，得到质量合格证书(监理工程师签发)；遵守合同条款，对图纸认真审阅，仔细核实计量，现场检验隐蔽工程后再计量；若某项工作需要计量但合同条款中没有，施工方、业主和监理工程师应共同协商，选择计量方法。

(2)支付条件与合同条款中的规定相符合，严格遵守施工前制定的与工程相关的全部合同条款，深入理解后运用，防止计量和支付纠纷的出现。

(3)前提与准备工作。计量支付程序的建立与完善是计量和支付工作的前提，使员工规范工作、各项制度有章可循。在工程建设前，施工方应对有关规范条款、标准和要求等进行认真研究学习，以工程特点为依据，针对计量工作培训施工单位的计量人员，科学、规范地开展计量工作。具体要求：施工单位应明确规定工程的计量管理、计量程序、计量报表的内容与格式，并统一制定标准，便于后续工作的开展。

5.4.6　公路工程计量与支付工作的要点

1. 计量支付制度与监理工作的规范管理

计量和支付工作的前提是工程质量，其保障则是工程进度，为了使该工作的规范性与科学性得到保障，必须采用准确、科学的手段进行工程计量。工程计量和支付不仅对业主履行合同起到约束作用，还能控制施工单位的资金运作，使计量工作的速度加快，施工单位施工时能严格依照计划的进度操作，但应注意不要盲目追赶进度导致施工质量下降。监理工程师确保所有质检资料完整，且已完成的施工部分符合设计要求才可中间验交工程并完成计量。

2. 工程量计量与支付内部控制的完善

在为工程项目做准备时,施工单位应以工程的实际情况与具体特点为依据明确制定管理和支付的细则,使可能出现在结算过程中的争议与纠纷得到避免。施工单位在施工阶段必须严格依照计量的工作量与设计图纸进行,且重视工作的记录。如果部分工程量需要进行变更,且施工单位是有分包商的,则需要首先和分包方协商,并以监理工程师在场为前提,对需要变更的工作量进行重新审定,并修改之前的工作量,使各方掌握相等的数据,有效地进行动态管理。当工程进入竣工阶段后,施工单位应该看其需要移交的工程与竣工移交的条件符合与否,并将工程量清单中的审批单项目的工作量与有关的工程细目单价相结合完成全方位的复合,做好工程的总结报告和竣工结算审计工作。

3. 保证工程计量部门与财务部门的沟通,使工作预见性增强

财务部门需要多与工程计量部门交流,使工程计量和支付工作具有更强的预见性。施工单位的财务部门应将组成合同文件的各个文件,包括工程量清单、设计图纸和合同条款等与工程计量部门进行交底,对包含于工程量清单内不同细目单价的内容进行认真研究,从而商讨合同工程量和工程量清单之间的差异,使建立的合同台账完整而准确。

4. 对工程项目计量和支付的信息化水平进行加强

通常与计量和支付工作有关的资料不仅数量大、种类多,且有较长的时间跨度,所以有很大的管理难度。如今信息化技术不断进步,广泛应用于众多领域,许多施工单位也开始采取信息化管理,建立健全数据库系统,以便保存计量和支付工作的数据,使监理效率提高,施工成本降低。规范、详细、清晰的计量支付台账的建立是计量和支付程序建立健全的关键。应以分类为基础,统一划分全部工程资料,分类整理后归档,设置台账与资料索引。建立支付数据库,在业主、监理方和施工方之间通过网络建立交流计量和支付信息的平台,使其沟通更加方便,相辅相成并互相牵制、制约。利用计算机建立的信息交流平台与数据库来建立计量和支付并管理相关资料。

现阶段在工程项目中传递计量和支付工作的两种主要传递形式是电子文档与纸质文档,二者有各自的优势和缺点,应在纸质签证为主的基础上将其有机结合。电子文档在如今信息化社会的背景下必须受到足够重视,发挥其优势对公

路工程的计量和支付工作的服务进行优化。

我国的公路工程随着经济的进步而得到了快速发展，在其建设过程中必须严格按照有关的规范和标准完成计量与支付工作，使各施工环节得到有效控制。另外，应对计量支付制度与监理工作进行规范管理、对内部控制工作加以完善、对工作内容的信息化水平进行加强、保证工程计量部门和工程财务部门的沟通等，通过这些措施准确完成工程计量与支付工作，有效利用建设资金，节约工程成本，使工期缩短的同时仍能保障施工质量。

第6章 公路工程概预算的编制

6.1 公路工程概预算的前期准备

公路工程概预算的编制是一项十分严肃而细致的工作，是设计文件的重要组成部分，是决定工程结构物设计阶段的综合文件，是基本建设管理工作中的依据。为了确保概、预算文件的编制质量，要做好前期准备工作。

6.1.1 概预算编制的资料收集

1.搜集各种编制依据及资料

(1)设计资料：包括图纸、说明书及有关设计文件，各类构件、门窗、建筑配件等图集和材料做法表等。

(2)预算资料：包括现行的工程概预算定额、其他费用定额、材料预算价格、机械台班费用定额，以及有关的建筑安装工程预算定额文件汇编等。

2.熟悉施工组织设计和现场情况

施工组织设计是施工单位根据工程特点及施工现场条件等情况编制的工程实施方案。由于施工方案的不同则直接影响工程造价，如需要进行地下降水、打护坡桩、机械的选择、模板类型的选择或因场地狭小引起材料多次搬运等，都应在施工组织设计中确定下来。这些内容与概预算项目的选用和费用的计算都有密切关系。因此概预算人员熟悉施工组织设计及现场情况对提高编制概预算质量十分重要的。计算其他各项费用、概预算总造价和技术经济指标直接费汇总后即可计算其他直接费、间接费、计划利润和税金，最后进行工程总造价的汇总，一般应遵照当地主管部门规定的统一计算程序表进行。

总造价计算出来后，计算出各单位工程每平方米建筑面积的造价指标。对施工图概预算进行校核、填写编制说明、装订、签章及密封。工程概预算书计算

完毕后，首先自己应该进行复核，看一下工程量计算是否有错误或疏漏，套用的定额子目是否准确，这些都对工程造价有相当大的影响作用。审核无误后，可根据工程的具体情况填写编制说明及概预算书封面，装订成册并盖章密封。

3. 分析外业调查资料

外业调查工作是一项关系到概预算文件质量的基础工作，是与公路外业勘察同时进行的一项工作。凡对施工生产有影响的一切因素都必须调查，如筑路材料的来源、供应价、运输方式及运输距离、运费标准，占用土地补偿费，菜田建设费，安置补助费，拆迁各种建筑物、电力、电信设备等方面的因素，若有不明确或遗漏的部分应另行调查，以保证概、预算的准确性和合理性。

4. 重视对施工方案的分析

对于与设计阶段配套的施工组织设计文件应认真分析其可行性、合理性和经济性，因为施工方案将直接影响到概、预算金额的高低和定额的查用。同一工程内容，可以采用不同的施工方法，如土方施工有人工挖土方和机械挖土方两种施工方法，应根据工程设计的意图和要求并同工程实际相结合，从而选择最经济的施工方法。施工方法确定以后需要选配与之相适应的施工机械，由于施工机械的选择将直接影响施工费用，如挖填方，既可以用铲运机，又可以采用挖掘机配自卸汽车，这就需要考虑综合考虑到距离的远近、经济运距等因素然后选择施工的机械，使用不同的机械，就会是不同的施工费用。

6.1.2　概预算编制的要点

1. 正确采摘工程数量

在编制概预算时应对各分项工程量按工程量计算原则进行计算，在审核预、结算时应对各分项工程量按工程量计算原则进行计算，正确摘取设计图表中的工程数量，并注意计量单位、计算规则应与定额的计量单位和计算规则一致。对设计文件中缺少或未列的工程量进行补充计算。一个项目的预、结算造价除了考虑施工图纸上的工程数量，还应考虑与施工方案及施工组织设计措施相关的其他工程的工程量，如临时电力、电信线路、临时道路、临时占地等。

2. 定额的套用

如果设计的要求、工作内容及工程项目完全与相应定额的工程项目符合，则可直接套用相应的定额。若采用了新技术、新方法，使得设计施工内容与定额工作内容不符，可做出补充定额（经有关部门批准后）之后进行套用。有些情况还可以对定额进行某些抽换，使定额更切合实际。如现浇混凝土采用的支架和拱圈用的拱盔支架，确因施工安排达不到规定的周转次数，可根据具体情况进行换算并计算回收；使用预算定额时，设计混凝土、砂浆标号与定额中使用的不相同，可抽换水泥及砂浆。

3. 表格

注意表格之间的内在联系，理清交叉关系，仔细阅读章节说明及定额表下小注。

概预算表格是一个有机的整体，互相联系，相互补充，切不可前后矛盾。章、节说明及定额表下注释也都非常重要，它提示了定额适用的范围、编制注意的事项以及工程量计算的原则等。熟悉设计内容，了解建设条件，掌握基础资料，正确引用规定的定额、取费标准和材料及设备价格，严格执行国家的方针、政策和有关制度，符合公路设计规范和施工技术规范，才能编制出高质量的概预算文件。

6.2 公路工程概预算文件的编制

6.2.1 合理确定编制依据

编制依据必须遵循国家、交通运输部和地方主管部门颁布的有关法规文件或规定，以及当地政府和职能机构的补充规定和相关文件分析外业调查资料。

6.2.2 合理确定材料单价

人工、材料、机械台班单价是概预算的计算基础，人工单价根据政府部门规定的工资类别区分别确定。材料费是编制概预算的重要环节，在施工图预算建筑安装工程费中所占比重为40%左右。道路等级越高，材料费所占比重越大，

在高速公路中占 50%以上。因此，准确计算材料费对概预算工作质量有重大意义，材料预算价格主要由供应价格、运杂费、场外运输损耗、采购及保管费组成，材料供应价格是材料预算价格的主要组成部分，应进行仔细调查和分析。目前在市场经济条件下，各地材料价格浮动较大，给材料价格的确定带来了许多困难。既要对所需材料价格进行多方面的询价，又要对询价结果进行综合分析，根据已有的材料价格信息资料和当时各种刊有材料信息的期刊，以及目前主要建筑材料价格情况进行分析，来确定询价的可靠性，使材料价格的确定趋于合理。在计算机械台班单价时，用电的价格应根据工程和工地实际情况，综合考虑工业用电和施工单位自发电相结合，尽量做到切合实际。

6.2.3　准确计算工程量

计算工程量时，首先应了解工程概况，熟悉设计图纸和结构特点，理解设计意图，认真核对设计图纸及有关表格，如工程一览表、工程数量表等。由于目前公路设计文件中有些工程量的表达方式与概预算定额要求的不一致，因此，在编制概预算前一定要认真阅读概预算定额的总说明和章节说明。按工程量计算原则，根据具体情况按编制概预算的要求准确计算工程数量，不清楚的地方及时请设计人员协助，共同商讨确定。

如人工挖土质台阶，预算中定额单位为 1000 m^2，而设计图表中往往给出的是 m^3，要换算成统一的面积单位等。有些工程量虽然与定额单位相统一，但存在一定的换算关系，如路基土石方工程中天然方与密实方之间存在差值，在定额中挖方与土方运输均是按天然(密实)方考虑，而填方则按压实方考虑。在纵向调配和横向利用时，一定要考虑系数换算。在土方运输中，仍要考虑运输损失方系数，该系数能否正确运用将极大影响工程造价。另外，要特别注意区分概算定额与预算定额的区别，概算定额工程量与预算定额工程量所包含的内容不完全相同，计算工程量时应认真区分，不要漏计或重计。

6.2.4　确定合理的施工方案

工程的施工方案不同。工程的造价也就不同施工方案的合理与否，将直接影响概预算金额的高低、定额的查用和的概预算质量。同一工程内容，可以采用不同的施工方法，如土方施工，有人工挖土方和机械挖土方两种施工方法，应根据工程设计的意图和要求,并同工程实际相结合选择最经济的施工方法。施工方法确定以后选配与之相适应的施工机械,在特大桥和高等级公路的设计中,设计人员往往将精力主要集中在结构计算和结构设计上,而对施工方案中的大型临时工程和施工所需的辅助设施以及必须增加的工程考虑不周。例如特大桥中深水工程的施工平台、大型吊装设备、临时码头、施工钢材等。高等级公路的路基工程,为达到规定要求的压实度,而所需增加的土方量,考虑软土地基沉降、便道、便桥、预制场地等因素。这些问题都将对概预算的总造价产生很大的影响,因此应高度重视这些问题,应与设计人员一起准确、合理地计入这些工程量。应该经常到工地参观学习,向施工单位的人员请教,注意收集工程的施工条件,积累经验,以便更快、更好、更合理地确定工程的施工方案。

6.2.5 准确套用定额

准确的套用定额是工程定价的过程是一个很重要的环节。根据设计图纸和确定的施工方案,按照概预算编制办法要求就可以选定定额了。在选用定额前,需要先弄清楚定额项目所综合的内容和适应的范围,注意概算定额和预算定额的作用不同,以避免重算或漏计。同时还要注意定额单位与工程单位的差别,应使定额工程量与定额单位相一致,避免因单位不统一造成的差错。另外应注意定额中有些项目是不能调整的,而有些项目是可以抽换、调整的,使定额的使用更切合实际。具体应根据工程情况进行适当调整,以提高概预算的准确性。如现浇混凝土采用的支架和拱圈用的拱盔支架,因施工安排达不到规定的周转次数时,可根据具体情况进行换算并计算回收,使用预算定额时如发现设计混凝土、砂浆标号与定额中使用的不相同,可对水泥及砂浆进行抽换调整。

6.2.6 准确进行造价分析

造价分析是保证概预算质量的重要环节。造价分析包括本工程各项目相互之间的造价关系是否合理,也包括与其他相同或相似结构工程的造价相比是否合理两个方面。从总概预算表看,工程项目的划分与计算出的各自经济指标,分析这些指标与相应的工程量是否相符合,并把这些指标与其他项目同类结构的指标进行类比,若有异常,要认真查找原因,分析问题所在,找到解决的方法,然后及时修正。

随着社会的不断发展和进步,我国经济建设的速度也实现了快速发展,带动

各项基础建设项目的数量持续的增加。公路工程建设项目的工作人员要严格的管控工程造价,不断提升整个工程建设项目的经济效益和社会效益,使工程建设质量与设计的标准保持高度的统一。

6.2.7 公路工程造价管控遵循的原则

在公路工程造价管控时,遵循的主要原则有经济性原则、科学性原则、动态性原则和目标控制性原则等。

(1)经济性原则。所有工程项目的造价管控都是为确保施工质量和施工安全服务的,所以,工程建设项目部要将工程造价经济性原则放在首要位置上。

(2)科学性原则。尽管工程造价的经济性原则十分重要,但是在实际施工的过程中,不能因盲目追求低工程造价而出现偷工减料的情况。这就要求工程造价部门要找到科学的平衡关系,显著提升整个工程建设项目造价投入的科学性。

(3)动态性原则。在工程项目造价管控时,会受到很多因素的影响,所以要事先做好工程造价余量设置工作,使工程设计施工的动态性得到保证,使项目资金流转具有较强的伸缩性。

(4)目标控制性原则。尽管工程造价具有伸缩性,但在设定工程造价时,相关部门要考虑得更加周全,细化分析工程造价目标后,再设置合理的造价数值。公路工程全过程造价管控的具体流程详见图 6.1。

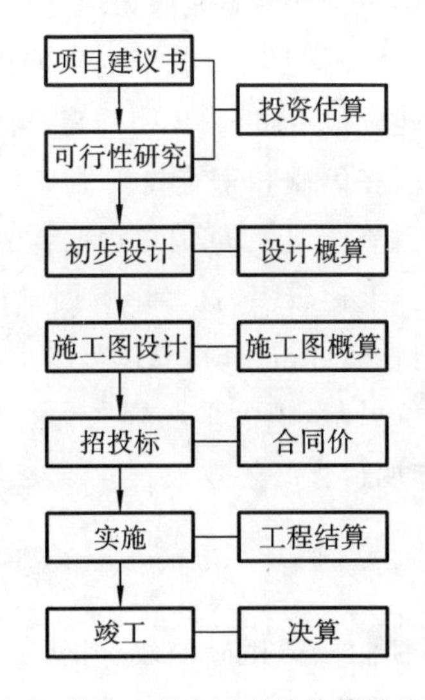

图 6.1 公路工程全过程造价管控流程图

6.2.8 公路工程项目造价管理的现状与常见问题

在现代公路工程项目造价管控时，充分估算投资决策发挥的积极作用，显著提升了工程造价管理的可靠性和实效性。在综合分析公路工程项目造价管控的实际情况以后，发现前期投资决策估算不充分的情况非常的普遍，工程造价管控与投资估算很难找到可靠的依据，给造价管理工作的整体效益提升造成了严重的负面影响。

在设计公路工程时，有些设计人员没有高度重视工程造价管控的重要意义，使得设计理论缺少专业性和系统性，只是过度关注工程的施工工期、施工质量和工程造型，导致工程技术指标不够科学，使得工程造价出现管理效果欠佳的情况。在公路工程项目的设计阶段，设计单位要科学的设置施工工期、工程造价和施工材料等相关信息，优化升级设计方案，提升整个工程的设计效果。

6.2.9 公路工程造价管控的方法

1. 决策阶段

公路工程造价管控的第一个环节就是决策结算管控。应注重提升造价管控的科学性，选择最佳的施工方案，使项目投资更加明确，科学、合理配置各项资源。应严格挑选工程项目建设地点，进一步明确建设目标，选择与建设项目相符合的机械设备和施工技术。在编制和审查投资估算时，要尽量做到客观、合理，使所有环节的工程造价控制在最佳的范围之内，将“三超”问题扼杀在摇篮中。公路工程建设项目的影响因素比较多，这些影响因素也会给投资估算的效果带来一定的制约，在编制可研性研究报告时，要以分项指标为基础编制投资估算信息。正确对待工程项目造价风险，积极采取行之有效的措施来解决遇到各类问题，促使工程造价管控工作取得良好的效果。

2. 设计阶段

为使设计环节的造价控制取得良好的效果，就要遵循以下原则：做到市场差价与国家定价相平衡，使造价更加合理；以工程数据和相关资料为基础来开展设计工作，高效分析所有的风险因素，具体问题具体分析，并制定行之有效

的解决办法，备用资金预留充足，将造价预算与工程建设成本之间的差距控制到最小；从造价设计层面的角度分析，遵循动态化管理的原则，使造价控制做到持续、高效。从整个工程的实际情况出发，不断地提升造价方案的科学性和合理性，依托政府的相关政策和市场价格变化情况，注重提升造价设计管理工作的实效性。

3. 招投标阶段

在公路工程招投标阶段控制工程造价时，要做到以下几点。

(1)明确标底。公路工程的实际价值通过标底体现出来，在编制标底时，要以相关的价格规律为基础，给业主提供可以参考的价格区间，使业主能够更好地确定施工单位，使施工单位的能力和资质满足整个工程的实际需要，确保工程建设质量与设计的标准一致，防止出现返工等现象。

(2)正确识别承包商的投标报价。承包商为了能够顺利获得工程项目的建设权，在投标报价时，会使用降价系数调整法、突然降价法等技巧来获得最终的建设资格。因此，业主应做好充分的准备工作，以招标合同为基础，明确合同价格，严格把关所有承包商的资质，防止工程建设过程中出现索赔等问题。

(3)合理选择评标定标的方法，要想更好地完成评标工作，就要合理选择评标定标方法。公路工程招投标阶段造价控制的方法与措施详见图6.2。

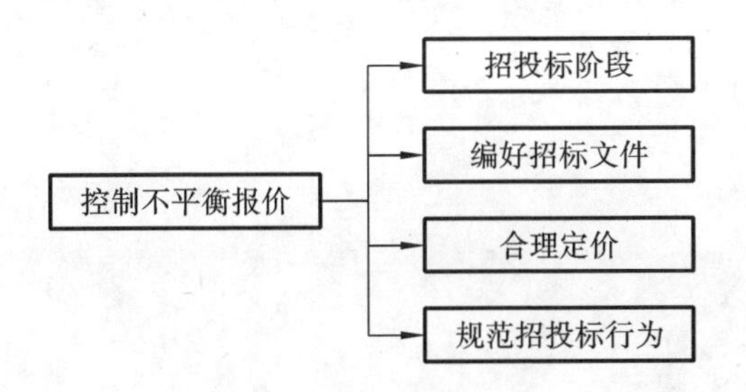

图6.2 公路工程招投标阶段造价控制的方法和措施

4. 施工阶段

在公路工程建设施工的过程中，会有索赔和变更发生，从而使工程建设项目成本增加。因此，要积极采取措施来预防这类问题的发生。在施工时，做好变更控制工作，对变更情况做好详细的登记。在控制工程变更时，采取的主要措施：做好工程建设项目前期管理工作；注重提升勘察设计工作的准确性；对可能会出

现的变更实施合理化的预算；规范化管理审批程序。

高效处理工期、质量和造价之间的关系，在确保施工质量的背景下，科学设置施工工期，将施工造价投入控制在最小的范围之内。

在分析投资偏差时，应详细分析偏差出现的原因，制定行之有效的解决措施，使造价控制的效果变得更加突出。

5.竣工决算阶段

造价控制的最后一个环节为竣工决算阶段造价控制，在开展造价控制工作时，搜集、整理相关材料，并妥善保管。在日常工作中，工作人员要将各种变化情况记录在台账中，防止出现使用各种方式套取工程款的情况；以施工图纸为依据，科学审查工程量。提交的所有工程量要及时申报和审查，确保其与设计图纸和变更要求相同，不能承认那些超出施工图纸且没有签证的工程量。客观、公正开展审查工作，防止出现重复计算的情况，预防施工单位将同一分项工程加入别的工程项目中，发生多次决算的情况；以定额规定为基础，严格审查相关费用和单价。审查项目内容是不是与实际发生的情况相同，对套用定额的准确性进行严格的审查。

第 7 章　公路工程造价审查与审计

7.1　公路工程造价审查

在公路设计文件的审查阶段，造价审查一直是一个非常重要的环节，是对项目费用的再次确认和核查。造价审查这项工作具有非常明显的特点，即政策性、技术性与经济性。造价文件中计列的费用，涵盖了公路建设的各个阶段，这就需要全面考虑项目实施工程中涉及的各项费用、施工过程中的工艺流程、合理有效地进行施工组织，科学监督管理公路建设工程造价，使得在公路造价计算过程中有章法可依，充分利用有限的人力、物力及财力资源，减少工程建设中不必要的开支，控制公路建造成本。

7.1.1　公路工程造价审查工作的主要内容和开展原则

1. 审查工作的主要内容

公路的工程造价涵盖了公路修建过程的全部费用，造价文件包括建筑安装工程费、土地使用及拆迁补偿费、工程建设其他费、预备费和建设期贷款利息共五大板块费用。造价审查时主要围绕以上费用开展。

(1)分析造价文件和相关客观条件，依据设计文件中的图纸和工程量，参照公路建设估算指标或概预算定额，审查工程量是否存在重复计列费用或漏计的情况。

(2)估算指标或概预算定额选取是否合理，材料费、人工费、机械费价格是否符合地方指导价格，材料运杂费、材料价差、综合费率及税金等选定是否正确。

(3)土地使用及拆迁补偿中涉及的费用如人员安置补助、耕地占用税、耕地开垦费等是否符合国家及地方政府相关规定。

(4)直接费、间接费、设备及家具购置费、工程建设其他费等是否符合编制办法等各项有关规定。

(5)造价文件的完整性是否满足工程建设的质量要求。

2. 审查工作的开展原则

(1)严格遵循审查依据。造价文件的审查依据有国家发布的有关法律法规、编制办法及与之配套的定额、工程所在地省级交通运输主管部门发布的补充规定和补充定额，可行性研究报告及初步设计的相关批复文件，各个阶段（可行性研究阶段、初步设计阶段、施工图设计阶段）的图表等设计文件，工程所在地的人工、材料、设备、施工机械等价格、合同协议等有关资料。在对造价文件进行审查时，要严格按照以上依据开展审查工作，确保造价文件符合国家和工程所在地的政策制度、造价文件中的数据与设计图纸和量表准确对应，同时对工程项目所在地的建设环境和工程实施条件有整体的认识和了解，要对工程项目的各项数据熟练掌握，结合施工组织设计内容，对编制时期颁布执行的各项指标、定额、取费标准等内容正确套用，对工程所在地的人工、材料、施工机械等价格有准确的了解。

(2)最终价格的确定和控制。在我国公路工程的建设程序当中，公路工程造价是采用分阶段（可行性研究阶段、初步设计阶段、施工图设计阶段）计价和控制，所以造价审查时要确保最终造价“预算不超概，概算不超估”，即施工图设计阶段的预算金额不能超过初步设计阶段概算的批复金额，初步设计阶段概算金额也要控制在可行性研究报告阶段批复的估算金额范围内。

7.1.2　对公路工程造价进行审查时容易发现的问题

1. 建安费组成不完整、不准确

建筑安装工程费包括直接费、设备购置费、措施费、企业管理费、规费、专项费用、利润和税金。建筑安装工程费作为工程造价的重要组成部分，它的准确性和完整性对工程造价的确定至关重要。在对工程造价审查中，会经常出现一些漏计、多计或者计列错误的费用。例如措施费中的冬季施工增加费和雨季施工增加费，很多造价文件在编制时考虑到该项目不在冬季施工，就未计取此项费用。但在《公路工程建设项目概算预算编制办法》(JTG 3830—2018)中规定，冬季施工增加费和雨季施工增加费采用全年平均摊销的方法，即不论是否在冬季施工，均按规定的取费标准计取冬季施工增加费和雨季施工增加费。若没有认

真研读编办规定，就会出现此项费用漏计的情况。又如，某公路建设项目全长 20 km，其中 18 km 处的海拔高度为 2200 m，2 km 处的海拔高度为 2600 m。在计取高原施工增加费时，若按照居多的 18 km 处的海拔高度 2200 m 计取则为计列错误，正确的计取方法是"若一条路线通过两个或两个以上不同的海拔分区时，应分别计算高原地区施工增加的费用，或者按照工程量比例求得平均的增加率来计列全线高原地区施工增加费"。

2. 工程数量的提取存在偏差

造价文件要严格按照设计图纸来编制，工程数量的提取不但要与设计图纸和工程量表吻合，也要了解和研究定额内所包括的工作内容，尽可能在组价时能全面准确地将施工过程中涉及的工序和费用都完整计列。例如桥梁工程中，设计图纸和量表一般不会出现预制构件底座的具体工程数量，但预制构件的预制台座费用是需要计取的，造价人员就要根据施工组织设计和预制构件的类型及尺寸，计算预制底座的面积，套用适宜定额合理计费。若定额中已包括了某种材料或某施工工艺的费用，单独计列就属于重复计费。例如路基排水工程中的混凝土边沟、排水沟、截水沟、急流槽等，设计一般用到伸缩缝来防止沉降，设计量表中也会出现伸缩缝的具体工程量，造价人员很有可能就会套用伸缩缝定额进行组价计费。在公路工程预算定额释义手册中明确说明混凝土边沟、排水沟、截水沟、急流槽等定额已综合考虑了伸缩缝的消耗量，不需要单独套用定额计价。类似容易出现重复计费和漏计的地方，审核人员要重点进行审查。

3. 定额套用不合理

造价文件在进行定额组价时，要选取符合施工工艺、符合定额规定的定额进行组价。例如路面工程中挖除沥青混合料路面的废料很坚硬，这部分废料在进行远运时，就不应该套用路基石方运输定额。《公路工程预算定额》(JTG/T 3832—2018)规定，挖除(铣刨)的废渣如需远运，另按路基土方运输定额计算。所以在套用定额时，要留意备注里的具体内容。再如《公路工程预算定额》(JTG/T 3832—2018)中 1-2-12-1 和 4-11-5-1，同为砂砾垫层定额，前者工程内容包括运料、铺平、整平、夯实，主要应用于涵管基础垫层、桥梁基础垫层等，后者工程内容包括铺筑、整平、分层碾压，主要应用于软基换填等特殊路基的地基垫层处理。

4. 定额调整造成的偏差

在选用合理的定额组价的前提下，对定额的调整也会对造价尤其是单价指标造成影响。例如涉及混凝土的定额，混凝土的标号不同，每立方米的造价也会有差异，这就需要根据设计图纸的标号来调整定额的混凝土标号。再如路面工程中，各类稳定土基层、其他种类的基层和底基层的定额，机械台班的消耗都是根据压实后厚度在 20 cm 以内设置的，若压实后厚度超过 20 cm，需要进行分层拌和、分层摊铺以及分层碾压，则定额中涉及的机械如拖拉机、压路机、摊铺机、平地机等，消耗的台班数量均需要加倍计费，即按照《公路工程预算定额》(JTG/T 3832—2018)的规定。由此可见，同一定额，在根据工程设计对定额进行不同调整时，价格也会出现变化。而对定额的调整，就会涉及具体材料的抽换、人工材料机械消耗量的调整等。

5. 其他原因造成的偏差

一些材料或施工工艺无法通过现有定额进行组价的，会采用单价乘数量的方式计费，其中单价的确定是否合理、有无依据，在造价审核时都是需要推敲确认的。部分材料在计取运杂费时，容易将材料归属的等级判断错误，从而导致采用了错误的运杂费计取标准。例如在工程造价文件中时常会出现将油漆按照二等货物标准计取运杂费，但在部分省份补充编制的文件中，油漆是划分在三等货物中的，应按照三等货物标准计取运杂费。另外还会出现造价人员手误导致的价格或数量输入有误的情况等。

7.1.3 提高公路工程造价审查质量的几项措施

1. 严格遵循审查依据，提高造价审查人员专业素质和水平

公路工程造价不仅是依托定额、编制办法等进行的组价计算，更是对相关国家政策、行业专业技术、具体施工实践等进行综合把握的文件编制和投资控制。这就要求审查人员充分发挥职能，严格遵循国家发布的有关法律法规、编制办法及与之配套的定额指标、设计文件等有关资料。同时提高造价审查人员专业水平，在遵循审查依据的前提下，科学分析、熟练掌握、合理应用，有效核定、综合把握，促使建设各方的合法经济权益得到切实维护。

2. 对具体分项的指标进行对比

在实际审查工作中通常采用粗审、细审、重点审查等方式，其中重点审查就是要核对各分项的具体指标。例如不同地区的桥梁每延米造价在什么范围内、不同的路面工程每延米造价多少是合理的、每立方米混凝土造价在什么范围内等。审查人员在进行核对分项的费用指标时，需要积累丰富的造价审查经验，对各分项的价格指标范围要做到心中有数。

3. 及时掌握材料市场行情

公路建设涉及的各种材料种类多、用量大，材料的价格浮动会造成工程造价的浮动，尤其是钢材、水泥等主要材料，对工程造价的影响相当大。全国各地区的定额站会定期发布近一阶段的材料指导价格，例如甘肃省定额站每月会发布本省公路工程主要外购材料指导价格，每季度末也会发布本省公路工程综合外购材料指导价格。所以审查人员要及时掌握材料市场行情，严格核对材料价格的准确性。

4. 注意收集相关行业文件

在公路工程造价文件需要计列的费用中，编制办法有明确规定计列依据的要以编制办法规定为准，编制办法中未明确计列依据的要参照国家及地方政府、各行业出台的最新相关规定的文件计列。例如甘肃省在计列土地使用及拆迁补偿费时，耕地占用税按照最新发布的《中华人民共和国耕地占用税法》规定计列；耕地开垦费的征收标准按照最新发布的《甘肃省基本农田保护条例》规定计列；耕地占补平衡费按照最新发布的《甘肃省人民政府办公厅关于印发甘肃省耕地占补平衡管理办法的通知》计列。所以审查人员对国家、各省份及各行业出台的相关费用的规定文件也要注意收集和应用。

7.2　公路工程造价审计

伴随着国家整体经济社会发展改革进程的深入推进，新形势下加强公路工程建设需要采取有效的措施不断提升建设质量，这样才能更好地助力民生工程有序发挥其应有的功能。在开展公路工程管理活动过程中，工程造价审计工作是一项重要的基础项目,但是目前在公路工程造价审计工作开展过程中还存在一些薄弱环节,影响工程整体开展成效。因此,对新形势下公路工程造价审计实施现状与优化措施进行研究的意义深远。

7.2.1 公路工程造价审计的内涵及实施的必要性分析

公路工程造价审计工作是指围绕公路工程项目整体建设情况,对公路工程经济管理情况进行全面造价审计监督的一种模式和机制,是公路工程综合建设层面一项重要的基础工作。开展公路工程造价审计,需要严格按照国家相关的要求以及行业规范等依法审计、全面审计,这样才能更好地全面提升公路工程整体施工管理效能,有效推动公路建设事业持续健康发展。为此在公路工程造价审计工作实施过程中需要科学把握相应的原则,坚持科学性、全面性、动态性和真实性的原则来开展依法依规审计,从而更好地保障公路工程造价审计有效发挥在公路经济管理中的价值。加强公路工程造价审计作用如下。一是有助于确保公路工程建设的规范性。通过对公路工程建设管理等情况进行专项审计,充分发挥审计监督的作用,及时查找在公路施工等方面存在的问题或风险。针对性进行审计监督和整改,有助于切实提升公路工程建设规范化的水平,保障公路工程经济管理活动有序开展。二是有助于不断提升公路工程建设效能。通过借助公路工程造价审计工作的开展,围绕公路工程建设情况等对资金配置、利用等环节实施审计监督,进而查找资源浪费、挪用、挤占等违规行为,切实防范资金浪费等行为,确保资金专款专用,最大限度地推动公路工程建设活动有序开展,提高公路工程整体建设成效,降低成本支出。

7.2.2 目前在公路工程造价审计层面暴露出的问题分析

在公路工程施工管理等过程中应当全面加强公路工程造价审计工作,加强全方位规范审计,这样才能更好地提升造价审计成效。但是目前在公路工程造价审计工作实施层面依然存在不少的问题,主要体现在以下几个方面。

1. 公路工程造价审计体系不够完善

为切实保障公路工程造价审计工作的有序开展,应当严格按照国家相关的规范要求,不断健全相关的机制,这样才能更好地确保公路工程造价审计活动的

有序规范执行。但是,目前在公路工程造价审计方面,相关部门没有充分结合新形势下国家经济社会发展的要求,以及公路工程建设的整体情况,对公路工程造价审计相关的机制不断进行更新和完善。现有的相关审计制度内容不够全面、审计标准等与国家整体的工程建设项目要求和交通运输行业的发展情况还存在一些差距,所以造价审计制度体系需要不断健全,这样才能更好地发挥公路工程造价审计制度的约束和指导作用。

2. 公路工程造价审计技术方法需要创新

目前在公路工程造价审计工作的实施过程中,部分相关的方式方法不够合理。有些建设单位在对公路工程开展造价审计方面应用的一些方法比较守旧,没有充分结合现代化交通运输行业整体发展的需求,以及国家财政相关机制等规范的规定,不断进行公路工程造价审计模式方法的创新,进而导致公路工程造价审计工作和现代交通运输行业整体的发展要求存在较大的出入,一定程度上难以保障公路工程造价审计的精准性、动态性和完善性。

3. 公路工程造价审计人员的素养有待进一步提升

全面加强公路工程造价审计工作,需要结合国家公路工程经济管理的要求,针对造价审计工作不断进行技术方法创新和理念创新,这样才能更好地提升造价审计工作实施成效。在此过程中,需要公路工程造价审计人员全面参与,发挥他们的主动性和创造性。但是当前在公路工程造价审计工作实施过程中,部分相关人员的职业素养偏低,对现代化相关的规章制度等掌握不够,针对公路工程造价审计全过程也没有建立完善的信息化管理体系,对公路工程造价审计工作动态监控力度不足,因此难以提升公路工程造价审计的整体实施效率。

7.2.3　提高公路工程造价审计工作开展成效的措施

为了进一步提高公路工程造价审计工作实施成效,切实推动公路工程建设活动地有序开展,建议从以下几个方面不断进行优化和完善。

1. 加强现代化公路工程造价审计制度体系的完善工作

在围绕公路工程造价审计工作开展的过程中,国家相关部门应当加强基层调研与全面研究，以此为基础，找出目前在公路工程造价审计方面存在的不足，进而针对性地通过加强建章立制，通过建立完善的现代化公路工程造价审计制度体系的方式，推动公路工程造价审计活动有序开展。基层部门要结合国家相关的制度要求，根据基层的具体情况，建立配套的公路工程造价审计实施细则。目前在公路工程造价审计方面基层情况比较复杂，需要考虑多方面的因素，结合实际加强标准化制度建设，对各项基础因素条件等进行全面分析研究。明确造价审计的目的、造价审计内容、造价审计方式方法以及造价审计流程等，建立完善的基层造价审计工作实施体系，从而更好地保障公路工程造价审计活动的规范开展。

2. 加强造价审计方式方法的创新

围绕公路工程造价审计活动的开展，应不断引入先进的造价审计方式方法，最大限度地避免外界因素的干扰，还需要充分结合现代化建筑行业、运输行业的发展要求和相关的标准，及时总结传统造价审计模式的经验，找出不足。除此之外，还可以借助互联网技术加强公路工程造价审计信息化体系的建设，将公路工程各个环节相关的数据和信息利用互联网系统进行全面展示和动态的分析。以此为基础，合理选择适用的造价审计模式，最大限度地保障造价审计的规范性、全面性和真实性，还应当结合公路工程建设情况全面加强专业软件的研究分析，构建相关的模型，从而更好地保障公路工程造价成效。

3. 加强公路工程造价审计人员的全面培训

围绕公路工程造价审计活动的开展，应对审计人员加强专业化培训以提升公路工程造价审计的真实性、有效性等，引导他们系统学习国家相关的政策、造价审计方式方法等。而且，要充分加强基层公路建设相关情况的调研，并且还需要公路工程造价审计人员掌握专业的处理技能，才能保障公路经济建设工作规范开展，形成真实完善的公路工程造价审计理论。此外，围绕公路工程造价审计工作还应当加强组织管理，确保公路工程造价审计工作能够独立开展。相关部门应当加强对公路工程造价审计的监管，针对目前在造价审计方面存在的弄虚作假、互相串通等问题，加强风险排查。引入第三方专业监管机制，及时发现公路工程造价审计方面存在的一些风险或问题，及时进行完善纠偏，从而更好地保障公路工程造价审计的效果。

4. 确保基础数据采集的准确性

公路工程概预算编制工作要以大量的制度问价要求和基础数据为参考依据。比如公路工程建设的方针政策、工程造价管理相关文件、概预算前期的造价文件、国家颁布的概预算定额、有关土地补偿标准、工程勘察设计收费标准、银行贷款利息、工程各种费率取费标准、人工材料施工机械的具体价格等，这些必备基础材料必须要准确、齐全，直接影响着概预算的编制质量。如材料价格需要的数据就包含了建设项目中涉及的所有建筑材料、零件、构件、半成品、成品的规格品种、质量、数量、供应价格、料场情况等，为确保概预算编制所依据基础资料的可信度，就要按照不同的品种和渠道，分门别类地收集相关材料数据。另外，负责概预算编制的相关人员应该熟悉施工现场，对工程现场的地形、地质以及水文条件、气象条件和施工水位等全面了解，获取基本的施工资料，将设计目的和实施条件相结合，按照长期的经验制定出可行性高且经济科学的施工方案。因此只有在全面、准确的前提下，才能对控制工程造价发挥指导性作用。

5. 明确工程量、确定合理的施工方案

明确工程量是编制施工方案的前提。要明确工程量，应熟悉设计总体布置图和设计工程量清单，而设计图纸就是计算工程量的主要依据。设计图纸除了表示各种不同结构的尺寸，还有图表上用于计价的各种工程量，以及隐含在图纸上的信息，如混凝土、砂浆标号、砌石工程的规格种类以及施工要求等。概预算人员应根据工程实际情况来拟定符合概预算编制要求的工程量清单，对所需的内容、深度和质量都要清楚明确，不清楚的要通过查阅图纸、寻求设计人员帮助来解决。尤其对工程项目的新结构、新材料、新工艺，概预算人员更要深刻理解设计意图，做到准确、完整、不漏项，为编制高质量的概预算文件提供保障。

施工方案的设计水平和质量直接影响着概预算质量，对于一些大型临时工程，特别是涉及新结构新工艺的高等级公路中的大型临时特殊工程，工程概预算人员要和设计人员共同研究探讨，设计人员除了要注重结构设计，还要对施工方案、辅助设施、临时工程以及必须增加的工程量考虑周全，科学计算出工程量，并作为编制概预算的依据。

6. 合理计算材料价格

公路工程造价的主要因素主要取决于人工、材料、机械单价，这是概预算的计费基础。通常计算人工、材料、机械单价时，要根据调查的资料包括人工费、材料的供应价格、运输方式及运距、机械费中的油燃料及电的价格、机械养路费、车船使用税标准等一系列可能影响到预算价格的数据，进行科学的编制计算。需要注意的是，概预算人员对所需材料价格要进行多方询价并进行价格分析，掌握材料价格信息和供求发展趋势及价格变化趋势，使材料价格预算趋于合理。

7. 补充定额的选用与编制

随着公路建设的飞速发展，新技术、新工艺、新结构不断地应用，很大程度行造成概预算定额缺项，必须补充定额。编制人员要对新技术、新工艺、新结构进行深入的分析和研究，对于一些材料不同但施工步骤大致相同的结构，可以按照类似结构定额来进行一定的抽换和调整，作为补充定额。也可调用其他专业定额中类似的定额，作为补充定额。而对于全新的工程结构，要请教专家和专业设计人员，对新结构施工工艺及工效进行分解研究，在完全清楚其结构特点和施工流程后，再按照概预算定额的编制方法，科学合理地编制补充定额。

做好编制补充定额工作，需要注意的是，对新结构工程项目请教设计人员，弄清新结构的特点和详细工程量；对于新工艺，要请教有关专家和搜集查阅有关工程的施工图片和资料，对所需机械设备的配备情况有所了解，拟定合理的施工工序；对于新材料，要认真调查和询价，掌握新材料的特点、使用的范围和用量，是否需要二次加工等，只有完全清楚了使用方法，再结合工程施工的工效经验及实际情况，做好补充定额编制。在工程实施过程中，要及时跟踪调查补充定额，根据实际施工情况不断调整和完善，使其不断成熟和完善。

8. 做好造价分析

进行造价分析和验证是保证概预算编制质量的关键环节，也可以为工程的优化方案比选提供技术性参考依据。造价分析要对项目本身各部位间造价关系的合理性进行分析，还要对与其他相同或相似结构工程的造价相比是否合理进行分析。进行造价分析时，将概预算结果按结构部位，计算出各自的经济指标，

将其与相对应的工程条件和工程量进行比较；再将这些指标与其他项目同类结构的指标横向比较，对合理性进行对比分析，要一一核对工程量、材料价格、选用定额等方面，根据查对结果及时修正并反复分析对比，若发现问题及时查找原因，确保概预算编制工作科学合理高效完成；应对概预算进行资料整理和总结，整理关键的工程量指标和经济指标，为做好概预算编制工作提供经验借鉴。

第8章 公路工程竣工结(决)算

8.1 公路工程竣工结算

对于公路工程的施工承包人而言,工程竣工结算是决定承包人最终收益的依据。承包人应非常重视竣工结算相关工作,要积极处理好竣工结算与审核工作,为优化合同收入、施工最终成果保驾护航。由此可见,研究公路工程竣工结算与审核具有很强的实践意义。

8.1.1 公路工程竣工结算的编制

目前,交通运输部在竣工结算方面已形成较为成熟的体系,公路工程竣工结算编制的依据:对应合同段的招投标文件及现行《公路工程国内招标文件范本》;承发包双方签署的合同段合同(补充合同、会议纪要等)文件;合同段工程量清单、合同段施工图设计、《公路工程工程量清单计量规则》;地方政府对招投标的有关规定、现行《公路工程预算定额》(JTG/T 3832—2018)及《公路工程机械台班费用定额》(JTG/T 3833—2018)、地方的预算补充定额及有关预算编制规定;施工过程原始资料、发包人批复变更及索赔、材料调差规定及材料信息价等。

公路工程竣工结算的编制过程如下。

(1)编制结算工程量清单。将施工图纸复核得出的工程量就中标工程量清单中有误部分进行修正后,得出工程量清单修编工程量。根据现场有关签证及已批复的工程变更报告中的变更工程量减去对应原设计工程量(对部分工程量取值或计算有误的清单项进行了修正)得出变更增减数量。修编工程量加上变更增减工程量,最终完成了结算工程量清单的编制工作。

(2)结算综合单价。一般而言,公路工程基本采用综合单价承包,即合同已有项目的综合单价将按照合同单价进行考虑。合同新增项目综合单价采用交通运输部现行有关定额及编制办法、地方补充办法,并按施工合同有关约定确定综合单价。

(3)结算金额。在确定结算工程量清单、结算单价基础上,按合同清单编号顺序,在计算出的各结算工程量后,再乘以各自对应结算单价,得出各清单项目金额,将各清单金额汇总后得出合同段结算金额。若按合同约定需对材料进行价差调整的,则按合同有关条款约定,根据地方政府有关管理规定及定期发布的材料信息价进行价差计算后,纳入工程结算总金额。

8.1.2　公路工程竣工结算审核的原则及重点

公路工程结算的计量范围仅限于合同量清单、工程变更、计日工种内容与签署合同中根据条约支付费用。就工程结算的审核原则而言,主要有包含了几个方面。

(1)审核各结算清单细目的立项是否成立、手续是否完备、依据是否充分、计算是否准确、计价是否合理等。

(2)计量一定要根据设计图给定的净值与技术范围的相关规定进行计量,也一定要按照工程合同文件中规定的范围、单位、办法与内容进行计算,凡是技术规范规定包含在工程量清单里面列举的相关支付项目中的费用,都不单独进行计量。

(3)质量验收符合合同约定是计量的前提,质量不达标的不予计量,并且已计量部分也应进行扣减。

无论何种类型的项目,处于编制结算阶段,均需要把有关资料当作工作开展的重要依据。上级单位审核承包人提交的结算资料时,首要的便是审查资料。资料包含了施工图纸、承包合同、施工全过程原始资料等,在实际施工过程中,针对隐藏工程,或是有局部更改的项目等情况,一定要有相关佐证资料才可以开展结算工作。承包人应最大限度保证资料的齐全,若是在资料不齐全的情况下进行结算工作,将会产生巨大的漏洞,属于不完善的结算,而且也难以保证结算成果的正确性与科学性。

8.1.3　公路工程竣工结算审核应对措施

1. 充分合理发挥业主方与审计机构作用

公路工程施工过程中,业主方(含监理单位及业主聘请的造价咨询机构)对竣工结算与审核工作有着不可忽视的影响,而且业主方对整个项目而言还具有实际意义的监督指导作用。因此，这种情况下，承包人一定要懂得充分利用业主方的作用。当承包人在施工过程中及上报结算文件时，务必先取得监理方的理解，待其复核、签字确认后再上报给发包人。根据交通运输部竣(交)工验收办法的相关规范，政府投资的项目，代表政府的审计要负责做竣工结算的审核工作。在该机构入驻现场时，承包人应积极进行工作对接，并与业主方一起共同协调、相互协作结算合同段的工程，以此便于最大限度提高审核效率，提升审核进度，最终实现优化结算成果，最大限度保障施工承包人的施工经济成果。

2. 重视结算审核过程中的要点

想要提升公路工程项目竣工结算与审核工作的准确性与科学性，保护施工承包人的根本利益，应将合同相关条款吃透，做好施工过程中的原始资料保存，注重从事项是否成立、手续是否完备、依据是否充分、计算是否准确、计价是否合理等方面加强日常管理工作，还应重视结算审核工作过程中的重点，积极加强与结算审核方(监理、业主、第三方、审计等)的沟通协调，最大限度保障施工承包人报出的计量、变更、索赔以及材料调差价格等方面资料都合理、合法，保证竣工结算的最终审批结果符合承包人的预期。

8.2 公路工程竣工决算

8.2.1 高速公路建设项目编制竣工财务决算

工程决算和竣工财务决算是从不同的侧面对建设单位在项目管理过程中费用支出情况的反映，是对项目建设成果的反映。

工程决算是从工程管理的角度出发，对工程实体形成过程中“量”“价”“费”的分析与总结，体现的是建设项目实际完成的工程量、采用的单价和费用支出，以及与批准的概预算对比反映的执行情况，在编制过程中侧重于对计价依据执行情况的考核，进而能够确定费用支出的必要性和合理性。而竣工决算则是从财务管理的角度侧重于对资金流向、大小和在时间上的分布的分析，以现行财税制度为依据，以资金的流动情况为重点进行分析，形成符合基本建设财务管理办法的科目体系，反映竣工工程从开始建设至竣工为止的全部资金来源和运用情况，从而达到核定使用资产价值的最终目的。

工程决算是对工程管理过程的监督,是编制竣工决算的基础和依据。竣工决算是通过对财务管理过程中日常费用支出的监督检查,达到规范管理的目的,也是对工程决算的归纳和总结。

8.2.2 竣工决算

竣工决算是指根据公路建设项目的全部工程完工,并经业主方和工程建设监督部门等验收合格交工后,由业主或委托方根据各局部工程竣工结算和其他工程费等实际开支的情况,进行计算和编制的综合反映该项目从筹建到竣工投产或交付使用全过程中,各项资金使用情况和建设成果的总结性经济文件。

交通基本建设项目竣工后,应按照国家有关规定编制竣工决算报告,没有编制竣工决算报告的项目不得进行竣工验收。竣工决算报告是考核交通基本建设项目投资效益、反映建设成果的文件,是确定交付使用财产价值、办理交付使用手续的依据,建设单位要有专人负责有关资料的收集、整理、分析、保管工作。项目完建后,要组织工程技术、计划、财务、物资、统计等有关部门的人员共同编制项目竣工决算报告。设计、施工、监理等单位应积极配合建设单位做好竣工决算报告的编制工作。

施工决算主要有以下几方面的作用:竣工决算全面反映了竣工项目最初设计到最终建成的工程概况;竣工决算是多次计价的最后一次确定造价,考核设计概预算的执行结果;竣工决算是核定新增资产价值,办理支付使用财产的依据;竣工决算是建设项目财务状况、财务管理水平的综合反映;竣工决算是检查建设投资计划、考核投资效果的依据;竣工决算为建立交通基本建设工程技术经济档案、修订工程定额提供资料和依据。

8.2.3 编制竣工决算报告的依据

根据国家有关规定,并结合交通部门的实际情况,为严格执行基本建设项目竣工验收制度,应正确核定新增资产价值,全面反映投资者的权益。

竣工决算报告应按照建设项目类型分为公路建设项目、桥梁隧道建设项目、内河航运建设项目、港口(码头)建设项目和不能归入上述四类的其他建设项目等分别编报。编制竣工决算报告时,必须填制本类项目工程概况专用表和全套财务通用表。

竣工决算报告应当依据以下文件、资料编制:经批准的可行性研究报告、初步设计、概算或调整概算、变更设计以及开工报告等文件；历年的年度基本建设投资计划；经审核批复的历年年度基本建设财务决算；编制的施工图预算、承包合同、工程结算等有关资料；历年有关财产物资、统计、财务会计核算、劳动工资、审计及环境保护等有关资料；工程质量鉴定、检验等有关文件、工程监理有关资料；施工企业交工报告等有关技术经济资料；有关建设项目附产品、简易投产、试运营（生产）、重载负荷试车等产生基本建设收入的财务资料；有关征地拆迁资料（协议）和土地使用权确权证明；其他有关的重要文件。

第9章　公路工程造价管理

9.1　工程造价管理体制

工程造价管理目标的设定,需要根据社会主义市场的发展变化与国家相关经济法律的规定要求,通过采取先进的管理方式与管理经验,对工程造价实施科学有效的管理。工程造价管理工作实现了对工程造价全过程的动态化管理监督,加强了对工程造价的约束管理力度,通过节约工程成本,实现对各方经济效益的有效维护,并进一步规范工程施工的价格行为,促进微观效益与宏观效益的协同发展。当前的公路工程施工存在的工程造价问题主要包括决算超预算、预算超概算、概算超估算,并且“三超”问题较为普遍。因此在新时期的工程造价管理工作中,在市场经济发展下,需要进一步确定造价,有效控制造价,科学管理造价。

9.1.1　改变观念,提高工程造价管理的认识

公路工程建设所实施的工程造价管理需要在投资决策阶段、设计阶段、建设项目发包阶段、建设项目实施阶段,科学合理地控制项目建设所消耗的成本在限额范围内,及时发现工程消耗存在的问题,纠正偏差,以此达到造价管理要求。通过开展工程造价管理工作,可以有效控制工程施工所消耗的人力物力财力资源,提高投资效益与社会效益。在当前的项目施工建设发展中,工程造价控制与管理工作已发展为独立学科。

应探索在社会主义市场经济条件下的工程造价管理模式。在当前的经济环境下,原有的造价管理模式无法适应当前施工市场发展要求,传统造价管理模式下的风险不能共同承担,这都会加大承包商与业主之间的利益冲突,因此要积极地开拓创新的工程造价管理模式。

工程项目施工等各个环节,都需要开展造价管理控制工作,施工各阶段的造价环节都是环环相扣的,这要求企业需要建立科学完善的造价管理体系,确保工程的计价、审查、确定、结算、决算制度化、规范化、系列化,并建立一套强有力的

监督、检查机制和奖惩措施。

公路工程施工需要更科学合理地确定造价，确保各项资源的充分合理利用，在原定的资源基础上获得更高的经济效益与社会效益。但工程施工存在的主要问题是“重后期，轻前期；重决算，轻概算”。因此将工作管理核心放在审核施工图预算和竣工决算上，虽然在一定程度上实现了造价管理，但造价管理发挥的效果仍不尽如人意。为提高工程施工造价管理工作质量，需要不断控制造价，创新管理理念，将造价管理工作重心前移，加强对项目设计阶段的重视程度，从而取得事半功倍的管理效果。

9.1.2 工程造价的有效控制和管理

1. 以设计为重点进行全过程的造价控制

(1)在公路工程建设前期实施管理制度，是实现高效工程造价的主要方式。通过加强前期工程设计的监督管理，可以确保工程设计合理，并将工程造价控制在有效范围内，同时也可以督促工程设计单位，不断优化结构，改善管理模式，提高设计工作质量。

(2)限额设计制度也是工程前期设计造价阶段的主要模式。根据结构部位功能性的不同，需要将资金分成若干单元，根据对不同环节的资金分配，设计人员进行限制额度的设计工作。实施限额设计的前期工程设计，可以有效控制整个项目所消耗的投资成本，对于工程施工的重点环节，也可以保障项目的资金资源的充足。工程施工实施限额设计要求设计人员具有丰富的设计管理经验，这对于设计人员提出了更高要求。

(3)重视多方案比较。在工程设计工作中，需要进行多个设计方案的比较工作。通过对多个方案的对比，选择经济性、实用性、可行性较强的设计方案。原有的工程设计方案选择大多将选择重心放在重点工程的重点部位，而疏忽了对其他施工环节的对比工作。在当前公路工程建设资金较为匮乏、所消耗的成本较大的建设环境下，如何提高工程设计前期的控制造价管理工作，需要设计人员进行进一步思考。

2. 主动控制，实行动态管理

造价工程师在进行项目建设时需要对建设项目的建设工期、工程造价、工程质量进行有效的控制工作，造价工程师需要根据业主的建设要求与相关建设条

件标准进行系统性研究，制定科学有效的衡量准则。从而取得高效的管理结果，以此达到造价控制的管理目的。

长期以来，人们一直把控制理解为目标值与实际值的比较，以及当实际值偏离目标值时，通过分析发生问题偏差的原因并制定下一步的发展对策，将工程造价控制管理工作贯穿工程项目建设施工全过程。但此种模式下的调查—分析—决策基础之上的偏离—纠偏—再偏离—再纠偏的控制方法，只能发现偏离，不能使已产生的偏离消失，也无法有效预防，可能会发生的偏差是较为被动的控制工作。因此，为进一步提高管控工作效率，在实施控制管理工作时，需要事先主动采取相关决策措施，以此来减少目标值与实际值发生的偏差或降低偏差，实施主动积极的控制模式，此种模式被称为主动控制。因此，工程造价控制工作不仅需要反映投资决策，同时也要准确反映设计、发包和施工，被动地控制工程造价，更要能动地影响投资决策，影响设计、发包和施工，主动控制工程造价。

公路工程项目建设相对较为复杂，需要进行多次计价，与基本建设过程相对应的各阶段造价也是动态地反映了项目的总造价，因此公路工程项目造价控制是动态化管理工作。在工程施工阶段会受到周围客观环境的影响，在前期工程设计时会有较多的因素未充分考虑，这就会造成设计与造价的变更。造价工程师通过及时发现造价设计执行过程中存在的问题，并及时解决，针对问题采取相应的纠正措施，确保造价目标的顺利推进，此阶段也是工程施工造价动态控制的集中表现。

我国工程造价确定和编制主要是由国家确定的造价定额、规定的费用、颁布的价格及费率来完成，部分设计人员在编制造价时，并没有较多的主动性与创造性，只是套用定额，导致造价估算编制是静态管理工作，无法对工程项目做出准确反馈。在当前市场改革下，工程施工实施动态化造价管理，才更符合社会主义经济市场发展要求。

3. 技术与经济相结合

工程项目实施工程造价管理工作应从组织、技术、经济等多方面实施有效的管理措施。在组织层面上采取的相关措施，需要明确项目的组织结构，确保造价控制者与造价工作任务，确保造价的各项工作有专人负责，加强造价管理工作的责任意识。从技术层面上采取的措施需要严格监督初步设计、技术设计、施工图设计，通过对工程施工技术的深入研究，可以制定更为节约的投资策略。从经济层面上采取的措施包括动态地比较造价的计划值与实际值，严格审核各项费用支出等。在我国长期的工程建设领域发展中，存在的主要问题是工程建设领域的技术与经济较为分离，部分技术人员缺少经济观念，因此所设计的成果并没有充分体现经济性。部分预算工作人员也缺少对工程建设施工技术领域的了解，在开展日常经济管理工作室只是依据财务制度进行办公，因不熟悉工程施工各个环节关系，很难对工程造价实施有效控制管理。当前，为提高工程造价经济效益，需要将工程建设的组织、技术、经济协同发展，通过完成对经济分析技术比较与效果评价，处理好经济与技术间的发展关系，在追求更高技术的前提下，确保经济效益。

9.1.3 综合管理

1. 培养一支高素质的造价工程师队伍

工程造价管理学科具有较强的综合性特点，它以国家有关基本建设的方针、政策作为规范的准则，涉及和运用其他技术经济学科的成果，是一项政策性、技术性、经济性和实践性都很强的工作。因此要求造价工程师除了需要掌握专业的知识素养，同时还要求掌握设计、施工技术，项目管理法律法规，计算机应用等复合型知识，并拥有丰富的实践经验。随着市场经济体制的逐渐完善与投资多元化的不断发展，为进一步满足高质量的工程造价管理工作要求，需要培养高素质综合性的造价工程师人才。

2. 重视造价管理的基础工作

工程造价管理工作质量直接决定着确定造价的合理性与控制造价的有效性，工程造价管理内容包括估算指标、概预算定额、各项费用指标的制定，确定工程量计算规则，项目划分，建材的价格信息和有关的价格指数系统的建立与定期发布，工程造价资料的积累，对历史造价的分析与整理等。为确保工程造价各项管理工作的顺利开展，需要建立相关行政规章制度，并将工作职责进行明确划分，确保各项造价管理工作的顺利开展。

3. 积极运用计算机技术

信息技术是各行业领域发展中的重要改革技术，通过实现企业发展的信息

化，可以大幅度提高各项管理工作效率，确保企业生产经营建设各项资料信息数据的准确性。我国的工程造价管理，从过去被动消极反映工程设计与施工估价活动，到如今能够主动影响工程设计与施工，真正在工程建设中发挥了工程造价管理的价值。我国工程造价管理在发展过程中不断总结经验、吸取教训，并学习国外先进的经验理念，与我国实际情况相结合，建立了更符合中国特色社会主义发展的工程造价管理模式。

9.2　工程造价咨询制度

对于整个工程项目来说，造价咨询的作用是不容忽视的。造价咨询可以为企业提供决策咨询和依据。但是国内当前的工程造价控制往往采用事后核算的方式，导致工程造价咨询的作用并未充分发挥出来。

随着各个城市现代化建设水平的不断提高，国内建筑行业飞速发展，建筑项目的造价管理水平也得到明显提升。工程造价管理工作中，造价控制是最为核心的内容，而造价咨询工作的开展水平会直接影响造价最终的控制效果。对于公路项目来说，任何一个阶段的造价控制都是非常重要的，造价管理工作人员需要仔细分析工程造价基础数据，将这些数据作为基础，为造价控制工作提供科学有效的服务。造价咨询相关工作的开展可以有效提高工程造价控制的准确性和科学性，确保达到降低项目施工成本的目的。

9.2.1　公路项目造价咨询在造价控制的现状

目前，国内各个地区的政府部门都非常重视公路项目建设中的造价管理工作，同时制定了完善的组织管理体系，明确了各个管理机构的职责和权限，希望通过实施多级管理制度，有效提高国内公路造价管理水平。针对预算编制、预算审批方式、预算内容，相关部门都做出了详细的批示和具体的说明，同时根据项目实际情况，制定了科学的预算定位、材料价格等。为了强化该项目的管控效果，公路项目实施中，设计单位和工程造价咨询单位都必须明确项目造价控制意图，充分分析项目不同阶段的施工特点和市场环境，结合以往成功经验，判断公路项目的可行性。应采用动态管理方式对公路工程造价实施管理，降低不稳定因素给施工企业效益所造成的影响，促进企业和谐稳定发展。

9.2.2 公路建设过程中工程咨询的作用分析

1. 项目决策和设计阶段

投资估算不仅是可行性研究报告的重要组成部分，还是项目决策阶段的重要依据。编制投资估算的基本依据就是估算指标，因此，项目实施过程中，造价咨询单位要及时修正估算指标，确保可以将估算指标的综合性和概括性体现出来，并全面考虑项目建设过程以及项目完成建设后的风险和收益情况，制定科学有效的风险防范措施。对于整个公路项目而言，设计阶段是非常重要的，通过设计阶段控制整个项目的造价控制水平是非常有必要的，工程造价咨询单位要结合经济因素和技术因素，确保从多个方面控制工程造价水平，进而达到控制整个工程投资水平的目标。调查显示，超过75%的工程造价管理水平都会受到项目设计的影响，在设计文件中，合理的设计概算可以为项目投资提供更加科学和正确的控制标准。但是目前国内部分投资方过分重视投标报价以及结算价格，并没有认识到概算设计的重要性。另外，受外界条件限制，还有一些设计院没有计算具体的概算，这就要求造价咨询单位必须充分发挥自身技术优势，和各级设计院建立合作关系，切实落实概算编制(图9.1)，制定设计修正方案，确保可以对项目设计进行整体的优化。

2. 招投标阶段

在招投标阶段，造价咨询单位注意严格落实招标文件的编制工作，确定正确的工程量清单，编制招标控制价格。工程招标工作中，施工招标、设备和施工材料的采购是重要的内容，为了避免施工后期出现定价不可控的问题，造价咨询单位必须制定科学的招标文件，确定项目设计原则，为每个施工建设环节的开展提供有效的指导，其基本流程如图9.2所示。作为一种合同文件，招标文件具有一定的法律效应，其不仅是合同签订的依据，更是竣工结算的重要依据。为了避免后续发生不必要的争议，造价咨询单位应保证招标文件的严密性和准确性。在整个招投标阶段，造价咨询单位还要注意落实好合同管理工作，仔细研究条款内容，避免漏洞，进而保证投标双方效益。

3. 勘察设计阶段

项目确定建设后，造价控制的重点工作就要放在设计阶段，而针对设计阶段

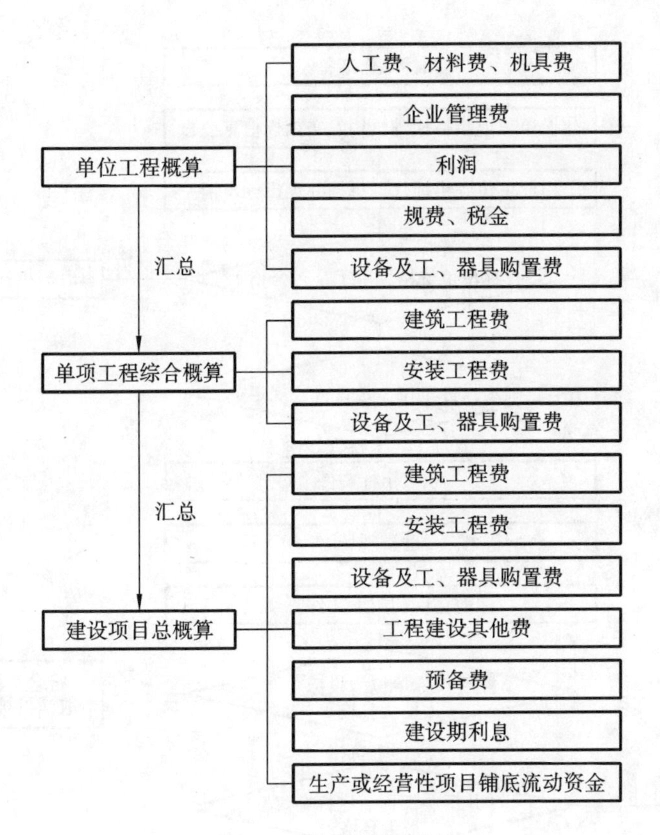

图 9.1　设计概算编制

的造价控制,相关单位必须将经济性因素和技术性因素有效结合起来。勘查设计阶段相关工作的开展水平也会直接影响工程造价控制的最终效果。目前,大多工程设计单位都比较重视施工技术和施工安全,忽视了工程造价方面的内容,可能导致投资方建设资金的浪费,有时为了节省时间,不断压缩设计阶段,项目完成决策后,立即开始着手施工,设计人员没有做好方案的对比,选定的设计方案存在很多遗留问题,给项目后期施工留下隐患。

4. 施工阶段

在项目整个施工中,咨询机构应该协助业主方对项目施工组织设计进行仔细的核对和审查。利用更加全面有效的方法开展综合性的分析,对各个环节中不合理的费用增加问题进行审查,确保可以充分掌握分项目中的施工数量的变化;严格按照施工合同约定计算工程量,根据合同工程量价格变更相关条款,确定工程变更的具体价格,分别从质量要求方面、工期要求方面、造价控制方面确

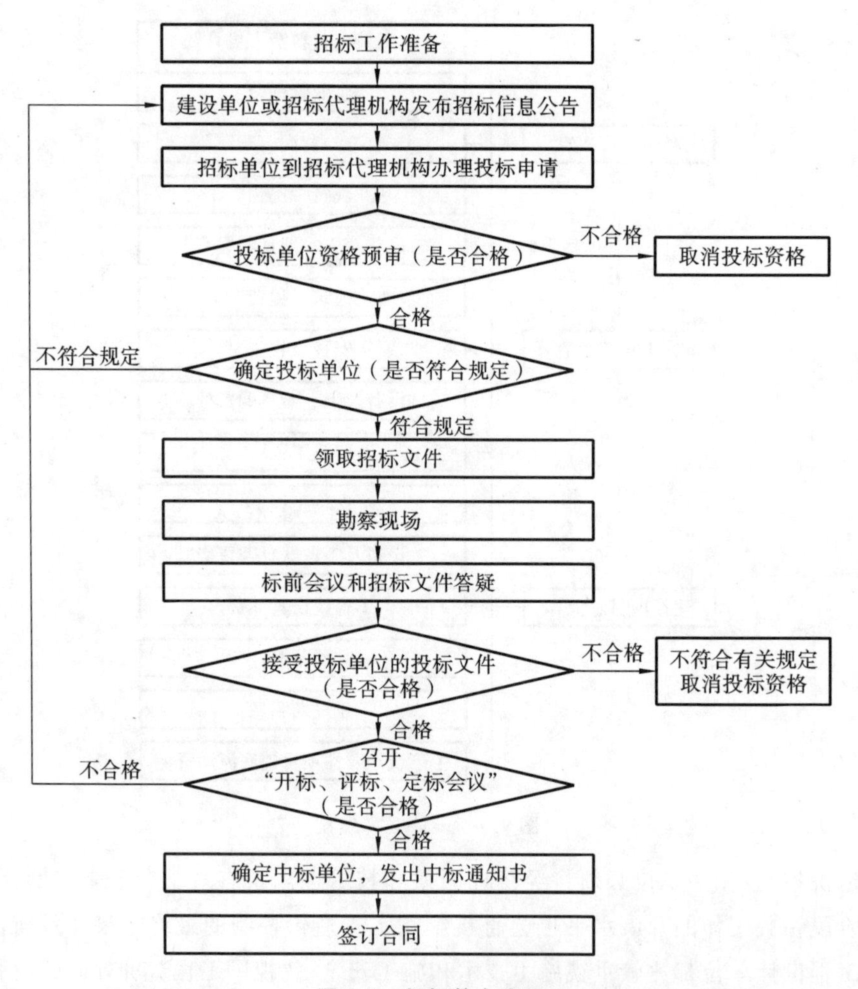

图 9.2　招标基本流程

定工程变更方案。在工程项目实施变更前，造价咨询单位要和建设单位、承包单位等一起协商，确定价款变更的处理方法，为后续的费用索赔工作提供依据和证据，并和投资方商定，确定最佳的工程款支付方式。根据施工合同相关条款，全面分析工程造价各类风险因素，然后有针对性地制定具体防范措施。

5. 竣工阶段

竣工结算虽然是控制投资的最后一个阶段，但是却是一项必不可少的工作。在竣工阶段，造价咨询单位要加强和不同部门之间的协作和配合，确保可以更加准确地反映项目自身的价值。在工程竣工阶段，造价咨询单位要对取费标准和

定额套用进行审核，并以此为基础，准确计算工程量。

9.3　工程造价管理工作要素

公路工程项目对于发展地方经济与提高人民生活质量水平都起到了重要作用，而在当前的发展建设中，公路工程项目也面临着机遇与挑战。公路工程在建设过程中需要严格实施控制造价，确保工程造价在合理范围内，才可以进一步保障工程项目质量。

9.3.1　公路工程造价的影响要素分析

1. 影响投资决策阶段公路工程造价的因素

公路工程的施工阶段是否按照相关的施工指标和有关的规定进行。相关项目负责人在制定项目决策前，无论公路工程项目方案是否明确，都需要对工程项目进行全面的综合考虑，并以此制定出科学有效的施工方案与施工计划，避免在施工实际阶段发生重大问题。一般情况下，工程施工的周边地质环境，如水文环境条件，都会对工程建设产生一定影响，在进行工程造价方案设计时需要考虑外界环境因素，同时征地、房屋拆迁等也都属于对工程造价设计的外部影响因素。

2. 影响设计阶段公路工程造价的因素

在公路工程施工的各个环节中，设计是工程的重点的阶段，影响设计阶段的主要因素包括公路工程设计师理念较为落后、采取的设计方法较为陈旧、无法根据公路工程特点制定科学的设计方案等。甚至部分设计师过于追求公路工程质量而疏忽工程造价工作，无法将理论与实际相结合，会影响工程造价后期工作的开展，导致在实际施工过程中发现设计方案存在较多漏洞，需要进行多次设计变更。工程设计师在进行工程方案设计时，需要根据工程实际特点与实际情况调整公路工程方案，但部分设计师因设计时间的限制，无法进行及时调整，导致不能从根本上控制造价预算。

3. 承发包阶段的主要影响因素

为实现公路工程的可持续性发展，在进行工程项目投标时，一定要做到公平公

正，严格遵循合理价格中标原则。承包商在进行项目投标时，也要加强对技术与管理的重视程度，制定更为科学先进的施工设计方案，有效控制项目投资成本。

4. 实施阶段的主要影响因素

公路工程施工建设成本占据所消耗成本的80%左右，施工过程的材料价格变化、工程量的增减都会对工程造价产生一定影响。公路工程因工作量大、施工周期长，很容易面临施工原材料价格波动的情况，为有效解决市场环境变化的影响，需要协调各方资源，科学有效控制工程造价。

9.3.2 加强公路工程造价的有效控制措施

1. 工程设计中的造价管理

公路工程设计阶段需要更多地考虑可能会影响工程造价管理的相关要素，完成准确的估算工作可为后期工程造价管理提供参考。公路建设前期所消耗的项目设计成本相对较少，但项目设计工作对于后期工程所消耗的建设成本，却具有较大的影响。因此在工程施工建设前期，需要充分利用先进的技术手段与技术理念，对施工现场进行深入的调查勘察，得出准确的数据，从而制定更科学完善的设计方案。工程设计方案的最终目的依然是以提高企业的经济效益为主，在保障工程质量的前提下，施工的各个环节上都需要严格控制企业的资金资源投入，当施工环境因素发生变化时，需要对变化因素进行进一步分析，当存在影响条件时，需要进行重新估算，确保工程成本预算结果的合理性。

2. 公路施工中的造价控制

公路工程建设施工阶段会消耗大量的资金资源，为在该阶段实施有效的造价控制工作，需要详细列出工程项目的行动条件，确保工程施工各环节的资金投入在有效控制范围内。如在公路工程中，会因工程地形、地质条件等外部环境因素的影响而导致计划施工量与实际施工量发生一定偏差，这会加大施工阶段的工程量，对应的材料成本、劳动成本、机械设备成本等都会相应增加。因此工程的前期设计阶段，除了需要对工厂进行研究，还需要加强对施工周围环境的地质数据勘察。在施工前分析施工过程中可能会存在地质因素带来的问题，预留外界环境因素影响而导致资金变化的范围。此外，在施工阶段时，若发现设计方案有问题，需要积极配合工程技术人员对原有的施工方案作出调整。不同阶段的

工程施工工作内容与工作量都有一定区别，因此可以根据不同施工段的工程特点进行合理的资源分配，减少不必要的资源开销。

3. 加强日常控制

对于公路工程的施工阶段的造价控制，在招投标阶段就要根据不同的项目内容和工程量规定成本的计量方法。同时还要加强对工程施工的材料成本控制工作，在进行工程施工材料采购前，需要确保在每个施工环节过程中，对材料都进行质量检验并严格控制材料的使用量，在进行采购时，也要严格规定材料的具体规格与型号。公路工程建设实际会出现较多的问题，因此公路施工人员与管理人员需要在日常加强沟通交流，当发现问题时采取多种技术措施解决问题，降低问题造成的效益损失并避免出现工程错误。

4. 有效控制公路工程造价的施工阶段

工程施工前期需要进行充分的项目调研工作，预留足够的时间完成项目设计，避免时间仓促导致设计方案存在安全隐患，确保施工方案的科学合理性，并有效降低施工方案变更的概率。公路工程具有较强的整体性特点，在施工过程中，某个环节的设计方案变化都会影响公路的整体施工进度，这就要求设计人员在设计施工方案时需要考虑各种因素。通过将各种因素、各个环节进行有序的关联，做好事前预算、事中核算、事后核算的预算管理工作体系，确保施工企业施工可以开展系统、科学、有效的施工成本管理模式。

5. 合理规划设计优化施工方案

为进一步提高工程项目的成本管理工作质量，需要提高项目建设规划设计质量。工程施工通过制定科学合理的施工方案，完成对施工各环节的技术分析，确保涉及的工程方案符合工程特点，从而更好地满足施工方要求，降低工程造价。施工企业可以根据自身特点与施工能力制定相应的施工组织设计方案。施工方案需要遵循最低成本的管理原则，确保各项监管制度的最优化。实施高效的施工组织方案，并采取科学有效的方式与更加准确的信息数据制定可行性估计，可避免出现资源浪费的情况，以此实现工程成本控制目的。

6. 强化全体员工的责任意识、管理意识

员工的工作责任感与管理力意识的加强是有助于提高项目建设质量的，工

作人员的工作责任意识的提升,可以确保员工在日常工作时主动发现各项管理工作中所存在的漏洞,避免出现松散的工作态度,将施工各个环节紧密连接,保障工程项目建设质量,可以确保企业的可持续性发展,同时提升员工工作责任意识,也可以节约项目建设成本,帮助企业获得更大经济效益。

9.4 各阶段工程造价管理

9.4.1 造价控制对公路工程的重要价值

1. 决策阶段的造价控制

在对公路工程进行项目决策阶段,需要严格遵循国家相关政策规定标准,并结合公路施工的地区经济发展实际状况,对项目可能产生的经济效益进行全面分析,根据信息分析结果,制定科学的项目建设标准,确定项目的规模与投资定点,对施工各环节所应用的施工技术进行可行性分析,选择最优化的施工设计方案,并根据相关方案进行科学的项目投资估算。公路工程施工的决策阶段是初级阶段工作,因此决策阶段是后续工作开展的基本依据,同时也是投资方实施造价控制的关键环节,对于保障工程质量与工程经济效益具有重要作用。

2. 设计阶段的造价控制

(1)初步设计。在工程项目施工前,设计单位会根据项目建设要求进行前期的初步投资预算,从经济与技术角度对项目进行具体分析,制定可行性的分析计划,根据初步设计的概预算定额编制来计算初步设计概预算。根据预算结果进行投资数额的科学化规划,确定项目建设的基本规模。建设主管部门对初步设计结果进行分析后再确定,可以将结果作为工程项目的最高造价限额。

(2)施工图预算设计。工程完成前期的初步设计工作后,需要对施工图进行进一步深化设计,在该工作环节过程中需要进一步确定工程建设的总数量,并根据概预算编制施工图预算,为后续的施工提供基本参考。

(3)技术设计。公路工程施工规模较大,需要大量的资金、资源投入,同时对于施工技术、施工人员也提出了更高的要求。因此在初期设计阶段,就需要对工程施工涉及的工程技术进行深入分析,确保制定的施工设计方案质量最佳、所消

耗成本最低。可以分析当前施工主要使用的施工技术手段,并对多种设计方案进行工作效率对比,选择较为科学合理的施工技术方案。合理地对概预算定额进行修改,并根据施工实际情况作出相应的投资规模的有效控制。

9.4.2　公路工程施工造价控制现状及存在的问题

1.决策阶段

工程施工需要经历立项、预算、招标等一系列工程建设工作,在多项工程环节中立项的项目决策对控制整个项目投资起到了重要作用。部分企业可能疏于对公路工程项目的决策阶段的造价控制管理工作,对于存在的问题也并没有有效的科学理论进行指导,管理工作制度的可行性也相对较低。部分项目在立项时为了获得主管部门的批准,甚至可能随意编造工程价值。盲目的工程立项不仅缺少对项目建设标准与使用功能的研究,同时也会因工程建设隐患问题对工程造成整体影响,增加建设造价,造成资金损失,也为企业带来负面影响。

2.设计阶段

(1)缺乏高素质的工程造价人员。缺少高素质工程造价人才是影响设计阶段控制管理工作效率的关键因素。随着我国社会经济的不断发展,对于人才素质也提出了更高要求,而部分现有的造价人才则无法完全满足市场发展要求,对于全新的市场发展变化也无法及时适应。为解决造价工作所需的人员数量的缺口问题,部分并没有掌握专业素养或缺少工作经验的设计人员就投入造价工作中。部分设计人员专业技术素养相对较低,在开展工作时倾向于模仿其他公路工程项目的造价设计模式,没有考虑到自己负责工程项目的设计特点,缺乏造价工作的实效性与创新性。部分工程造价人员的综合素质较低,不仅降低了设计工作质量,同时也降低了工程项目的造价控制能力,并没有充分发挥出工程造价设计在工程建设管理过程中的重要作用,因此也无法达到提高工程质量与经济效益的目的。

(2)设计变更频率过高。设计机构在进行工程设计时都具有独特的设计风格,或者在某一时间段内的设计水平都保持较为稳定的状态。因此不同设计机构的工程设计所得出的工程造价也会有一定的差异性。为更好地实施工程项目造价控制工作,在项目招标前期就需要对多家设计机构进行深入分析比较,并选择最佳的工程设计方案。我国当前项目的招标形式中,施工单位并没有提前明确造价控制要求，因此设计机构在招标阶段时也会忽略造价控制工作，很难保证设计方案与实际管理的统一性。若在设计方案实践施工后期发生问题，需要对设计方案进行改动，则设计方案的变化不仅降低了工程施工效率，同时也造成了资源浪费。

(3)缺乏有效的监督。工程项目施工需要实施严格的监督管理工作，施工单位可能在施工阶段会十分注重工作效率等情况，而忽略了对工程建设的监管工作。施工单位对监管工作的不重视也会导致设计机构疏忽对造价与技术的控制，使得前期所设计的工程造价方案缺少可行性与全面性。主要原因是施工单位与设计机构缺少对工程的监督管理制度。除此以外，工程施工受传统工作理念影响，大部分施工单位都会较强调安全施工问题。施工安全控制也是对工程施工的基本工作要求，但应避免忽略对造价的控制工作，防止出现造价失控的情况。

9.4.3 加强决策和设计阶段造价控制的措施

1. 决策阶段的造价控制

公路工程建设需要在项目立项前期就对工程项目进行深入研究，为后期的工程施工决策提供更科学准确的参考数据。在施工前期对工程项目进行深入研究时，并不能将主管部门作为唯一的标准要求，而是需要根据工程项目的实际情况，避免工程后期施工存在造价失控的情况。项目咨询机构在对工程项目进行投资的有效性与可行性进行分析时，需要考虑到工程项目的整体情况，对项目投资所存在的投资风险进行准确分析，有效保障项目投资者与工程建造者的合法经济效益。造价管理机构需要全面掌握工程项目信息，并对项目的投资情况进行有效的管理工作，根据项目特点提供更为科学合理的发展建议，从而确保施工安全规范可靠性，并在项目投资阶段加强监管工作，实施高效的控制造价工作。

2. 设计阶段的造价控制

(1)选择合理的设计机构。公路工程建设为提高工程造价管理工作质量，需要在工程设计阶段加强造价控制，选择更合理的设计机构。选择设计机构的综合水平与设计水平，直接影响工程项目质量，是决定工程实施造价控制工作水平的关键环节。因此需要选择综合能力较强的设计机构，来实现高效的造价控制与监督管理工作。而当前我国建设行业中存在的普遍问题是设计单位缺乏专业素养较高的设计人员，而不同单位或相同单位不同设计人员之间的设计素质参

差不齐，这都会大大降低设计机构的综合能力。因此要求公路工程施工单位在选择设计机构时需要加强招标环节控制，根据工程施工具体要求，提前明确工程造价控制与工程质量的需求，并根据标准需求选择高质量的设计方案，确保经济效益与施工设计的最优化。

(2)严格控制设计变更频率。工程施工建设过程中，当发现实际情况与设计方案出现一定的偏差问题时，需要作出设计变更，而设计变更则会影响工程的施工效率，同时也会造成资源、资金的浪费，对后期的造价控制工作产生影响。设计变更需要在合理的范围内进行科学控制，施工也要严格遵循施工要求与设计方案，当需要做设计变更时，需要及时获取有关部门的变更批准。工程设计阶段的设计变更，只需要对图纸进行修改，对工程造价产生的影响相对较小，而在采购阶段所发生的设计变更，会导致之前所采购的部分施工材料作废，造成资源的浪费。为减少设计变更对工程造价产生的影响，在施工设计前就要做好设计方案工作，避免后续施工出现设计变更，而这也对设计人员提出了更高的设计技术要求。设计人员在施工方案设计时需要全面深入研究工程项目特点，并考虑成本施工质量、施工效率等条件因素，严格遵循公路工程施工项目限额目标进行造价控制。

(3)加强对工程造价设计的监督。工程造价设计是实施整个工程造价控制工作的关键环节，因此需要加强对工程造价设计阶段的监督管理工作，确保各施工环节的工程造价控制的有序开展。设计阶段的造价控制主要依赖设计机构，其次需要造价站的有效审查。但对当前的施工环境进行分析时，造价站在审查工作方面有所欠缺，部分对于工程施工质量与造价控制工作，并没有做出过多的要求，只是确认了造价方案的可行性效果，此种监管模式的工作大幅度降低了工程造价设计的监管工作力度。为进一步提高造价方案的全面性与高效性，需要加强监督监管，并选派专业的监管人员，对工程造价实施全过程的监管审查工作。

9.5 实例分析

9.5.1 项目概况

L 项目的高速公路全长 75.311 km，占地 6673.4 亩(1 亩约为 666.7 平方米)，桥隧比 77.1%，概算 153.6 亿元。项目采用双向四车道高速公路技术标准，设计速度 80 km/h，路基宽度 25.5 m。该项目构成较为完善的区域高效运输系统，使区域干线公路网最大限度地发挥效益。

主要工程量：路基挖方485.6万方（1方为1 m^3），填方443.4万方；沥青混凝土路面面积822.86 km^2；涵洞通道59座，桥梁42座22774 m；隧道23座30041 m；互通式立交7处；匝道收费站5处，服务区2处，养护工区2处，监控通信分中心1处，隧道监控所2处，应急救援中心1处；项目配套建设连接线4条，合计长度约5.6 km。

L项目于2019年3月22日开工建设，全线设2个总监办、2个中心试验室、6个驻地办和6个主体施工单位。

9.5.2 项目特点

路线平均海拔高。地形地质条件复杂，地质灾害多发。制约因素多，旅游区分布较多，采矿区、尾矿库密集。工程规模大，技术含量高，施工难度高。建设条件困难。交通困难、电力资源匮乏、弃渣场选址困难。

9.5.3 建设目标

(1)建设理念：品质、创新、绿色、安全、廉洁。

(2)管理目标：弘扬工匠精神，铸就品质工程，创建国家优质工程奖。

(3)创优路线：省工程建设优质工程奖、李春奖、鲁班奖、国家优质工程奖。

(4)品质工程创建目标：交通部品质工程示范项目。

(5)工程质量目标：质量均衡；分项工程关键项目的合格率≥97%、力争做到合格率100%，一般项目的合格率≥95%；路面交工验收平整度均方差在0.6以内。

(6)安全生产目标：不出现安全责任事故；交通运输部“平安工程”冠名项目。

(7)职业健康目标：隧道施工作业过程中空气中的氧气含量不得低于19.5%，一氧化碳浓度不得高于30 mg/m^3，10%以上游离二氧化硅的粉尘浓度必须控制在2 mg/m^3以下，职业病控制在最低限。

(8)绿色公路创建目标：创建交通运输部绿色公路建设典型示范项目。

(9)工期目标：工期48个月，进度均衡，按期完工；房建工程提前2个月完工；环保、水保同步实施，同步使用，同步验收；计划2023年交工验收，2025年竣工验收。

(10)投资管控目标：控制在批复概算内，不超概算。

(11)技术攻关目标:开展品质工程攻关行动和高性能混凝土、长寿命沥青路面技术攻关。

(12)科技创新目标:发明专利6项以上、实用新型专利12项以上、施工工法6项以上,形成技术标准3项以上,发表学术论文60篇以上;获得科学技术奖4项以上。

(13)廉政建设目标:党建引领,促进项目高质量发展,不出现违反党纪政纪和廉洁纪律情况。

9.5.4　主要措施

1. 多措并举,加快进度

(1)实行施工力量分布台账化管理。

(2)实行人员返岗和复工复产专项考核奖励。

(3)开展劳动竞赛活动和"优秀班组、最美工匠"评选活动。

(4)协调解决各种制约因素。

(5)加快计量支付,保证资金快速到位。

(6)加强建设资金监管确保资金高效使用。

(7)确保工人工资及时发放,项目和谐。

2. 扎实开展"品质工程"创建活动

(1)制定项目品质工程实施纲要,从管理体系、工程质量、安全生产、科技创新、绿色环保等方面规范工程建设管理。

(2)细化落实创建国家优质工程实施方案。

(3)严格执行"两区三场"选址和建设审批制,"混凝土拌和、钢筋加工、构件预制"三集中,实现"工厂化、集约化、专业化、配送化"目标。

(4)狠抓实体质量管理。以图文并茂形式进行三级技术交底,立足解决钢筋保护层、混凝土外观质量、路基两交三背、软土地基、高填深挖、桩头处理等质量通病防治;规范隧道隐蔽工程报验程序,避免隧道初支空洞、锚杆和注浆施工不规范、衬砌厚度不够等病害。

(5)强化"三铁"精神,严格进行自检、抽检、互检、委托检,不合格材料坚决清场,不合格工程坚决推倒。

(6)召集施工现场会、观摩会,交流互鉴,取长补短,提升结构物外观质量与整体形象。

(7)实行首件工程认可样板工程评审推广制、内业资料首件认可制,首创内业资料树状图动态管理模式。

(8)严把原材料关,重要材料、设备、模板管控,考察准入。

(9)加强对监理单位、试验检测单位人员培训考核。

(10)实行质量举报制度。

3. 创新引领高质量发展

(1)引入创优专业技术咨询服务团队。

(2)扎实开展"四新""三微改"技术应用。

(3)推进地方标准编写、科研项目研究、QC 小组活动等工作。

(4)持续进行施工图设计优化。

(5)隧道施工推广机械设备。

(6)钢筋加工场全部实行数控自动化设备。

(7)创新"互联网+",推行二维码技术应用。

(8)在混凝土拌和站和压力机上安装监控分析报警系统,对混凝土质量全程跟踪监控。

4. 全力打造"平安工地"

(1)以创建交通运输部"平安工地"示范工程为目标建立安全生产责任制,落实"一岗双责"。

(2)高标准设置 VR 安全体验馆、智能培训中心,进行经常性培训和教育。

(3)推行班组安全员制度,常态化开展安全生产检查、隐患治理,对事故隐患"零容忍"。

(4)落实安全标准化,推行首件安全防护示范制。

(5)全面开展质量安全红线专项行动。

(6)积极组织开展应急演练活动。

(7)规范安全生产费用使用和管理。

5. 用心创建"绿色公路"

(1)建立健全生态保护管理制度。

(2)实行施工便道、用电用水、项目部建设永临结合,减少土地占用、避免重

复建设。

(3)坚持“不破坏就是最好的保护”,倡导隧道“零开挖”进洞理念。

(4)倡导“零弃渣”,全面推进自建砂石料生产线,变废为宝,减少弃渣场占地。

(5)引入拌和站污水处理系统,减少排放。

(6)严格落实“六个百分之百”采取挖掘机湿法作业、钢板箱泥浆池等措施。

(7)落实耕植土剥离集中堆放、裸露土及时复绿等措施、规范弃渣场选址。

(8)环保、水保工程与主体工程“三同时”。

(9)强化环保费用计量使用。

6.党建引领,建设廉洁高速

深入开展“不忘初心、牢记使命”专题教育活动,不断提高广大参建人员的政治理论水平,深入推进党建与业务工作融合。营造正气清风、干事创业的良好环境。

以党风廉政建设的高质量推动L项目建设的高质量,深入开展“三会一课”、主题党日等活动,全面落实“三不一体抓、监督全覆盖”部署,常态化开展以案促改反腐败教育。全方位配合省厅综合派驻建设项目廉政督导组工作,畅通举报渠道。确保“工程干好,干部不倒”,建设廉洁高速。

高速公路对促进沿线经济发展、加强区域经济联系、带动当地百姓脱贫致富、实现以大交通谋大发展的意义重大,得到了各级单位的高度关注与大力支持。项目公司将全力抓好、抓实、抓细工程建设的各项工作,全面推进项目高质量建设,创建国家优质工程。

9.5.5　项目建设投资控制情况

高速公路建设项目普遍具有投资大、工期长、参建单位多等特点,山区高速公路兼具地形地质情况复杂、管控难度高的情况,很多项目存在投资难以有效控制,造成决算超预算、预算超概算、概算超估算的现象。L项目在项目立项早期就对建设过程中各个环节中容易出现的突出问题进行了分析,并实施有效的决策部署。

(1)在项目建议书阶段,按照有关规定,编制投资估算,经有关部门批准,作为拟建项目列入国家中长期计划和开展前期工作的控制造价。

(2)在可行性研究报告阶段,按照有关规定编制的投资估算,经有关部门批准，即为该项目国家计划控制造价。

(3)在初步设计阶段，按照有关规定编制的设计概算，经有关部门批准，即为控制拟建项目工程造价的最高限额。

(4)在施工图设计阶段，按规定编制施工图预算，用于核实施工图阶段造价是否超过批准的初步设计概算，经承发包双方共同承认，有关部门审查通过的预算，即为结算工程价款的依据。

(5)对施工图预算为基础招标投标的工程，承包合同价也是以经济合同形式确定的建筑安装工程造价。

(6)在工程实施阶段要按照承包方实际完成的工程量，以合同价为基础，同时考虑因物价上涨所引起的造价提高，考虑到设计中难以预计的而在实施阶段实际发生的工程和费用，合理确实结算价。

(7)在竣工验收阶段，全面汇集在工程建设过程中实际花费的全部费用，编制竣工决算，如实体现该建设工程和实际造价。

9.5.6 项目造价管理情况

1. 现行计价标准依据存在的问题

根据现行计价标准依据的使用情况，我们认为主要存在以下问题。

(1)定额中大部分混凝土仍使用 32.5 水泥进行概预算，与实际施工中 32.5 水泥的使用范围不符，建议 C25 及以下标号的混凝土或砂浆配比中增加采用 42.5 水泥的配比。

(2)现行概预算编制中火工品仍采用普通雷管或硝铵炸药，与当前乳化炸药、数码雷管的推广使用不相适应，尤其对山区高速公路使用量大、造价占比高的情况未给予充分考虑，建议计价标准中予以考虑。

(3)项目实施过程中的新设备、新工艺、新材料、新技术及小微改造等未在定额或补充定额中予以考虑，其中有些对施工成本影响较大，建议及时出台相应补充定额，实现造价精准控制，助力高速公路高质量建设发展。

2. 清单报价编制过程中的难点问题及建议

在清单报价编制过程中的一些难点问题主要是部分特殊工艺、临时设施费用等，难以与现场实际情况相符，比如项目临时用电、临建设施、施工便道等，建议在造价审核阶段多听取项目建设单位的情况汇报，在合理范围内予以考虑。

3. 定额站材料价格信息使用情况及建议

结合项目公司材料价差调整工作的开展，目前定额站网站公示的材料价格信息整体上类型齐全、价格真实、地市完整，在以下方面稍加改进则更为合理。

（1）材料价格信息公示时间稍显滞后，在价格上建议考虑外部因素对市场实际价格的影响。

（2）材料价格信息中有部分材料未纳入信息价中，建议根据相关调差文件增加材料类型（如重油、钢箱梁等）。

4. 环保政策对地材价格的影响情况

环保政策对地材影响较大。

（1）经常性暂停生产，价格波动性较大，需锁价采购导致成本增加。

（2）各地矿场关停限产或运输超限查控，市场现有的材料价格普遍上浮，且无法随时满足项目施工要求，对项目成本影响较大。

5. 临时工程规模和标准与批复概算的对比情况

L 项目批复概算中“临时工程”（临时道路、便桥等）费用总额为 1.74 亿元，清单报价中“临时工程与设施”费用约为 3.12 亿元。全线临时用地总量约 2656 亩，其中耕地 1872 亩，林地 784 亩。全线施工便道约 162 km，其中新建便道 101 km、利用便道 61 km。便桥全线共计 28 处 1.69 km。由于山区地形复杂，全线多处存在为施工两根桩基而专门修建一条便道的情况。

山区临时用电资源短缺、取电困难，实际建设费用远高于定额计算费用。建议“架设输电线路”定额区分不同地形分别予以套取。

6. 电子数码雷管与普通雷管工效差异情况

经统计，电子数码雷管在工效上与普通雷管差异不大。电子数码雷管受物联智能管控，使用安全、抗静电、延期时间精确、爆破精准、可自动显示异常，可提高爆破效率，从而加快施工进度；但也存在不可在水量较大的环境中爆破、操作较为复杂等弊端。

7. 临时用地征地及复垦费用与实际费用的偏差情况

施工单位提出临时用地征地及复垦费用与实际偏差较大，复垦标准高。若按照用地规划及总体征地数量，采用地方确定的单价，会导致总体费用不足。

(1)实际需要缴纳社保费的土地类型。

临时用地费用计算主要依据当地人民政府下发的项目建设征(占)地拆迁实施办法。土地租赁费、地表附着物补偿费用在征地协议签订后，费用交于当地乡政府或高速公路协调办公室的对公账户，由乡政府或高速公路协调办公室根据各户具体费用，向村民发放相关费用。土地复垦费、复垦设计费、用地测量费、土地熟化费、林地植被恢复费及复垦保证金等主要由地方国土部门或下属机构收取；耕地/林地占用税，按照国家相关规定上缴至当地税务部门。

(2)不同类型临时占地费用组成。

耕地占地费用主要组成：土地租赁费、地表附着物补偿、土地复垦费、土地复垦设计费、用地测量费、耕地占用税、土地熟化费等。

林地占地费用主要组成：土地租赁费、地表附着物补偿、土地复垦费、土地复垦设计费、用地测量费、林地占用税，部分地方还收取专家评审费、林地植被恢复费、复垦保证金等。

8. 施工便道费用不足的问题

各标段均提出施工便道费用不足的问题。以4标为例，该标段地处山区，施工环境恶劣，地形受限，施工期间标段根据施工需要规划及施工完成利用便道(既有便道及改扩建便道)44.13 km，新建便道26.4 km(其中硬化便道10.9 km)，由于原地方道路修建标准低，经运输车辆碾压基本大面积损毁，后期利用便道基本需要全部硬化处理，合同中便道总体费用不足。

9.5.7 项目造价管理实施现状

1. 概算执行情况

2018年11月26日，L项目初步设计由河南省发展和改革委员会批准，批复概算总金额为153.6亿元。截至2022年10月，L项目累计完成投资109.7亿元，占项目概算总投资的71.42%。批复概算中主体工程金额为114.3亿元，对应合同金额为101.8亿元，在招标阶段主体工程结余12.5亿元，10 kV工程合同金额较对应概算结余0.27亿元，附属工程目前还未开始招标。开工后项目公司组织对全线主体工程工程量精确复核，与合同金额相比全线主体工程总费用共减少约1.2亿元。截至目前变更工程增加约0.65亿元，截至2022年第二季

度材料调差共减少金额约 0.13 亿元。L 项目造价执行情况整体可控。

2. 造价管理依据情况

项目开工至今，项目公司高度重视项目造价管理工作。

(1)认真组织学习、贯彻落实上级单位下发的《公路工程造价管理暂行办法》《河南省公路工程造价管理实施细则》等有关公路工程造价管理的政策制度。

(2)采购《公路工程建设项目造价文件管理导则》，订阅洛阳、三门峡两地的《建设工程造价信息》等用于指导项目建设过程中的造价管理。

(3)要求合同人员学习造价管理的法律法规及政策制度，鼓励参加造价工程师考试，通过政策制度和造价专业知识的学习，有效减少了承发包双方的争议，顺利推进了项目新增单价编制、材料调差等造价工作。

全线新增单价共 72 个，均已签订协议，开展材料调差 5 期，累计调差金额－1257.5万元，其中：LLTJ-1 标累计调差金额－283.9 万元；LLTJ-2 标累计调差金额－84.3 万元；LLTJ-3 标累计调差金额 95.1 万元；LLTJ-4 标累计调差金额－226.2 万元；LLTJ-5 标累计调差金额－255.1 万元；LLTJ-6 标累计调差金额－503.1 万元。

3. 造价管理体系建设情况

(1)项目公司通过制定造价相关管理制度用于规范项目造价的控制，要求施工单位、监理单位落实，并在各单位每月履约考评时考核其落实情况。

(2)在招标人报价或最高投标限价的编制阶段，项目公司组织业内经验丰富的专家认真开展施工组织设计和报价编制工作，并严格按照程序要求报审、按照审查意见修改、按照批复执行或按要求备案。针对限额以内的采购，项目公司成立最高投标限价编制领导小组，聘请有经验的专家编制或项目公司相关造价人员参照类似已执行项目编制后，报项目公司最高投标限价编制领导小组审核，审核通过后按程序执行。

(3)对于新增单价的确定，项目公司严格执行合同中新增单价的确定原则，通过施工单位申报、监理单位、项目公司、造价咨询单位三级审核后，组织业内专家再次审核后执行。

4. 造价管理制度执行情况

(1)项目公司制定印发了本项目的计量支付管理办法、设计变更管理细则、

工程量计算工作管理办法等相关制度，统一计量支付台账、设计变更管理台账等资料的格式及填报规则，督促、指导监理单位、施工单位建立计量支付台账、设计变更管理台账、计量支付审核记录、材料调差审核记录及新增单价审核记录等项目造价管理台账及数据资料，造价管理各项制度得到执行。

(2)项目公司通过公开招标引进了全过程造价咨询服务单位，依据《公路建设项目工程决算编制办法》《河南省公路建设项目工程决算编制和审查工作要求》及双方签订的合同文件等协助项目公司开展造价全过程管理与控制，对参建单位的工程量复核、中间计量支付、工程变更等审核，并出具审核报告，在项目实施过程中严控造价，在全线各单位建立过程造价管理意识。全线主体工程量复核后金额较合同额减少约 12346.44 万元，占合同额的 1.21%；累计完成施工单位中期计量支付审核 160 期，完成监理检测单位计量审核 88 期，完成材料调差审核 33 期；累计完成主体工程施工单位上报的工程变更 201 份。

(3)严格按照合同对咨询单位履约，咨询单位人员按合同要求持证上岗，按合同要求严格考勤，在造价管理工作中如各单位对同一问题有不同意见，及时组织施工单位、监理单位、咨询单位及项目公司相关部门共同讨论、咨询，达成一致意见。

5.设计变更情况

截至 2021 年 10 月，L 项目主体工程共计产生变更 286 项，增加金额约 6482 万元。其中重大及较大设计变更 4 项(均已获得省厅批复)，增加金额约 2956 万元；一般设计变更 A 类 179 项，增加金额约 3303 万元；一般设计变更 B 类 103 项(均已获得项目公司批复)，增加金额约 223 万元。

L 项目设计变更原因主要有以下几类。

(1)地质条件引起的设计变更。此类设计变更主要是不良地质条件引发滑坡、坍塌，从而导致的边坡防护方案变更，由于涉及治理方案，设计变更金额较大。截至 2021 年 10 月，共计发生此类设计变更 4 项，增加金额约 2956 万元，具体情况如下。

①K58＋650～K58＋715 段左幅熊耳山互通 1 号桥桩基开挖施工平台的坡体前缘临空面发生滑坡。主要增加措施：K58＋650～K58＋715 段右侧边坡坡脚设置桩板墙，设置抗滑桩 13 根，桩顶以上共设三级边坡，均采用人字形骨架防护。K58＋600～K58＋650 段采取预加固处理，第二级边坡上部调整为桩板墙，共设置抗滑桩 11 根，第三级边坡坡率调整为 1∶1.25，采用锚杆框架梁防护形

式,第四级边坡坡率调整为 1∶1.5,增加金额 869.45 万元。

②碾盘隧道左线进口开挖洞口施工平台时左侧发生滑塌。主要采取措施:将碾盘隧道左线进口 ZK62＋560～ZK62＋565 明洞变为暗洞,采取反向出洞,出洞位置由 ZK62＋565 调整至 ZK62＋563,衬砌类型为 F-V-A 型,仰坡采用 1∶0.5 坡度,采用喷锚挂网防护,隧道左侧采用路堑挡墙＋两级锚杆框架梁防护;对碾盘大桥 5 号桥台下边坡进行加固,采用三级锚索框架梁防护,坡脚采用石笼反压护岸;碾盘大桥 5 号桥台桩长由 25 m 调整为 38 m,增加金额 522.80 万元。

③卢氏南互通 A 匝道原地层存在顺层结构,饱水软化形成软弱带,坡体开挖后失稳,发生滑移。主要采取措施:AK1＋600～AK1＋763.127、K70＋884.151～K70＋951 段滑坡范围内沿滑坡主滑方向 3%纵坡削坡,削坡后坡脚位置设置路堑挡土墙,排水设施同步调整,增加金额 782.09 万元。

④卢氏南服务区原地层存在中压缩性土层,连续强降雨加之上覆荷载作用,坡体产生滑移,滑坡体积约 35 万方。主要采取措施:北区 A 匝道 AK1＋200～AK1＋300、AK1＋295～AK1＋390 段右侧分别增设 12 根抗滑桩和 24 根抗滑桩;已滑塌区域按 1∶2 坡度向下挖除 3 m 厚土方,再按 5%反坡卸载部分滑塌体;降低 K69＋870～K70＋735、AK1＋095～AK1＋707 段纵断面标高;边坡防护形式、南区排水设施同步调整,增加金额 781.38 万元。

(2)协调类设计变更。此类设计变更主要是为了满足地方政府、群众的出行以及排水、泄洪需要等引起的改路、改沟、改渠以及涵洞的增减或移位等。截至 2021 年 10 月,共计发生此类设计变更 16 项,增加金额 756.93 万元。

(3)设计与现场不符引起的变更。此类设计变更主要是设计方案与施工现场情况不符,部分设计方案需要优化调整。截至 2021 年 10 月,共计发生此类设计变更 106 项,增加金额 1090.60 万元。

(4)隧道围岩变化引起的变更。此类变更主要原因是地勘地质资料(设计围岩)与施工现场不符。截至 2021 年 10 月,共计发生隧道围岩设计变更 160 项,增加金额 1678.63 万元。其中,104 份设计变更已通过交发集团专家组审查,批复已形成正在走批复程序,涉及增加金额 1438.16 万元;56 份设计变更已通过项目公司审核并上报集团公司,涉及增加金额 240.47 万元。根据隧道现场施工情况,隧道围岩设计变更分为施工现场围岩弱于设计围岩(正变更)和施工现场围岩好于设计围岩(负变更)。其中,正变更 123 项,增加金额 3141.56 万元;负变更 37 项,减少金额 1462.93 万元。

6. 项目造价信息情况

全面收集项目各类造价资料、了解公路市场的价格变化情况，有利于为造价分析工作提供基本依据。

(1)按照上级单位要求，指定施工单位专人在“公路建设主要材料采集与分析平台”填报材料价格信息。

(2)对施工过程中采用的新技术、新工艺等收集定额消耗信息及相关记录、影像等资料，为编制必要的补充定额提供依据。

(3)订购造价信息资料支撑材料调差工作开展，通过网站查询、电话询价等方式收集并分析、确定新增材料价格。

7. 项目造价人员情况

项目公司加强公路造价人员的(履约)管理，建立参建单位造价人员(合同部长)管理台账，严格按照项目合同文件要求，合同谈判时对各单位合同部长持证情况进行严格审核，并面试考核了解其工作经验，面试合格后上岗。对实践中不能满足造价工作需要的人员要求其同条件更换。目前，项目履约合同人员均满足合同要求、持证上岗，各单位执行项目公司的相关造价要求良好，相关造价人员信用良好。

9.5.8 项目造价管理经验的总结

L项目从立项早期就对建设过程中各个环节中容易出现的突出问题进行了分析，并实施有效的决策部署。

(1)提高概预算编制工作的参与度。在项目建设初期，进行充分的现场踏勘调查，结合以往建设项目存在的问题进行研究判断、积极协助概算、预算的编制工作，并在项目实施过程中层层把关、严格控制。

(2)不断优化设计方案。组织设计单位、监理单位和有关专家，对设计工作进行优化，对设计施工图纸与实际施工中不符的，有可能存在较大变更的地段、路基、涵洞、桥梁、隧道等进行深入细致的调查，完善优化方案。

(3)严格控制设计变更。坚持变更必须四方现场进行踏勘、必须完善相关资料特别是隐蔽工程变更必须有影像资料；坚持变更必须审计部门跟踪审计把关。同时，及时掌握变更动态，真正做到动态控制投资。

(4)严格计量支付程序。建立计量支付台账，为施工期间动态投资控制提供

一个良好的框架。开展工程量复核工作并形成计量控制台账，对台账的修改严格按程序进行，保证了工程复核台账作为基准的唯一性，避免重复计量、漏计、超计、少计等现象的发生。

(5)开展全过程造价咨询。施工单位进场后即引进全过程工程造价咨询及工程决算编制中介服务机构对项目建设进行全过程跟踪审计，及时发现问题并进行整改，确保不发生违法、违规问题，确保建设资金的安全高效使用。

(6)按照合同约定及时进行材料调差。项目招标阶段即在招标文件合同条款中约定了价差调整的方法，执行了“实事求是、合理分担、风险共担、涨补降扣”的原则，实现了工程造价的动态控制。

(7)结合正在开展的“我为群众办实事”实践活动，广泛开展与相关参建单位的座谈和施工现场调研工作并对梳理的问题给出解决策略：针对标段已完未结工程量大、影响项目资金周转情况，建议标段增加内业人员投入、加快计量资料签认，同时要求监理检测单位做好审核服务工作；针对部分工程受变更影响无法及时进行计量的情况，项目公司印发“关于对各标段变更工程计量申请的答复”，明确变更工程计量的程序和比例等。

9.5.9 对工程造价管控的建议

随着我国高速公路行业的发展，高速公路的工艺越来越复杂，施工环节也越来越多，而面对不同的施工工艺、施工物资以及施工环节必然需要更科学更精细化的管理方式，来进行工程项目的质量控制、成本控制。尤其是近几年，我国在高速公路的建设方面投入了大量的资金，如何更合理、高效地利用建设资金，对于高速公路事业的健康发展十分重要。项目公司针对影响工程造价的工程变更数量较多、设计审查审批意见落实不够、建设各方普遍缺乏降低工程造价的内在动力和激励机制等主客观影响因素，提出以下建议。

(1)加强地质勘探、提高设计质量，减少工程变更。工程设计是设计人员的创造性劳动，是工程建设的灵魂，它控制“量”。因此，加强对设计阶段的造价控制在整个项目的造价管理中具有决定意义，是保证在设计阶段把工程造价控制在一个较合理水平的必经之路。

(2)推行限额设计。限额设计是设计阶段控制造价的有效方法之一，它既控制“总价”，反过来又控制“量”，需要设计单位内部采取相应的措施，增强设计人员的经济观念，加强设计人员之间的联系合作，合理确定各分部、分项工程设计方案造价的标准。

(3)严格设计文件的造价审查。设计方案的造价水平是设计成果的综合反映,不合理的工程造价对应的设计方案也同样是不合理的,通过严格的造价审查也可有效防止设计方案和造价受到外部因素的影响。

(4)建议对定额中的部分消耗通过补充定额的方式进行调整。比如隧道超挖及喷浆料超耗,根据现场目前统计,喷浆料总体损耗率达到120%,主要原因为围岩破碎,开挖后及在排险过程中极易造成掉块塌方,造成喷浆料超耗等不可控因素,建议针对不同的岩层性质及类别确定定额喷浆料损耗率。

(5)着力控制其他建设费用。应厉行节约,从而降低管理成本,严格控制附属工程规模,防止刻意造景等导致的工程投资增加。

(6)强化事前、事中控制、事后总结,并建立造价控制的内在动力机制与激励机制,对提出合理建议并降低造价的参建单位以及对投资控制较好的建设单位,应给予奖励。

(7)建议上级造价主管部门组织造价人员及时学习造价相关制度、政策及要求,使造价人员能掌握造价最新信息,更好运用到工程实践中。

(8)通过公开、公平、公正的工程招投标,选择技术设备力量过硬、履约能力强、报价合理的专业队伍中标,通过竞争提高质量,降低设计、施工、监理等各环节的费用。同时,提高监理人员队伍素质,通过工程监理做好工程造价控制管理。

第 10 章　公路工程造价软件应用实务

10.1　纵横 SmartCost 造价软件应用

当今世界，科学技术突飞猛进，全球经济一体化趋势进一步加强，科技对于经济增长的作用日益显著。快速掌握科学技术，在激烈的社会竞争中起着关键的作用。

21 世纪初是我国社会经济发展的重要时期，同时也是我国公路交通从紧张和制约状况实现全面改善的关键时期。公路基础设施的建设在该时期仍是一项重要而艰巨的任务。工程公路发展概算、预算、估算等相关的制度制定与规范，造价软件技术的开发应用等事宜，也日益重要。

十一届三中全会以后，国家加强了基本建设预算管理，多次部署“三算”的管理工作，要求做到设计有概算、施工有预算、竣工有决算，以促进经济发展达到预期效果。同时，国家还组织了设计部门、施工部门及各主管部门制定了工程预算、概算定额及各项费用标准，作为编制基本概预算的依据。

标底是建设产品在建筑市场交易中的预期价格，在招投标过程中，标底是衡量投标报价是否合理，是否具有竞争力的重要工具。除此之外，实践中标底还具有制止盲目报价、抑制低价抢标、控制工程造价、核实工程投资规模，以及判断投标单位是否有串通哄抬标价行为的作用。

为了适应当今经济形势的发展，应快速掌握科学技术。特别是在公路造价行业、公路工程建设行业，为了向我国各省各市的设计单位、施工企业、建设（业主）单位、审计单位、监理单位、工程咨询单位和院校个人提供能够快速掌握的纵横公路造价系统，并将纵横公路造价系统应用在实际的概预算、招标投标和业主施工建设的活动中，特此编写了纵横公路工程造价管理系统的简易手册，从而为我国交通事业的发展做出更大的贡献。

10.1.1　纵横公路工程造价管理系统概述

纵横公路工程造价管理系统，以下简称纵横公路造价软件，主要用于公路工

程建设项目的概预算编制、造价计算以及公路工程项目的招投标报价。

公路工程具有线路长、建设周期长、投资大、受自然因素影响大的特点，使确定其造价的程序和方法复杂化。特别是引入招投标机制以后，市场竞争激烈，对工程造价工作提出了更高的要求：不但要求在很短的时间内必须提出科学合理的报价；而且要求其报价单价必须把握工程造价的动态因素，使其报价科学合理，具有竞争性，同时又有合理的利润。因此，学习并熟练掌握应用纵横公路工程造价管理系统，在编制概预算和清单预算的工作中，显得日益重要。

1. 纵横前景

珠海纵横创新软件有限公司成立于 2003 年 7 月，是一家立足于工程管理软件行业，专注于工程造价软件的研发及系统集成项目实施的企业。

公司自成立以来，一直遵循“博采众长，开创先河”的研发思路，先后与长安大学、北京交通大学、重庆交通大学、长沙理工交通大学、山东大学、山东交通学院、广东工业大学、吉林交通职业技术学院、广西交通职业技术学院等近四十所院校签订软件赠予协议，免费为在校学生提供软件和技术服务，为学校培养大批造价专业人才做出卓越贡献。

公司的营销和服务网点遍布全国 32 个省市自治区，建立了东北、华北、西北、华东、华南、华中、西南七大分公司及 31 个办事处和服务中心，竭诚为全国的万余名客户提供面对面的优质服务。

2. 纵横公路工程造价管理系统主要应用范围

纵横公路造价软件可用于设计、施工、建设、管理、审计、审核、监理、咨询等单位部门。具体见图 10.1。

应用纵横造价软件的优势：工程设计单位能大大缩短编制概预算的时间，便于协同工作、重复修改和多方案比较；施工单位能快速、准确地编制投标书、提高效率，大大增强投标竞争力；建设单位、审计单位、监理单位能有效地对多项目实行投资审核与监管；工程咨询单位可以快速地向客户提交咨询方案或结果。

3. 纵横公路造价软件开发依据

纵横公路造价软件开发依据包括《公路工程基本建设项目概算预算编制办法》《公路工程概算定额》《公路工程预算定额》《公路工程机械台班费用定额》，各省、市、自治区交通厅(局)公布的有关公路基本建设工程概预算编制办法的补充

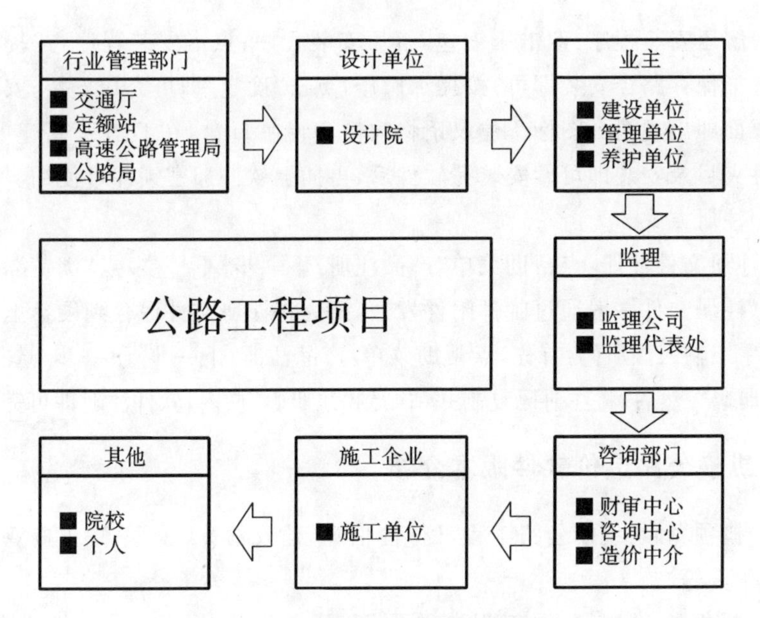

图 10.1　纵横公路造价软件适用范围

规定，以及国家相关规定，其他法律、法规和相关补充规定。

4. 纵横公路造价软件

纵横公路造价软件适用于新建、改建的公路工程基本建设项目的编制估概预算和清单标底。纵横公路造价软件可用于设计、施工、建设、管理、审计、审核、监理、咨询等工程造价领域。

纵横公路造价软件，2008 年通过交通运输部评审，数据准确，信心保障。系统界面简单美观，分上下结构，上面为项目节（或清单），下面为定额。造价层次结构分明，根据“量、价、费”的造价流程，编制概预算或清单标底，且与 Excel 无缝链接，加以创新，复制、粘贴功能十分强大，可以同时打开多个标段，可横向、纵向平铺窗口，对比数据，且适用于多人协同工作，分别编制路基、路面，然后通过复制、粘贴汇总项目。而且该软件独创克隆模板功能，实现预算标准化和知识的积累，建立一套自己常用的组价方案，下次做新项目时，直接调用，省时省力，提高工作效果。

5. 纵横公路造价软件的下载安装与注册

(1) 下载安装程序：登录纵横公司网站 www.smartcost.com.cn，点“下载中心”，下载最新安装程序，选择保存路径即可。

(2)解压安装程序:双击压缩包,解压安装程序;点击安装程序,按提示安装程序,选择保存路径安装即可;按提示操作,点击“确定”即可完成安装;安装完成后,在桌面即出现两个图标。建议请将软件安装在D盘,在D盘下新建“纵横软件”文件夹目录安装即可。安装完软件后,再插上软件加密锁即可使用。

(3)注册方式。

①注册文件注册:点帮助菜单/产品注册/下一步/下一步/点“浏览”,选择注册文件(注册文件一般通过邮件附件发送,请先将注册文件保存到硬盘上)。

②手工输入注册码:首先,点帮助菜单/产品注册/下一步/下一步/选择“手工输入注册码”;然后,将注册码复制并粘贴到“注册码”栏内,软件注册即可完成。

6. 纵横公路造价软件版本介绍

(1)概预算版:编制公路工程可行性估算、建议估算、概算、修正概算、预算、施工图预算等。

(2)投标版:编制公路工程清单预算、清单报价、单价审核、单价变更、标底等。

(3)专业版:专业版本结合了概算版与投标版的所有功能。

(4)网络版:功能和专业版是一致的,只要能上网,就能使用该公路造价软件。

(5)学习版:学习版除了不能直接打印和报表导出到Excel中,其他功能均与专业版相同。

10.1.2 纵横公路工程造价软件

1. 概述

传统的造价软件一直停留在“计算工具”的层面上,纵横SmartCost公路工程造价系统创造性地融合了专家的报价经验,以“智能”“专业”“高效”为软件的核心思想,使软件真正成为造价人员的“外脑”。其软件拥有独创块模板克隆功能,并通过特有的智能定额逼近、定额调整模块,可以对整个工程进行全程实时计算、单价分析,随时审核创新自由报表,支持多个协同工作。

2. 主要特性

(1)原创模板克隆功能,快速组价的同时,实现预算标准化与知识积累,拓展

丰富的想象力。

(2)具有强大的Excel兼容功能,可在系统界面与Excel间相互复制并粘贴数据。

(3)原创造价审查功能,源于造价站审查需求,自然更体贴,可以同时打开多个标段项目,横铺窗口、竖铺窗口,便于审核比较。

(4)强大实用的复制分项、复制清单功能,便于多人协同工作,提高工作效率,快速实现新项目、多标段的编制。复制工程量,连带公式复制,方便审查工程量来源。

(5)使定额容易找到和调整,采用传统的上下结构界面,上面为项目节,下面为定额,更利于减轻眼部疲劳。

(6)调价功能,深入至消耗量、单价、费率的每一个细节,立即实现任意单价的调整。

(7)增强报表定制服务,解决投标急需的特殊报表。

10.1.3　纵横Smartcost编制概预算

1.编制概预算文件的操作流程

(1)新建项目。

(2)填写完善项目属性。

(3)输入费率计算参数,自动生成费率。

(4)造价书。

(5)工料机预算单价处理

(6)预览、打印、输出报表。

编制一个概预算的基本流程,首先新建项目,然后建立项目表,主要通过项目表的双击添加或者在前面打钩选择点添加建立项目表,对于非标准项可以通过右键插入建立。项目表建立完成之后,通过定额计算和数量单价的方式对第一部分费用进行组价,通过基数计算和数量单价的方式对第二、三部分费用进行计算。然后处理工料机的预算单价,直接输入或者计算运费、原价即可。接着,选择费率和确定项目属性的基本参数。量、价、费确定之后,就可以直接预览、打印、输出报表了。

2.新建项目

首先,双击桌面概预算版本图标,系统自动弹出“新建项目”窗口。然后,直接输入“文件名称”和“建设项目名称”。最后，在“项目类型”处，选择预算或概算，点击“确定”，新建项目即可完成(图 10.2)。

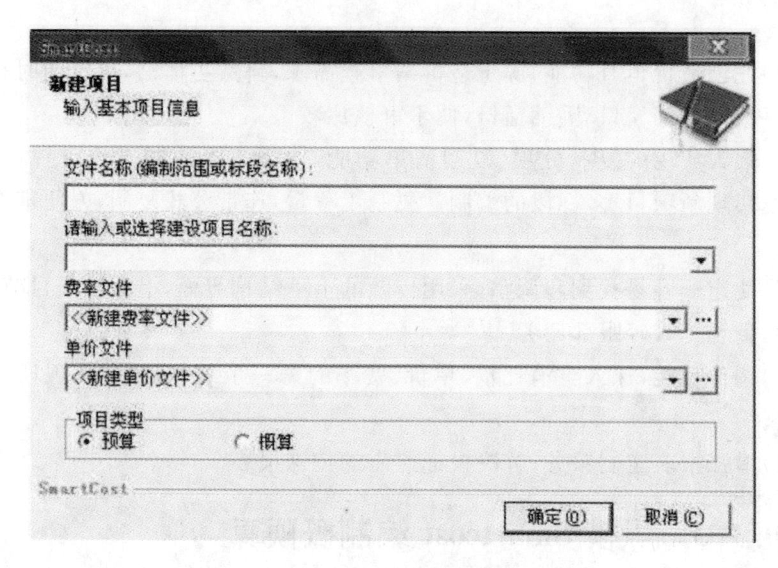

图 10.2　软件新建项目界面

注意：也可以点击“文件”→“新建”或点击“新建项目”及“造价文件”下的“新建”图标。在编制概预算时，建设项目文件名称一般以建设项目的名称命名，文件名称一般以编制范围命名。

3. 填写完善项目属性

“项目属性”主要是确定“基本信息”“技术参数”“计算参数”“其他取费”等参数的设置：基本信息，填写工程名称、编制范围、编制人等信息，与报表输出关联；技术参数，关于公路等级、起终点桩号、路线长度等信息，与报表输出关联，不影响造价；计算参数，主要是确定利润、税金；其他取费，主要是一些特别的费率规定，单独选取即可。

操作：点击“文件菜单”→“项目属性”或点击“项目属性”图标。

项目属性在弹出对话框中，按实际施工情况填写即可。

输入费率计算参数，自动生成费率。

工程费率主要是指公路工程的其他直接费、现场经费、间接费等的费率。上述各项费用按部颁编制办法采用“定额直接工程费”乘以“费率”方式计算，根据项目所在地具体施工情况选择不同的费率标准。点击主窗口中的“费率”图标，

然后根据施工图纸，分别选择各项参数即可，标准的“工程参数”取用默认的费率即可。

如图 10.3 所示，选择工程所在地为重庆；费率标准为重庆费率标准(2008)，然后把鼠标放在冬季、雨季施工上面，软件自动提示，按需选择即可；其他内容按实际情况选择即可，下面的规费，纵横软件已经根据各省的补充编办，做成了数字的形式，直接下拉选择即可，轻松省时，提高工作效率。

费率计算参数	
名称	参数值
工程所在地	重庆
费率标准	重庆费率标准(2008)
冬季施工	不计
雨季施工	Ⅱ区4个月
夜间施工	计
高原施工	不计
风沙施工	不计
沿海地区	不计
行车干扰	不计
安全施工	计
临时设施	计
施工辅助	计
工地转移(km)	70
养老保险(%)	20
失业保险(%)	2
医疗保险(%)	9.7
住房公积金(%)	7
工伤保险(%)	1.5
基本费用	计
+ 综合里程(km)	4
职工探亲	计
职工取暖	不计
财务费用	计

图 10.3　费率计算参数设置界面

10.1.4　造价书

1. 增加项目表

一般按部颁标准项目表进行划分，或根据工程实际项目情况划分，建立项目表。操作要点：首先，建立标准项，点击右上角的“项目表”图标，展开“项目表”，如需添加某些分项，直接双击分项名称或在前面勾选点击“添加”，然后给定工程数量即可；接着，建立非标准项，对于标准项目表中没有的分项，即非标准项，可以通过鼠标右键或工具栏上的“插入”按钮逐个添加。

2. 项目表注意事项

(1)若建立的项目表层次不合理，可通过工具栏快捷键→(升级)、←(降级)、↑(上移)、↓(下移)方向键调整。

(2)若添加项目有误，可先选择该“项目”点击按钮“删除”，或点击鼠标右键→“删除”即可，见图 10.4。

编号	名称	单位	数量
⊟	第一部分 建筑安装工程费	公路公里	0.000
⊟ 一	临时工程	公路公里	2.734
⊟ 10	临时道路	km	8.700
10	临时便道的修建与维护	km	8.700
20	临时便桥	m/座	220.000
40	临时电力线路	km	19.000
50	临时电信线路	km	15.000
⊟ 二	路基工程	km	1.300
⊟ 10	场地清理	km	1.300
⊟ 10	清理与掘除	m²	38936.000
1	清除表土	m3	4205.000
2	伐树、挖根、除草	m²	38936.000
⊟ 20	挖方	m3	160219.000
10	挖土方	m3	25188.000
20	挖石方	m3	135031.000
⊟ 30	挖非适用材料	m3	1113.000
1	挖淤泥	m³	1113.000

图 10.4 删除工程项目界面

3. 套定额常见方法

(1)从定额库中选择定额。

点击选中需套定额的分项→点屏幕右上角的“定额选择”→在相应的定额章节中找到需要选择的定额后，双击定额名称即可添加到左边定额窗口中，见图 10.5。

(2)双击定额编号列选择定额。

在第二个窗口的“定额编号”列，直接双击，自动弹出定额库，逐一提示下一级定额，找到所需的定额双击即可，见图 10.6。

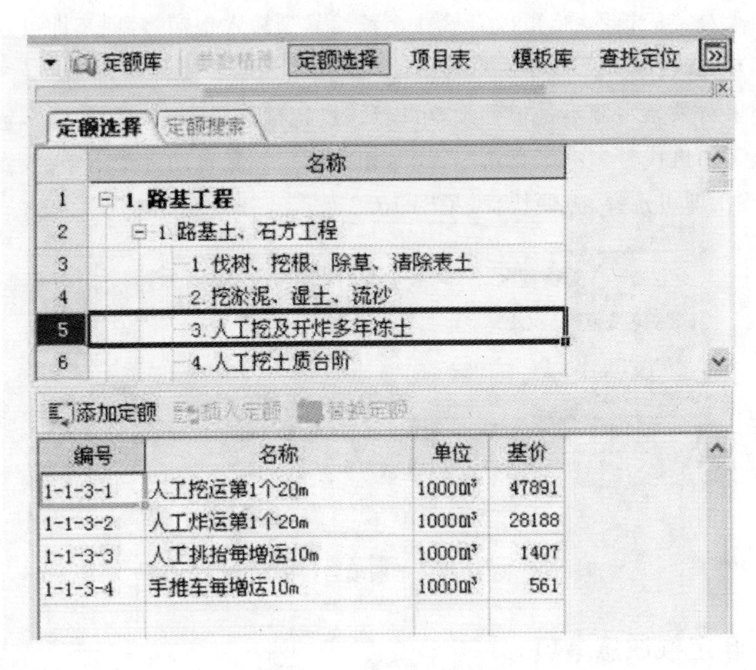

图 10.5　定额选择界面

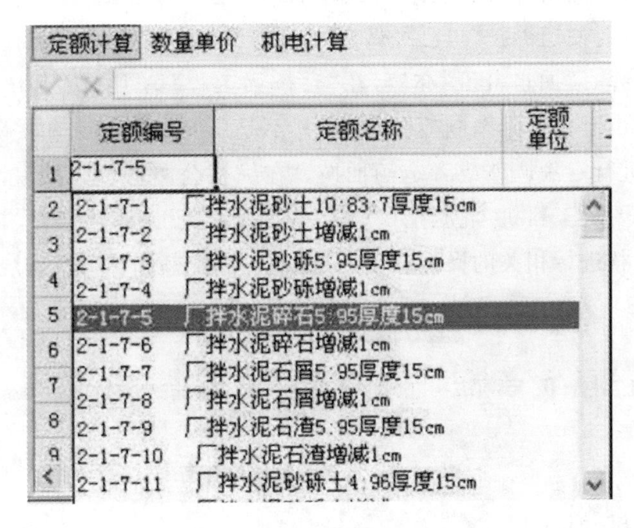

图 10.6　定额计算项目选择界面

(3)直接输入定额号。

如果对定额很熟悉,可以直接在定额编号列输入定额号,回车即可。

(4)定额搜索。

如果对某条定额不是很熟悉,可以通过"定额选择"→"定额搜索",输入定额名称或工料机代号、名称,点击"查找",相关的定额则自动过滤出来,找到需要的定额,双击即可选择,方便快捷,见图 10.7。

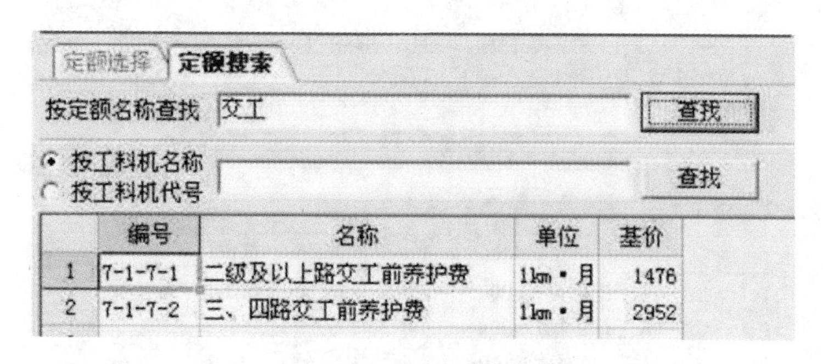

图 10.7 定额项目搜索界面

4.套定额注意事项

编制办法"公路交工前养护费"已做成定额形式,需要计算这部分费用,直接套用定额即可。点击"定额选择",在"7.临时工程—7.公路交工前养护费"中选择。同时,"临时便道养护"也已经做成定额的形式,在"7.临时工程"第 1 节"汽车便道"中选择。"抽水台班"亦然,在"4.桥梁工程"第 16 节"基坑水泵台班消耗"中选择。由于在实际编制概预算时,并不是所有的定额都和实际情况一样,这时就需要进行定额调整或者定额抽换。在纵横公路造价软件里,需要进行定额调整时,主要对工料机/混凝土(软件中表示为"砼")、附注条件、辅助定额、稳定土、单价调整进行相关的操作即可。点击右边"定额调整"按钮,展开定额调整窗口(图 10.8)。

图 10.8 定额调整操作界面

(1)工料机/混凝土。

在此,可对工料机/混凝土进行"增加、删除、替换、调整消耗量、改砂浆号、换混凝土号"的操作。鼠标右键或点图标▪完成操作。

例如，换水泥砂浆号：M5 号换成 M7.5 号(或泵送型号抽换)。输入定额：1-2-3-1，点击“定额调整”→“工料机/混凝土”(图 10.9)，进一步选择替换。然后，在弹出的工料机窗口中，找到 M7.5 号水泥砂浆，打钩选择，确定即可。在工料机中，水泥、中(粗)砂的消耗量自动根据内置公式乘以系数调整。

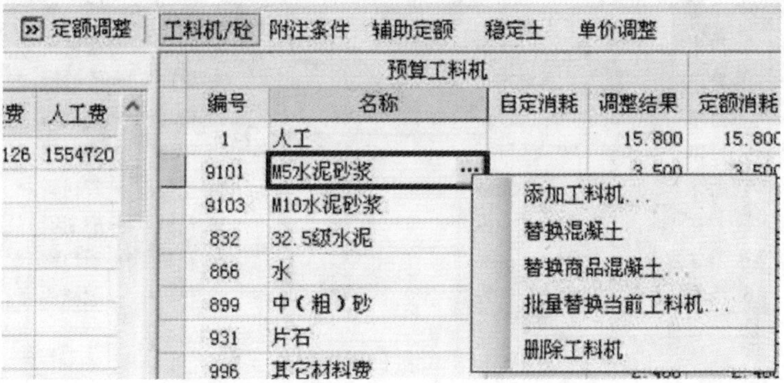

定额调整 | 工料机/砼　附注条件　辅助定额　稳定土　单价调整

费	人工费
126	1554720

预算工料机				
编号	名称	自定消耗	调整结果	定额消耗
1	人工		15.800	15.800
9101	M5水泥砂浆		3.500	3.500
9103	M10水泥砂浆			
832	32.5级水泥			
866	水			
899	中(粗)砂			
931	片石			
996	其它材料费			

添加工料机...
替换混凝土
替换商品混凝土...
批量替换当前工料机...
删除工料机

图 10.9　工程项目定额调整选择

又如，批量新增材料，如乔木。

首先，选择所需要新增材料的定额，点击“定额调整”→“工料机/混凝土”→“添加工料机”→“新增工料机”；然后，可以在 Excel 做成批量增加的乔木，如图 10.10 所示。

乔木	4cm	根	32
乔木	5cm	根	38
乔木	6cm	根	45
乔木	7cm	根	49
乔木	8cm	根	54
乔木	9cm	根	59
乔木	10cm	根	64
乔木	11cm	根	69

图 10.10　新增材料定额界面

接着通过复制切换到“新增工料机”窗口，点击“粘贴”，如图 10.11 所示。

点击“确定”后，就完成了批量新增材料，需要查看选用，可点击显示新增料，找到需要添加的，在编号列前打钩选择即可。

例如，替换商品混凝土。输入定额：4-6-10-2，点击“定额调整”→“工料机/混凝土”→选中“C50 号泵送混凝土 42.5 水泥 2 cm 碎石”→点击鼠标右键→选择

新增工料机

㎡ ㎥ ≠ ≈ ≤ ≥ ∠ ‰ ℃ δ Φ Ω ± ✕ ÷ > <

提示：可从EXCEL或批复制材料，对绿化苗木、电缆、伸缩缝、支座等型号复杂的

	名称	型号规格	单位	定额价	类型	材料子类
1	乔木	4cm	根	32	材料	一般材料
2	乔木	5cm	根	38	材料	一般材料
3	乔木	6cm	根	45	材料	一般材料
4	乔木	7cm	根	49	材料	一般材料
5	乔木	8cm	根	54	材料	一般材料
6	乔木	9cm	根	59	材料	一般材料
7	乔木	10cm	根	64	材料	一般材料
8	乔木	11cm	根	69	材料	一般材料

图 10.11　工料机新增操作界面

“替换商品混凝土”→弹出“工料机库”→找到需要替换型号的商号混凝土，打钩选择确定即可，如图 10.12 所示。

工料机/砼　附注条件　辅助定额　稳定土　单价调整

	预算工料机				
	编号	名称	自定消耗	调整结果	定额消耗
	1	人工		15.700	15.700
	9246	C50号泵送砼42.5水泥2c	0.000	0.000	10.400
	102	锯材		0.090	0.090
	182	型钢		0.028	0.028
	271	钢模板		0.060	0.060
	651	铁件		10.100	10.100
	833	42.5级水泥		0.000	5.762
	866	水		21.000	21.000
	899	中（粗）砂		0.000	5.510
	951	碎石（2cm）		0.000	6.860
	996	其它材料费		33.400	33.400
S	10009	C50普通商品混凝土2…	10.400	10.400	0.000
	1308	60㎥/h以内混凝土输送3		0.090	0.090
	1453	20t以内汽车式起重机		0.470	0.470
	1663	Φ100mm以内电动多级离		0.300	0.300

图 10.12　具体定额选择操作

替换完成后，水泥、中(粗)砂、碎石的消耗量自动调整为 0，水有部分用作养生，所以仍有消耗量。这里注意：取费类别选择构造物Ⅲ，在处理“工料机”预算

单价时，要确定购买的商品混凝土是到场价格还是需要运输。

(2)温馨提示。

当选择替换商品混凝土时，系统会自动弹出一个“询问”窗口(图 10.13)，提示先调整厚度，再替换商品混凝土。不需要调整厚度时，确定继续操作即可。

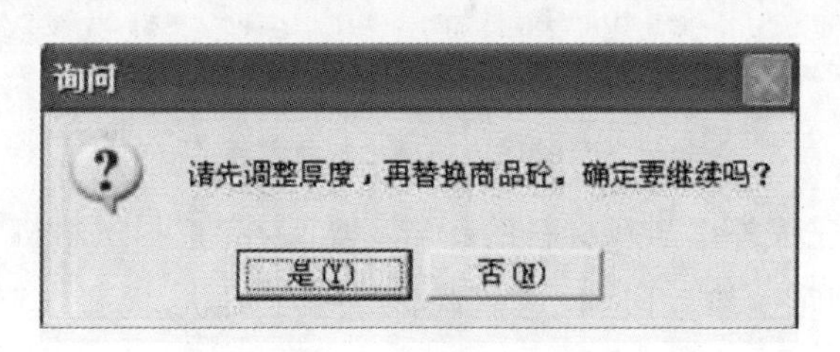

图 10.13　定额调整确定

例如，沥青路面可调油石比。新定额沥青路面是按一定的油石比编制的，当设计采用的油石比与定额不同时，可按设计油石比调整定额中的沥青用量。套用定额：2-2-11-1，点击“定额调整”→“工料机/混凝土”，在“自定油石比”中输入设计油石比，石油沥青的消耗量根据内置公式自动计算，见图 10.14。

工料机/砼　附注条件　辅助定额　稳定土　单价调整

预算工料机				
编号	名称	自定消耗	调整结果	定额消耗
1	人工		156.700	156.700
851	石油沥青	114.183	114.183	105.857
897	砂		296.660	296.660
949	矿粉		96.104	96.104
961	石屑		168.130	168.130
965	路面用碎石（1.5cm）		259.890	259.890

定额油石比	自定油石比
4.45	4.80001

图 10.14　自定油石比界面

由于定额中各类混凝土均未考虑外掺剂的费用，如设计需要添加外掺剂，可按设计要求另行计算外掺剂的费用，并适当调整定额中的水泥用量。

例如，粉剂 FDN-9000 缓凝高效减水剂，掺量为水泥的 0.3%，5000 元/t，掺后节约水泥 15%。输入定额：4-6-10-2，点击“定额调整”→“工料机/混凝土”，在工料机中右键选择增加工料机，在弹出的“选择工料机”窗口中点击新增工料机，再在弹出窗口中输入外掺剂的参数,见图 10.15。

新增工料机

提示:可从EXCEL成批复制材料,对绿化苗木、电缆、伸缩缝、支座等型号复杂的材料特别有用。 编号前缀 22 编号长度 6

	名称	型号规格	单位	定额价	类型	材料子类	毛重系数	一次装卸损耗率	场外运输损耗率	采购保管费率
1	粉剂FDN-9000缓凝高效减水剂	FDN-9000	t	5000	材料	一般材料	0.000000	0.00	0.00	0.00

图 10.15 新增工料机界面

点击确定,完成外掺剂新材料的新增。然后在“选择工料机”窗口中打钩选择这个外掺剂即可。然后回到“定额调整”→“工料机/混凝土”窗口中,根据要求,调整水泥和外掺剂的消耗量,见图 10.16。

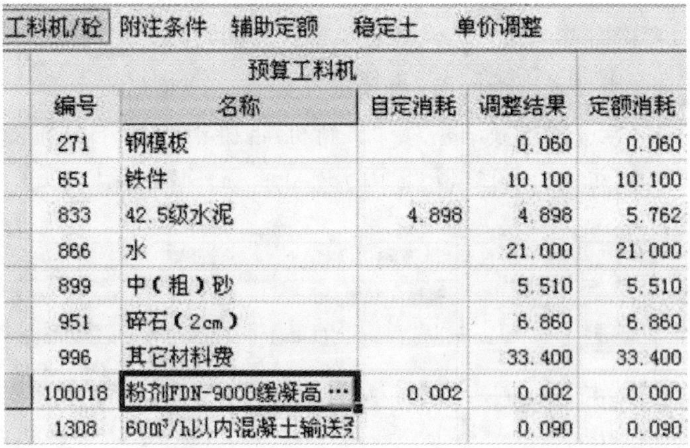

工料机/砼 附注条件 辅助定额 稳定土 单价调整

预算工料机				
编号	名称	自定消耗	调整结果	定额消耗
271	钢模板		0.060	0.060
651	铁件		10.100	10.100
833	42.5级水泥	4.898	4.898	5.762
866	水		21.000	21.000
899	中(粗)砂		5.510	5.510
951	碎石(2cm)		6.860	6.860
996	其它材料费		33.400	33.400
100018	粉剂FDN-9000缓凝高…	0.002	0.002	0.000
1308	60m³/h以内混凝土输送泵		0.090	0.090

图 10.16 预算工料机选择界面

(3)温馨提示。

外掺剂是作为一种独立的材料出现在工料机里,当需要调整它的预算单价时,直接修改即可,而且在定额调整窗口中所用到的外掺剂的单价也自动调整过来了。

5. 附注条件

纵横公路造价软件已经把预算定额书中的一些附注说明部分做成了选项,编制预算时,直接根据实际情况,在选项前面打钩选择即可。

例如,如何将“挖竹根”调整成“挖芦苇根”。输入定额:1-1-1-10,点击“定额调整”→“附注条件”→在下面的选项中打钩选择即可,人工消耗自动根据软件内

置公式乘以系数，见图 10.17。

工料机/砼　附注条件　辅助定额　稳定土　单价调整

	调整	条件	内容
1	☑	挖芦苇根	定额×0.73
2	☐	洞内用洞外项目	人、机、小型机具×1.2
3	☐	自定义系数	人工×1；材料×1；机械×

图 10.17　定额调整附注条件选择

又如，灌注桩根据不同的桩径选择调整系数。输入定额：4-4-5-43，当设计桩径与定额桩径不同时，可根据施工情况选择实际桩径。点击“附注条件”，选择实际桩径，在前面打钩选择即可，无须其他操作，定额自动乘以系数，单价自动计算，见图 10.18。

工料机/砼　附注条件　辅助定额　稳定土　单价调整

	调整	条件	内容
1	☐	桩径130cm以内	定额×0.94
2	☑	桩径140cm以内	定额×0.97
3	☐	洞内用洞外项目	人、机、小型机具×1.2
4	☐	自定义系数	人工×1；材料×1；机械×

图 10.18　施工情况选择实际桩径操作

（1）辅助定额。

辅助定额调整主要指调整定额的运距、厚度、钢绞线的束数、强夯夯击点次数等内容。

例如，调整“10 t 车运输 10.2 km 或者 10.3 km”。

输入定额：1-1-11-9，点击“定额调整”→“辅助定额”→输入实际值 10.2（10.3）km即可，软件自动选择辅助定额，定额名称自动变化，单价、金额自动计算，见 10.19。

定额项目“1-1-11 自卸汽车运土、石方”及“1-1-22 洒水汽车洒水”中，均按不同的运输距离综合考虑了施工便道的影响，考虑到运输距离越长，生产效率越低，因此，定额规定仅适用于平均运距在 15 km 以内的工程；当运距超过 15 km 时，应按工程所在地社会运输的有关规定计算运费。

关于运距，定额规定当运距超过第一个定额运距单位时，其运距尾数不足一个增运定额单位的半数时不计，超过半数时按一个增运定额运距单位计算。

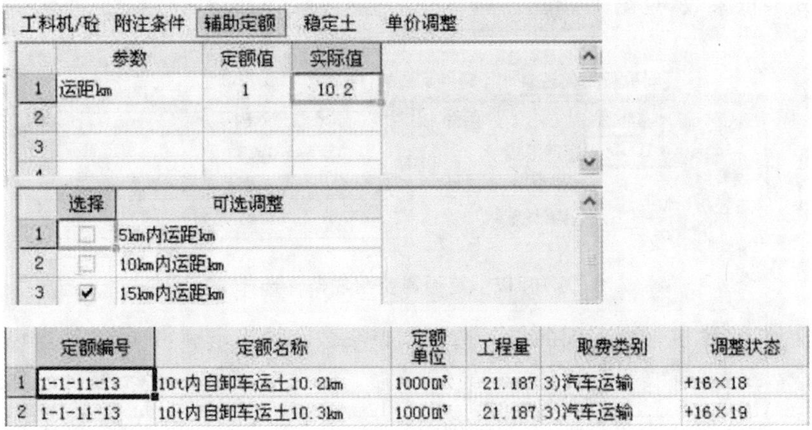

工料机/砼　附注条件　辅助定额　稳定土　单价调整

	参数	定额值	实际值
1	运距km	1	10.2
2			
3			

	选择	可选调整
1	☐	5km内运距km
2	☐	10km内运距km
3	☑	15km内运距km

	定额编号	定额名称	定额单位	工程量	取费类别	调整状态
1	1-1-11-13	10t内自卸车运土10.2km	1000m³	21.187	3)汽车运输	+16×18
2	1-1-11-13	10t内自卸车运土10.3km	1000m³	21.187	3)汽车运输	+16×19

图 10.19　辅助定额实际值输入操作

例如,平均运距为 10.2 km 时,套用第一个 1 km 和运距 15 km 以内的增运定额 18 个单位后,尾数为 0.2 km,不足一个增运定额单位(0.5 km)的半数(0.25 km),因此不计;当平均运距为 10.3 km 时,0.3 km 已经超过一个增运定额单位(0.5 km)的半数(0.25 km),因此计,增运单位则合计为 19 个。

使用增运定额时要注意两点:平均运距不扣减第一个 1 km;平均运距为整个距离内直接套用,不是分段套用。

例如,15 t 以内自卸汽车运输路基土方。平均运距为 10.2 km 时,定额台班数量:5.57+0.61×18=16.55(台班)。平均运距为 10.3 km 时,定额台班数量:5.57+0.61×19=17.16(台班)。而不是分段套用 5 km 以内、10 km 以内、15 km 以内的定额。

例如,调整水平泵送运距 150 m。

输入定额:4-2-8-18,点击“定额调整”→“辅助定额”→输入实际泵送距离 150 m 即可,人工、机械消耗量自动调整见图 10.20～图 10.21。

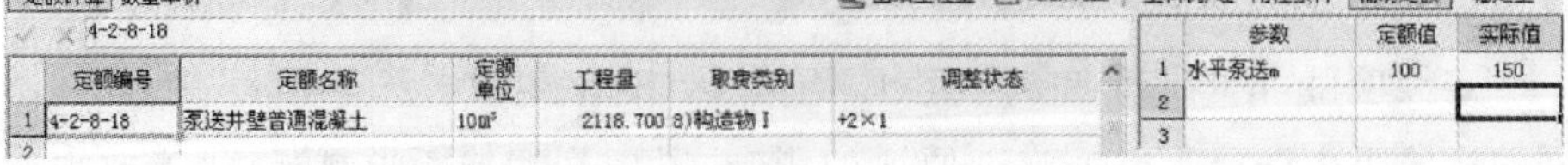

定额计算　数量单价　　图纸工程量　定额调整　工料机/砼　附注条件　辅助定额　稳定土

4-2-8-18

	定额编号	定额名称	定额单位	工程量	取费类别	调整状态
1	4-2-8-18	泵送井壁普通混凝土	10m³	2118.700	8)构造物Ⅰ	+2×1
2						

	参数	定额值	实际值
1	水平泵送m	100	150
2			
3			

图 10.20　辅助定额自动调整

(2)温馨提示。

定额中采用泵送混凝土的项目均已包含水平和向上垂直泵送所消耗的人工、机械,当水平泵送距离超过定额综合范围时,可按图 10.22 所示增列人工及

工料机/砼　附注条件　辅助定额　稳定土　单价调整

预算工料机				
编号	名称	自定消耗	调整结果	定额消耗
1	人工		1.727	1.600
9251	C20号泵送砼32.5水泥4c		10.400	10.400
832	32.5级水泥		3.380	3.380
866	水		19.000	19.000
899	中(粗)砂		6.140	6.140
952	碎石(4cm)		7.800	7.800
996	其它材料费		2.100	2.100
1316	60m³/h以内混凝土输送泵		0.098	0.080
1500	50kN以内单筒慢动电动卷		0.080	0.080

图 10.21　辅助定额自动调整

项目		定额综合的水平泵送距离/m	每100m³混凝土每增加水平距离50m增列数量	
			人工/工日	混凝土输送泵/台班
基础	灌注桩	100	1.55	0.27
	其他	100	1.27	0.18
上、下部构造		50	2.82	0.36
桥面铺装		250	2.82	0.36

图 10.22　增列人工及机械消耗量操作

机械消耗量。向上垂直泵送不得调整。

例如，钢绞线束数调整输入定额：4-7-20-15，点击“定额调整”→“辅助定额”→输入实际的钢绞线束数值即可，人工及钢绞线的消耗量自动调整过来，见图 10.23～图 10.24。

工料机/砼　附注条件　辅助定额　稳定土

	参数	定额值	实际值
1	束数	18.94	30.722
2			

图 10.23　辅助定额实际的钢绞线束数值输入

(4)稳定土。

一般调整稳定土的配合比，系数自动保持为 100%。

例如，调整水泥碎石配合比为 4∶96。

工料机/砼	附注条件	辅助定额	稳定土	单价调整

	预算工料机			
编号	名称	自定消耗	调整结果	定额消耗
1	人工		44.860	31.900
111	光圆钢筋		0.025	0.025
125	钢铰线		1.040	1.040
151	波纹管钢带		0.108	0.108
231	电焊条		0.400	0.400
572	钢绞线群锚（3孔）		62.060	38.260
656	20~22号铁丝		0.900	0.900
832	32.5级水泥		0.243	0.243
996	其它材料费		39.700	39.700
1349	油泵、千斤顶各1钢绞线		6.494	4.020
1352	含钢带点焊机波纹管卷制		0.560	0.560

图 10.24　钢绞线束数调整操作

输入定额:2-1-7-5,在稳定土处输入实际配合比即可。切换到“工料机/混凝土”,可以看到,水泥、碎石消耗量自动换算,无须其他任何操作,见图 10.25。

工料机/砼	附注条件	辅助定额	稳定土	单价调整

	材料编号	材料名称	定额配合比	调整配合比
1	832	32.5级水泥	5	4
2	958	碎石	95	96
3				

图 10.25　调整稳定土的配合比

又如,调整稳定土配合比。

输入定额:2-1-4-21,点击“定额调整”→“稳定土”,输入实际配合比即可,生石灰、粉煤灰、碎石消耗量自动调整,见图 10.26。

工料机/砼	附注条件	辅助定额	稳定土	单价调整

	材料编号	材料名称	定额配合比	调整配合比
1	958	碎石	80	85
2	891	生石灰	5	4
3	945	粉煤灰	15	11

图 10.26　调整稳定土配合比入定额

(5)单价调整。

需要进行个别人工、材料单价调整时,点击“定额调整”→“单价调整”→在相应

的工、料处直接输入单价即可，见图 10.27。此单价调整只对本条定额起作用。

工料机/砼　附注条件　辅助定额　稳定土　单价调整

编号	名称	定额价	预算价	单价调整
1	人工	49.20	43.15	
9101	M5水泥砂浆	0.00	0.00	
9103	M10水泥砂浆	0.00	0.00	
832	32.5级水泥	320.00	320.00	
866	水	0.50	0.50	
899	中（粗）砂	60.00	78.80	
981	块石	85.00	110.00	110.00
996	其它材料费	1.00	1.00	
1999	基价	1.00	1.00	

图 10.27　定额单价调整操作

(6)自动统计“混凝土需计拌和量”。

在造价书界面点右键，选择“混凝土需计拌和量”，即可弹出“混凝土合计”小窗口。在小窗口中可以查看混凝土的相关统计信息。点击“桥梁、涵洞”，则统计的是桥梁、涵洞中各分项混凝土量的总和，见图 10.28。可以单独设一个拌运的分项，点击“填写工程量”将该总量集中填入拌运定额。

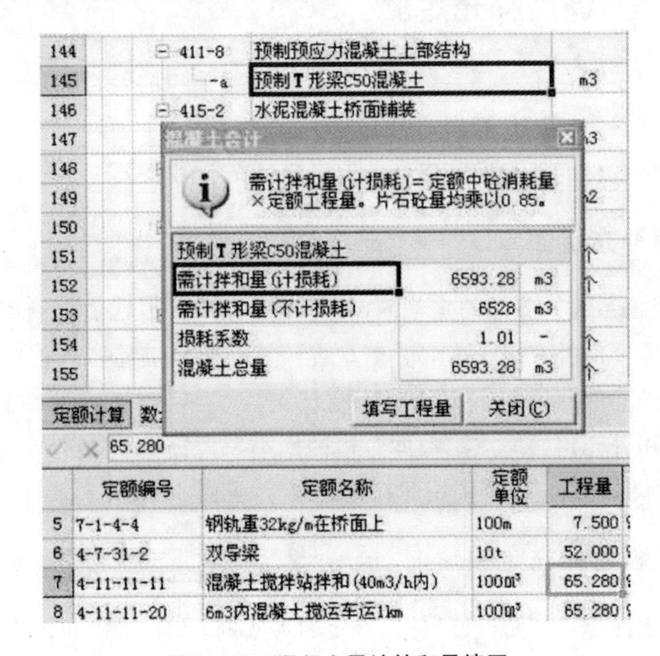

图 10.28　混凝土需计拌和量填写

选择“预制预应力混凝土上部结构”→“预制 T 形梁 C50 混凝土”，统计混凝土量，并把混凝土量填写到定额 4-11-11-11 和 4-11-11-20 中，点击“填写工程量”，则系统将计损耗的需计拌和量自动填写到这两条定额的工程量上，见图 10.29。

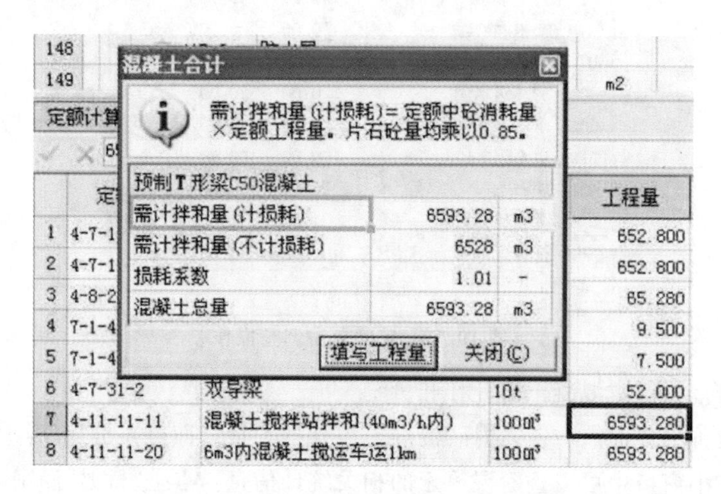

图 10.29　预制预应力混凝土上部结构填写

10.1.5　调用补充定额

纵横公路工程造价管理系统已包罗近年公路工程的大量新工艺定额，内容全面涵盖各省路基、路面、隧道、桥梁、防护、绿化、交通工程。在这里，主要介绍如何调用其他省份的补充定额库及如何新建补充定额。

1. 调用补充定额库

首先，点击系统主界面的定额库(黄色小图标)，点击增加定额库，在弹出的窗口中选择需要的补充定额库，如“广东省预算补充定额库”，点击“打开”→“确定”即可，见图 10.30。

然后调用补充定额库点定额库旁边的倒小三角选中“广东省预算补充定额(2004 新工料机代号)”即可调用此补充定额库，见图 10.31。

2. 如何新建补充定额

在纵横软件里，以“防抛网”的补充定额为实例，具体讲解如果建立补充定额及调用补充定额的操作。防抛网的补充定额数据见表 10.1。

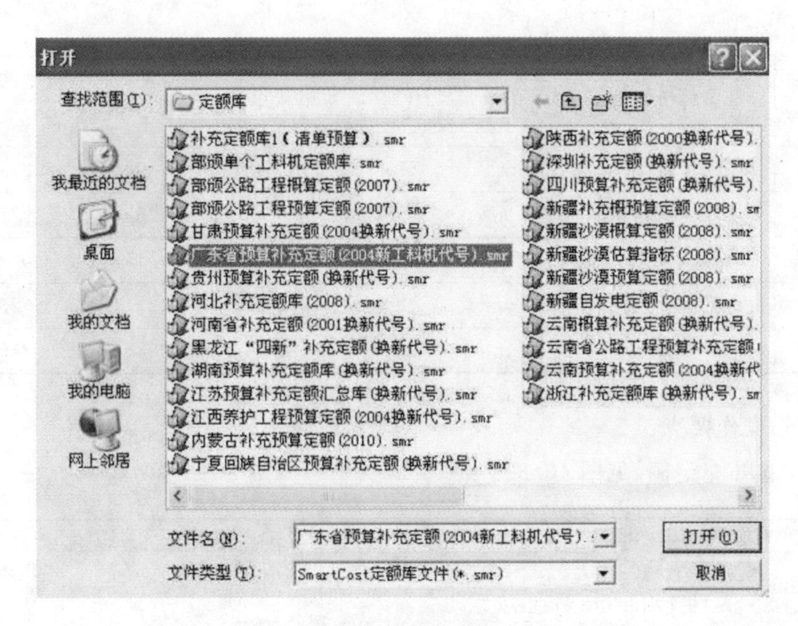

图 10.30　增加定额库操作

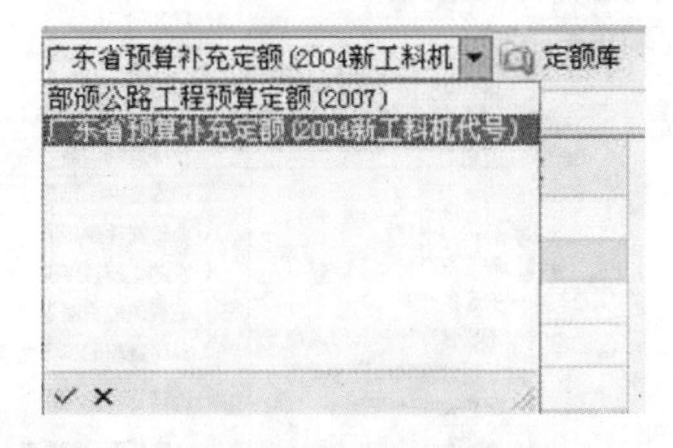

图 10.31　补充定额库调用

表 10.1　防抛网补充定额数据　　50 m

序号	工料机名称	单位	代号	工料机单价	防抛网(一)	防抛网(二)
					1	2
1	人工	工日	1	49.2	5.3	4
2	钢丝	kg	131	4.97	33.9	33.9
3	钢管	t	191	5610	0.124	0.155
4	螺栓	kg	240	10.65	42.931	1.131
5	膨胀螺栓	套	242	3.3	120	—

续表

序号	工料机名称	单位	代号	工料机单价	防抛网(一)	防抛网(二)
					1	2
6	铁丝编制网	m^2	693	18.84	99	82.5
7	其他材料费	元	996	1	28	25
8	4 t以内载货汽车	台班	1372	293.84	0.15	0.15
9	小型机具使用费	元	1998	1	23	23
10	基价	元	1999	1	3938	2893

(1)操作要点。

建立补充定额,见图 10.32。

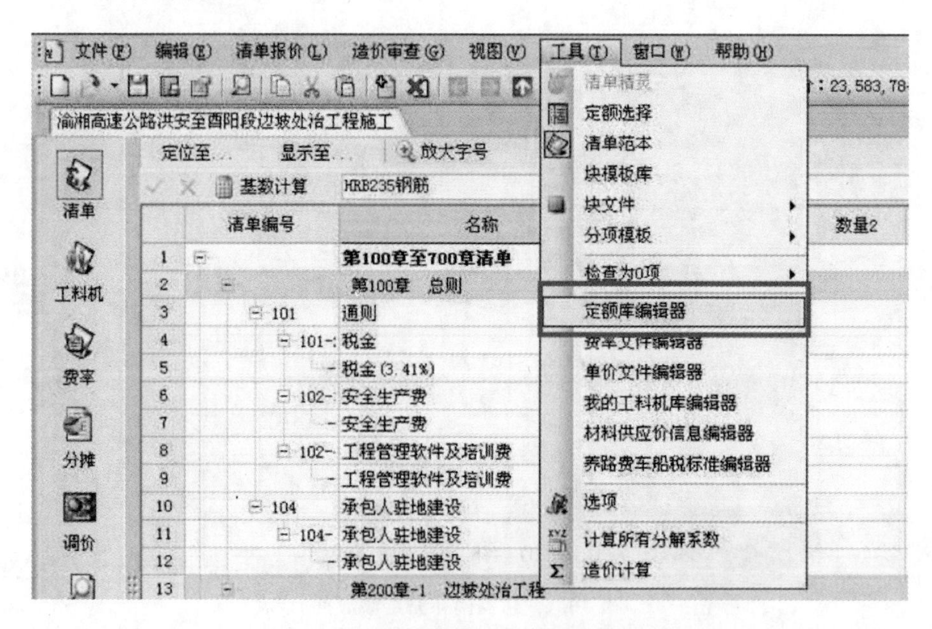

图 10.32 建立补充定额操作

进入下一界面,见图 10.33。

新建什么定额就选什么定额库,比如这里方框是预算补充定额(2007)。在这里,建立一个预算的补充定额,选中并确定,即可进行下一步操作。

由于新建定额是属于“其他工程及沿线设施”的,定位到此,然后在右边的窗口中输入编号、名称、单位,如图 10.34 所示。

建立好补充定额项后,接着就开始在下边窗口中添加工料机,对此定额进行组价,确定该补充定额的基价,如图 10.35 所示。

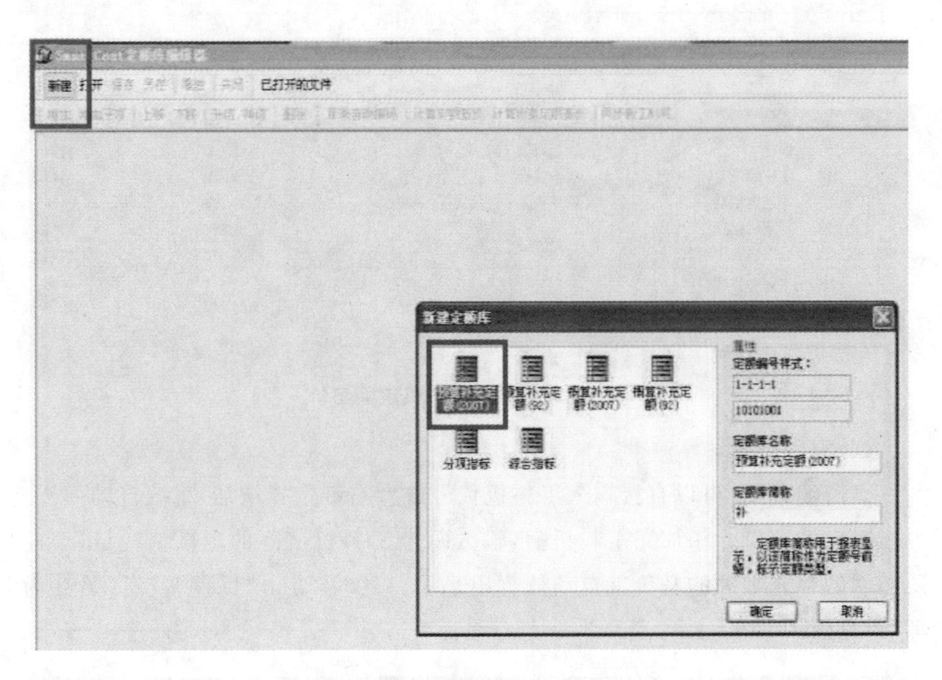

图 10.33　新建预算补充定额

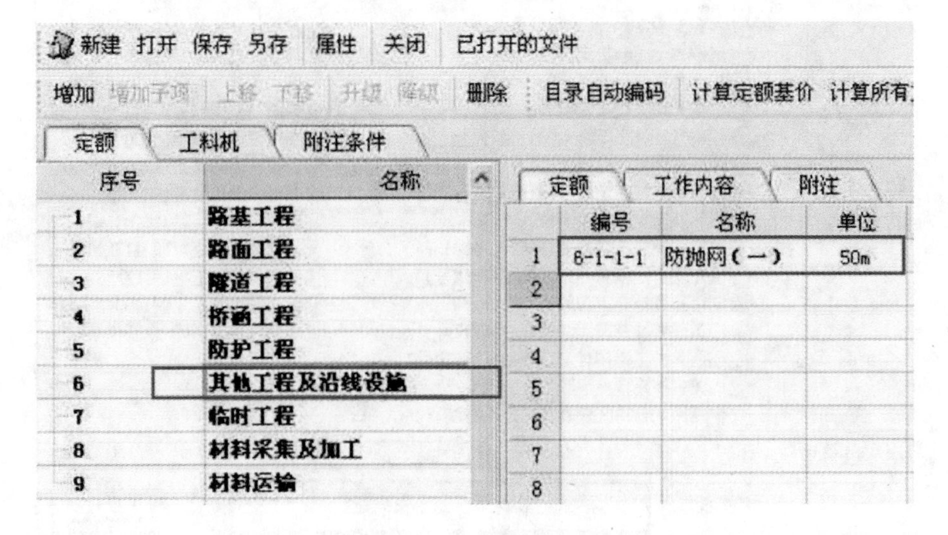

图 10.34　补充定额库选择

工料机 | 辅助定额调整 | 附注条件调整 | 稳定土配合比

	编码	名称	型号规格	单位	定额单价	定额消耗	主材	新材料	类型
1	1	人工		工日	49.2	5.300	□	□	人工
2	131	钢丝	φ5mm以内	kg	4.97	33.900	□	□	材料
3	191	钢管	无缝钢管	t	5610	0.124	□	□	材料
4	240	螺栓	混合规格	kg	10.65	42.931	□	□	材料
5	242	膨胀螺栓	混合规格	套	3.3	120.000	□	□	材料
6	693	铁丝编制网	镀锌铁丝(包括加强	m²	18.84	99.000	□	□	材料
7	996	其它材料费		元	1	28.000	□	□	材料
8	1372	4t以内载货汽车	CA10B	台班	293.84	0.150	□	□	机械
9	1998	小型机具使用费		元	1	23.000	□	□	机械
10	1999	基价		元	1	3938.000	□	□	基价
11									

图 10.35　添加工料机定额组价

(3)温馨提示。

点击编码列,可以直接输入工料机代号或者右键选择增加,系统自动弹出选择工料机的窗口。添加完工料机后,输入每个工料机实际的定额消耗量,至此,防抛网的补充定额的基价就自动计算出来了。这时,点击“保存”或者“另存为”即可,见图 10.36。

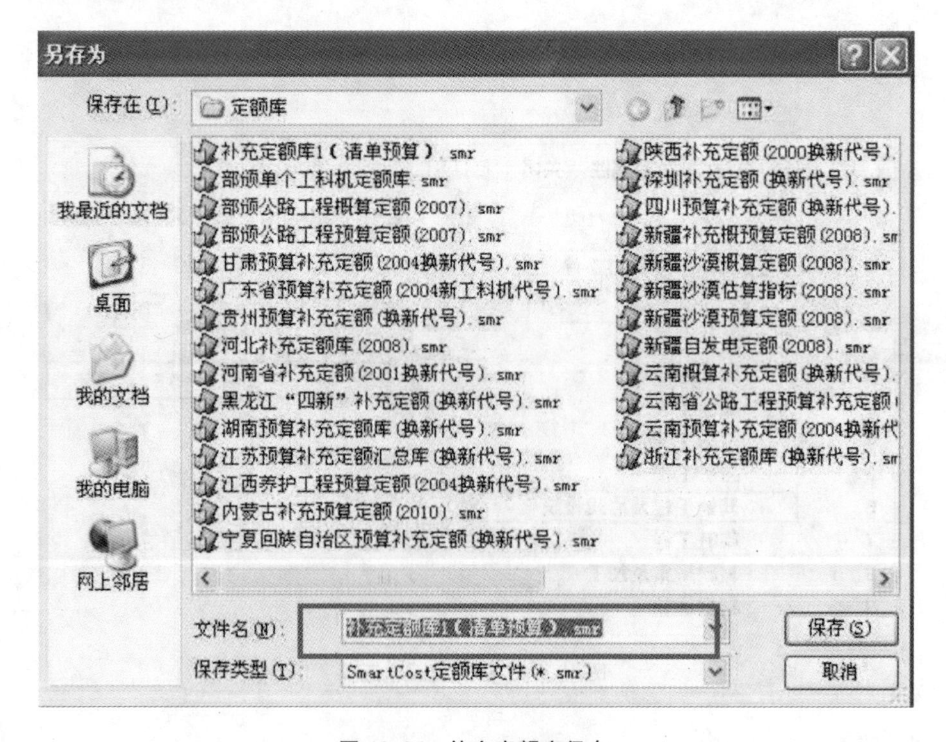

图 10.36　补充定额库保存

调用该补充定额，见先点击“定额库”，先把刚才的补充定额增加到定额库中，见图 10.37。

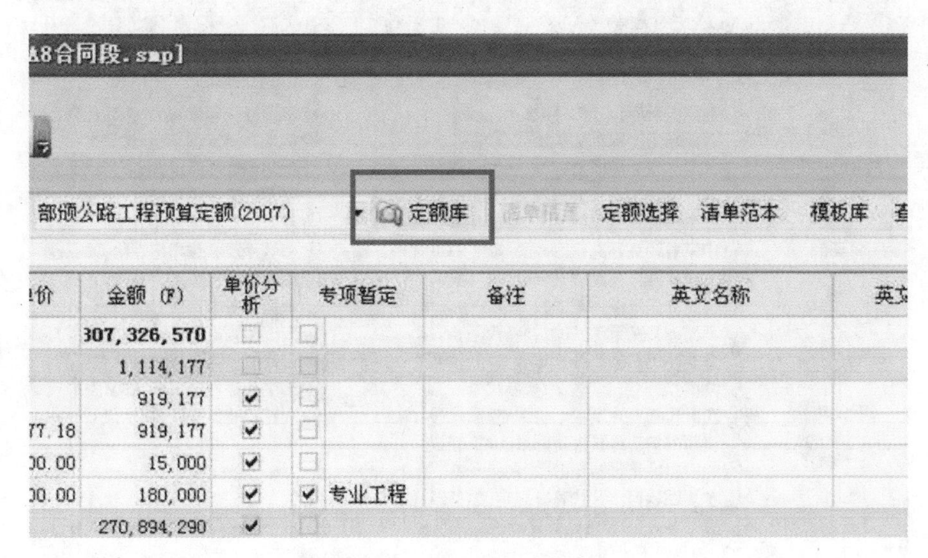

图 10.37　增加补充定额操作

接着，在弹出的对话框里面点击“增加定额库”，见图 10.38。

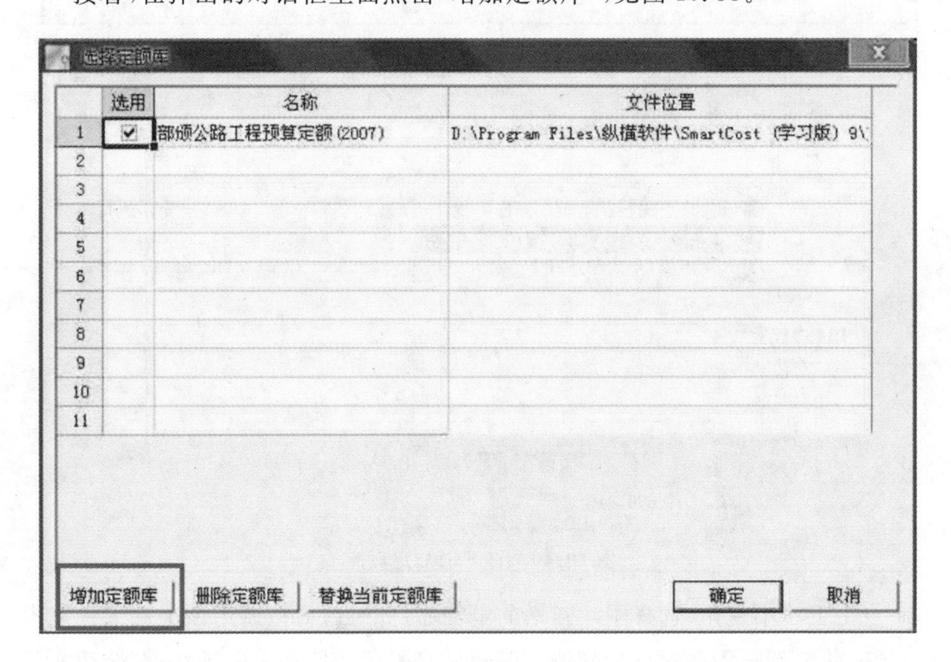

图 10.38　增加定额库

进入下一个界面，见图 10.39。

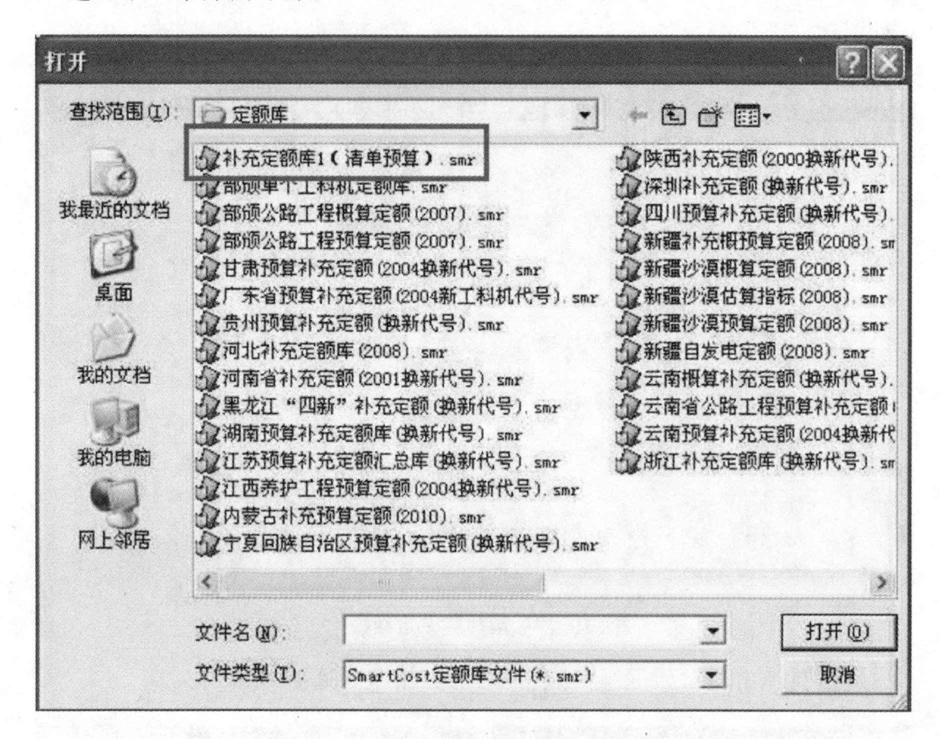

图 10.39　选择增加定额库

选择需要的定额，点击打开，见图 10.40。

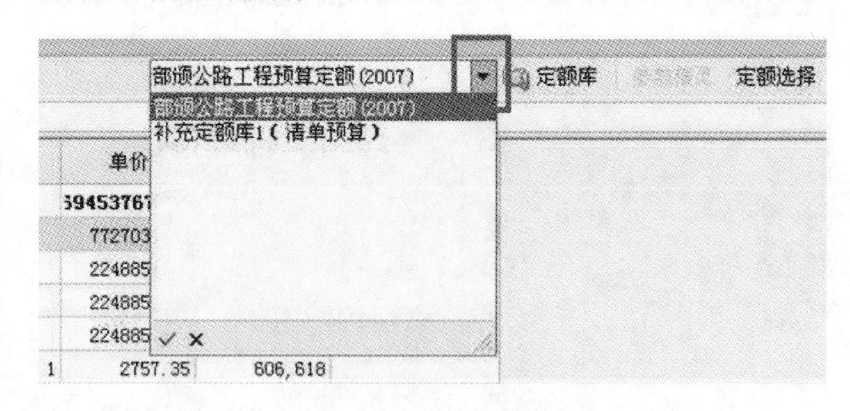

图 10.40　打开增加定额库

点击下拉小三角，选择刚才新增的定额库，此时就可以调用该定额了。双击该定额，此定额则添加到指定额清单下面。当不用调用补充定额时，直接切换回部颁公路工程预算定额库即可。

(4)处理第二、三部分费用。

第二、三部分费用是指设备及工、器具购置费和工程建设其他费,在这里主要通过基数计算和数量单价的方式确定费用。

点击项目表"金额"栏,出现图标,点击该图标,弹出"表达式编辑器"(图 10.41),在表达式窗口中输入计算公式即可。

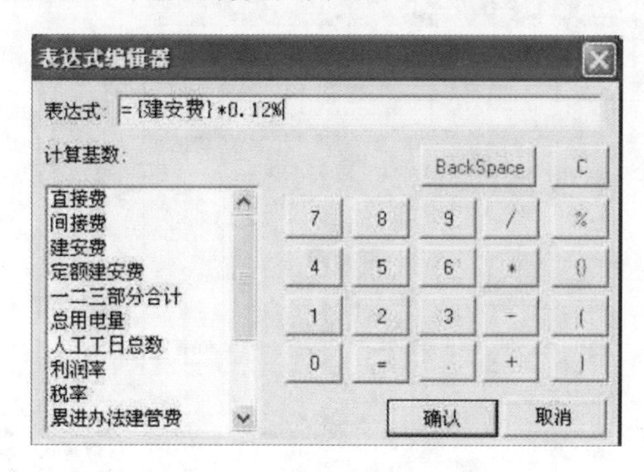

图 10.41　表达式编辑器界面

(5)操作提示。

方法 1:直接在金额列输入实际值(数量单价)。

方法 2:单击金额列,打开表达式编辑器输入(基数计算)。

例如,通过基数"计算办公和生活用家具购置费",见图 10.42。

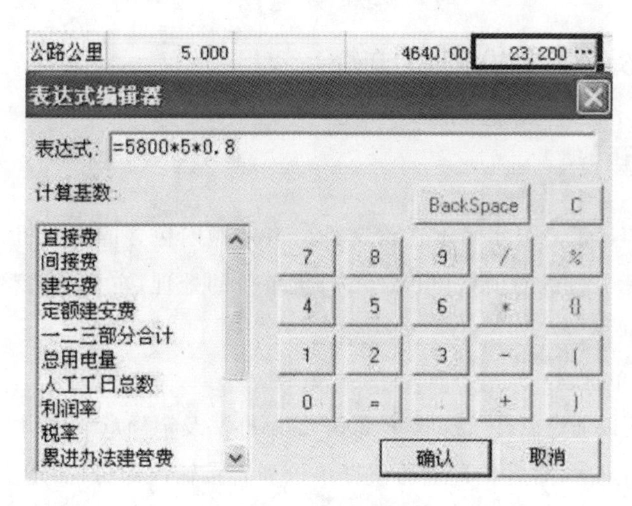

图 10.42　基数计算操作界面

计算“建设期贷款利息”操作要点如下。

选中建设期贷款利息分项，点击右键选择“建设期贷款利息”，弹出对话框。输入计息年后回车，再输入贷款额和利息数据，点生成项目表即可。系统自动生成贷款利息明细单，见图 10.43。

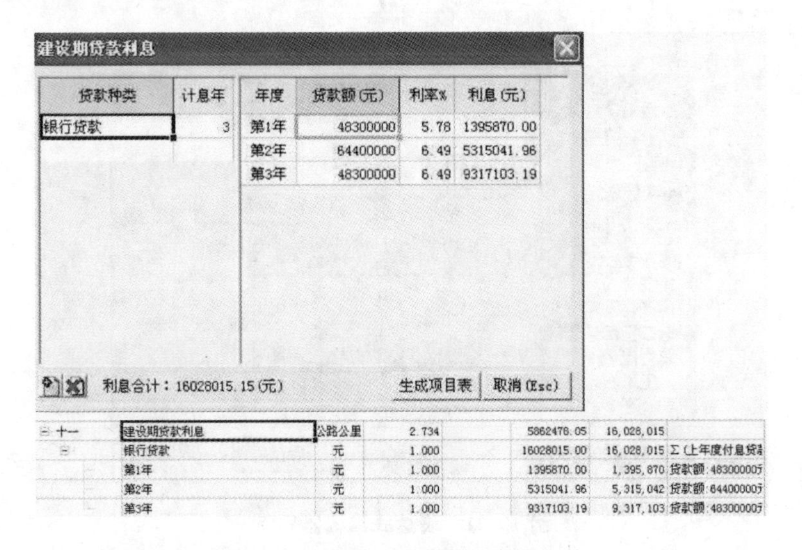

图 10.43　自动生成贷款利息明细单

工程质量监督费、工程定额测定费已经取消。施工机构迁移费、供电贴费、固定资产投资方向调节费目前已不计。价差预备费近年来未发布工程造价增长率，故也不计。

10.1.6　工料机预算单价

1. 操作要点

工料机窗口汇总显示了本造价文件所有定额内包含的工料机，可以直接在此修改或计算工料机的预算单价。工料机单价的处理，主要是调整人工、机械、材料的预算单价。

(1)人工单价。

在这里可以通过软件“帮助”→“2008 编制办法及定额章节说明”，查看各省的补充编办。确定后，然后在人工的预算单价列直接输入即可，如重庆二类地区为 43.15 元，输入后变成白色，表示修改了，没有修改的是蓝色的，见图 10.44。

编号	名称	单位	消耗量	定额单价	预算单价	规格	主材
1	人工	工日	69863.000	49.20	43.15		✔
2	机械工	工日	5220.500	49.20	43.15		✔
101	原木	m³	0.000	1120.00	1120.00	混合规格	✔

图 10.44　编制办法及定额章节说明选择

如果机械工跟人工一样，直接输入即可。人工费单价仅作为编制概预算的依据，不作为施工企业实发工资的依据。

(2)材料单价。

材料的预算价是指材料到工地仓库的价格，不是材料的出厂价格，也不是市场价格。如果知道材料预算价，直接在预算单价处输入修改即可。部分材料预算单价见表 10.2。

表 10.2　材料预算单价

名称	单位	预算单价/元	名称	单位	预算单价/元
光圆钢筋	t	3900.00	汽油	kg	8.5
带肋钢筋	t	4000.00	柴油	kg	7.8

2. 知识扩展

(1)材料预算价由原价、运费、场外损耗费、采购及保管费组成。

材料预算价＝(原价＋运费)×(1＋场外运输损耗率)×(1＋采购及保管费率)　(10.1)

其中

运费＝(运距×运价＋装卸费＋杂费)×单位重量×毛重系数　(10.2)

原价又叫供应价、购买价、出厂价，对自采材料而言，叫料场价。

(2)运费计算操作要点：①添加计算材料，双击或右键即可添加需计算材料，同时还可成批添加计算材料；②运费计算，对用公式计算运费的运输，点击“运费计算”，逐个输入数据计算运费，确定单位运费，然后再直接输入原价即可完成工料机预算单价的计算，见图 10.45。

如有相同起讫地点，可先保存讫点数据，再直接调用即可，也可成批添加材料的起讫点数据。

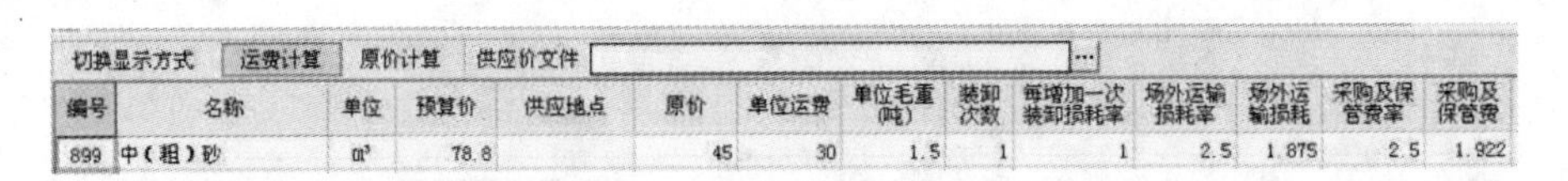

编号	名称	单位	预算价	供应地点	原价	单位运费	单位毛重(吨)	装卸次数	每增加一次装卸损耗率	场外运输损耗率	场外运输损耗	采购及保管费率	采购及保管费
899	中(粗)砂	m³	78.8		45	30	1.5	1	1	2.5	1.875	2.5	1.922

图 10.45　运费计算操作界面

(3)自采材料原价计算。

①在运费计算窗口中,应先输入起讫地点,选择自办运输,再在“定额编号”栏选定额确定运费。

②在原价计算窗口中,应先输入供应地点,再在“定额编号”选定额,输入数量和选择高原取费类别即可确定工料机供应价,即单位运费。

通过上面两步的操作,软件即可自动计算出自采材料的预算单价。

3. 机械单价

施工机械台班单价由不变费用和可变费用组成。不变费用一般不允许修改,可变费用在材料计算中确定机械工单价、动力燃料单价,机械费用自动计算。当人工、机械工单价和一些材料的预算价修改完以后,机械单价自动进行单价分析。切换到“机械单价”窗口。在这里注意一点,养路费已被折算到油价中,所以在软件里应选择不含养路费的标准即可,见图 10.46。

图 10.46　养路费车船税标准选择

打开“养路费车船税标准”库,选择“确定”即可。

10.1.7　预览、打印、输出报表

确定“量、价、费”后,就可以看到输出报表。

点击左侧导航按钮“报表”图标,打开报表界面,需要哪张报表,可以直接预览、打印、输出报表,或导出 PDF,Excel 格式,且 A3、A4 大小自由切换,同时还可对报表进行格式设置,如纸张、页面和格式。选择“文件”→“导出”→“成批导出建设项目”,可以把整个建设项目的项目文件、单价文件和费率文件统一压缩在一个 SBP 文件里,可以直接通过 U 盘复制,导入另一个电脑,即可打开建设项目。有关操作如图 10.47 所示。

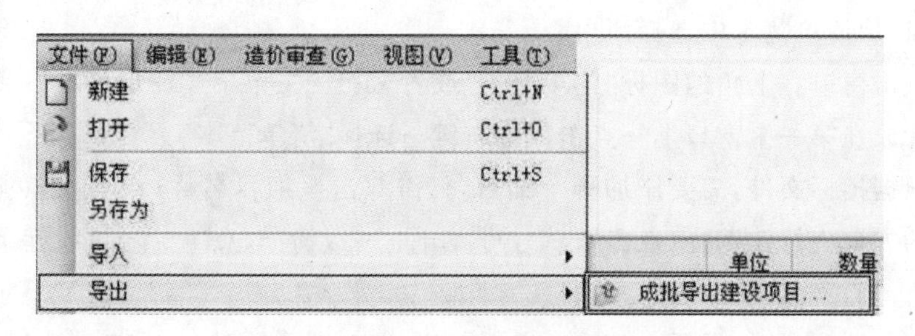

图 10.47　输出报表操作

10.1.8　纵横 SmartCost 编制标底

1. 概述

纵横 SmartCost 招投标版，一般为施工单位和业主使用，进行公路工程项目招标，清单报价、单价审核、单价变更、标底等。招投标版本和概预算版本的开发依据不同，因此在软件中有某些按钮的名称也有所不同，比如标底版的“清单”，进行“清单”添加时则点击“清单范本”，在概预算里就是“项目表”。但在总体结构上，标底版操作主要是比概预算多了一个“分摊”和“调价”。

2. 编制标底的操作流程

(1)新建项目。

(2)填写完善项目属性。

(3)输入费率计算参数，自动生成费率。

(4)造价书。

(5)工料机处理。

(6)分摊与调价。

(7)预览、打印、输出报表。

标底版和概预算版的操作流程基本相同，主要不同在于标底版比概预算版多了分摊与调价的功能，因此在下面的叙述中，不按照上面的操作流程作详细的论述，主要介绍建立清单、分摊与调价部分，其他操作请参考第 3 章。

1)建立清单

常用的建立标底版的工程量清单，主要有 3 种方法。

(1)从清单范本中选择清单。

点击窗口右上角的图标“清单范本”或者“工具”主菜单/“清单范本”,又或者把光标放在第一个窗口上→点击鼠标右键→选择“清单范本”。

根据招标文件,需要添加哪个细目,只需双击该细目名称;或者在该项目编号前的方框内打钩选择(点击“+”号可展开下一级清单,点“−”号可收起下一级清单)。

当勾选父项时,子项全部自动选择;当勾选个别子项时,父项自动选择。

若添加的项目有误,可立即在视窗中点击鼠标右键或快捷键删除即可。

应查看结构层次是否正确,若从范本中选出的清单与招标文件范本的层次及排序不一致,可调整次序,通过工具栏上(或鼠标右键)的←(降级)、→(升级)、↑(上移)、↓(下移)图标来调整层次结构。

(2)手动录入清单。

若个别细目在清单范本中,可用“插入”按钮一行一行添加新清单,输入编号及名称。如311-1-b、311-1-c需要手工录入。若招标文件所列工程量清单与“清单范本”相差较大,宜根据招标文件的工程量清单逐项录入,如分别录入章、分项、清单细目(建议使用Excel录入清单,再复制到系统中)。

(3)在Excel中预先录入,再复制粘贴或导入系统中。

在纵横公路造价软件中,建议使用Excel录入清单。在这里,一般可以先让打字员按招标文件清单格式录入Excel中。先通过软件“帮助”→“清单示例”,打开这个清单示例,见图10.48。

当录入清单时,要注意几点。

①无须录入表头(即无须录入“编号、名称、单位、工程量”行)。

②无须在行与行之间、章与章之间留空行。

③当清单项目单位为m^2、m^3时,只需输入m2、m3即可,系统自动转换。

通过复制,切换到系统界面中,粘贴或者“文件”→“导入”→导入“清单”。

3. 分摊

分摊的目的在于将工程量清单中没有单独开列而在实际施工过程中必须发生的合理费用,分摊到“多个”相关清单项目内。常见的分摊项目有“拌和站建设费”“弃土场建设费”等。

为使输出报表更合理,建议使用数量单价方式分摊,避免采用定额计算类分摊。

	清单编号	名称	单位	数量	综合单价	金额（F）	单价分析	专项暂定	备注
1		第100章至700章清单				0			
2	-	清单 第100章　总则		0.000		0			
3	101-1	保险费		0.000		0			
4	-a	按合同条款规定；提供建筑工程一切	总 额	1.000	0.00	0			
5	-b	按合同条款规定，提供第三方责任险	总 额	1.000	0.00	0			
6	102-4	工程管理软件及培训费	总 额	1.000	0.00	0			
7	-	清单 第200章　路基		0.000		0			
8	202-1	清理与掘除		0.000		0			
9	-a	清理现场	m2	23518.000	0.00	0			
10	203-1	路基挖方		0.000		0			
11	-a	挖土方	m3	21187.000	0.00	0			
12	208-2	浆砌片石护坡		0.000		0			
13	-a	M7.5浆砌片石	m3	3730.000	0.00	0			
14	-b	Φ50PVC管	m	5.000	0.00	0			
15	-	清单 第300章　路　面		0.000		0			
16	306-1	级配碎石底基层		0.000		0			
17	-a	厚150mm	m2	5100.000	0.00	0			
18	-b	厚200mm	m2	2267.000	0.00	0			
19	312-1	水泥混凝土面板		0.000		0			
20	-b	厚220mm（混凝土弯拉强度5.0Mpa）	m2	4400.000	0.00	0			
21	-	清单 第400章　桥梁、涵洞		0.000		0			
22	401-1	桥梁荷载试验		0.000		0			
23	-a	桥梁荷载试验（暂定金额）	总 额	1.000	0.00	0			
24	403-1	基础钢筋（包括灌注桩、承台、沉桩、		0.000		0			
25	-a	光圆钢筋（I级）	kg	51295.000	0.00	0			
26	-b	带肋钢筋（HRB335、HRB400）	kg	932271.000	0.00	0			

图10.48　Excel导入清单操作

1)基本操作

例如,将一座混凝土拌和站(金额150000元)分摊到路面的306-1和312-1的两个相关分项清单。

(1)建立分摊项目。

点击左侧工具栏上的分摊图标分摊,切换到分摊窗口。然后在窗口1输入分摊项名称:混凝土拌和站。在窗口2中确定分摊项金额:点击“数量单价”,输入内容如图10.49、图10.50所示。

执行分摊　　取消分摊　　取消所有分摊

	名称	单位	数量	单价	金额
1	混凝土拌和站	总额	1	150000	150000
2					

图10.49　建立分摊项目

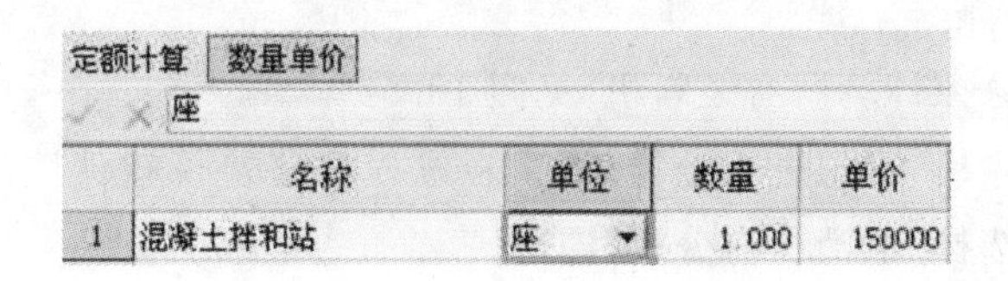
定额计算　数量单价

座

	名称	单位	数量	单价
1	混凝土拌和站	座	1.000	150000

图10.50　新建分摊项目操作

(2)执行分摊。

点击窗口左上角的“执行分摊”,在弹出的窗口中“选择”列勾选参与费用分摊的清单细目,再选择“按混凝土用量分摊”或“按清单金额分摊”等分摊方式。在本例中,我们选择“按混凝土用量分摊”的分摊方式,见图 10.51。

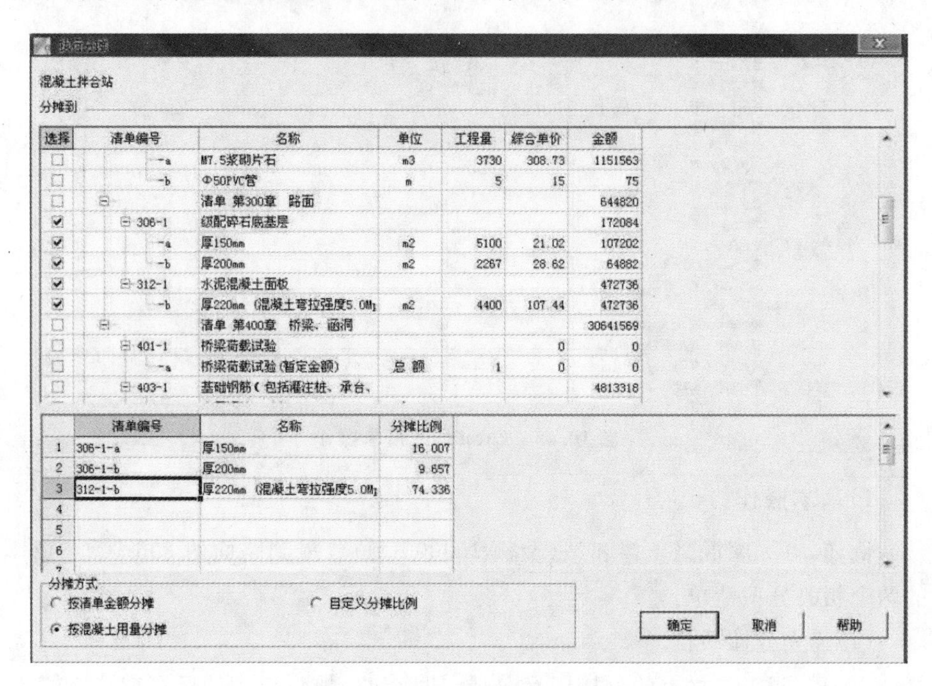

图 10.51　执行分摊操作界面

(3)查看分摊结果。

执行分摊后,可以切换到主窗口,找到分摊的清单分项,查看路面清单的“数量单价”窗口即可看到分摊结果。分摊项在清单或者报表里,是作为一项独立的费用出现的。建立分摊项时,是以数量乘以单价的方式建立的,因此分摊结果显示在相应清单的“数量单价”窗口中。同理,若分摊项是以多条定额建立计算的,分摊结果将放置于“定额计算”窗口中。

(4)取消分摊。

取消所有分摊计算所有工料机,见图 10.52。

若执行分摊后,不想进行分摊,那么在纵横公路造价软件里,点击菜单栏的“清单报价”→选择“取消所有分摊”即可。

2)补充说明

从上面的结果可见,分摊实际是对分摊项目的工程量按比例进行分配,一个

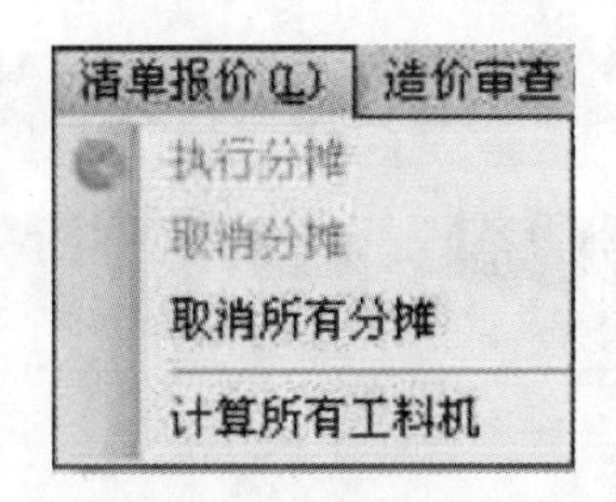

图 10.52　清单报价操作界面

分摊项目会按比例分成 3 部分(或多部分),每部分独立放在主窗口的数量单价(或定额计算)窗口中,组成各自清单的单价。这样,将来在输出单价分析表时,就可与原清单套用的定额计算组成一个完整的单价分析表。因此,这种分摊原理,在单价分析表中可以清晰显示包含分摊项目的单价组合,而不仅仅是将分摊项作为金额列出,利于招标人、投标人进行单价分析。

(1)调价。

调价是纵横 SmartCost 重要的特色功能。调价是工程量清单后处理的主要内容,也是标底编制的最后工序,最终能否中标,很大程度上取决于此。可自由选择调价范围、调价方式、调消耗量、调费率、调工料机单价。应具备调价前、调价后两套报表(所有报表数据均为两套)。

①基本操作。

调价的基本操作,主要根据初始化/恢复、成批调整消耗费率/单价调整功能进行,在此基础上,还可以进行微调调价。

点击左侧工具栏上的调价按钮,切换到调价窗口。点击“初始化/恢复”,从主界面调用原始数据。选择调价范围,在左边第一列内勾选路基;点击“调整工料机”,在人工、材料、机械方框内分别输入系数,点击“确定”,见图 10.53。

如有需要,也可以选择“费率/单价”调整系数,操作亦然。

点击“调价计算”,即可观察到调价前和调价后单价金额的变化,见图 10.54。

同时,也可以对某些分项清单进行微调,直接调整“人工、材料、机械”的系数,点击“调价计算”即可。

“初始化/恢复”的作用是重新调用原始计算数据,一键取消全部调价操作。若在清单主界面内修改了计算数据,重新回到调价窗口时,应点“初始化/恢复”,以取得修改后的原始数据。

在调整材料系数时,应慎重,以免出现不合理的现象,如混凝土的定额消耗单位为 10 m^3,定额消耗量一般为 10.2 m^3,若材料统一乘以系数 0.9 后,则出现

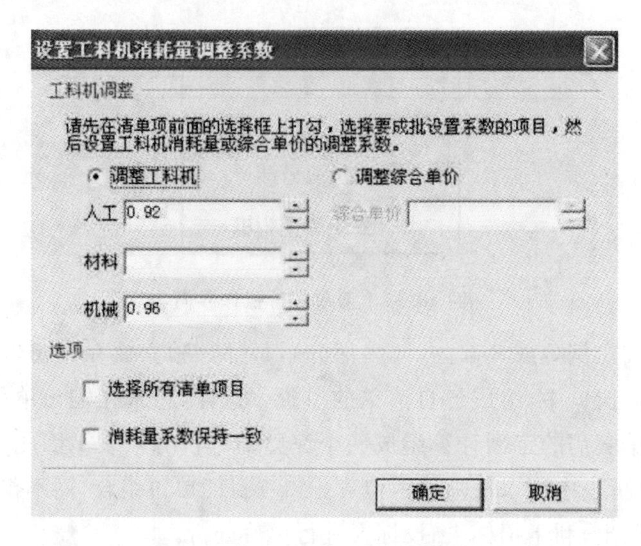

图 10.53 调整工料机消耗量操作

✔	-	清单 第200章 路基				16,125,913	0.00	15,544,308	0.92		0.96	☐
✔	⊟ 202-1	清理与掘除				39,745	0.00	38,099	0.92		0.96	☐
✔	-a	清理现场、砍树、挖根等	m2	23518.000	1.69	39,745	1.62	38,099	0.92		0.96	☐
✔	⊟ 203-1	路基挖方				4,848,484	0.00	4,641,203	0.92		0.96	☐
✔	-a	挖土石方	m3	188437.000	25.73	4,848,484	24.63	4,641,203	0.92		0.96	☐
✔	⊟ 204-1	路基填筑(包括填前压实)				1,523,031	0.00	1,429,030	0.92		0.96	☐
✔	-a	路基填方(填石)	m3	86793.000	14.39	1,248,951	13.44	1,166,498	0.92		0.96	☐
✔	-g	结构物台背回填	m3	2984.000	91.85	274,080	87.98	262,532	0.92		0.96	☐
✔	⊟ 205-7	崩塌岩堆处理				32,830	0.00	30,540	0.92		0.96	☐
✔	-a	清除危岩	m3	348.000	94.34	32,830	87.76	30,540	0.92		0.96	☐
✔	⊟ 205-10	高路堤加筋处理				385,737	0.00	380,552	0.92		0.96	☐
✔	-b	双向钢塑格栅(50kN/m)	m2	10412.000	18.71	194,809	18.45	192,101	0.92		0.96	☐
✔	-c	光圆钢筋	kg	121.000	5.81	703	5.74	695	0.92		0.96	☐
✔	-d	双向钢塑格栅(80kN/m)	m2	9497.000	20.03	190,225	19.77	187,756	0.92		0.96	☐
✔	⊟ 207-1	边沟				148,780	0.00	144,171	0.92		0.96	✔
✔	-b	C20混凝土现浇	m3	73.000	627.23	45,788	598.38	43,682	0.92		0.96	✔
✔	-c	M7.5浆砌片石	m3	301.000	293.72	88,410	286.07	86,107	0.92		0.96	✔
✔	-j	安装C30预制混凝土边沟	m3	20.000	141.10	2,822	131.10	2,622	0.92		0.96	✔
✔	-k	小型预制构件(路基边沟)(暂定	总额	1.000	11760.00	11,760	11760.00	11,760	0.92		0.96	✔
✔	⊟ 207-2	排水沟				1,037,079	0.00	991,133	0.92		0.96	☐
✔	-a	M7.5浆砌片石	m3	118.000	273.78	32,306	267.71	31,590	0.92		0.96	☐
✔	-b	C25混凝土现浇	m3	1540.000	652.45	1,004,773	623.08	959,543	0.92		0.96	☐

图 10.54 调价前和调价后单价金额的变化情况

每 10 m^3 混凝土定额只使用 9 m^3 混凝土材料的问题，明显不合理。若必须调整材料系数，建议对不同的定额选择范围分批调价。

4)调价方案的比对

纵横 SmartCost 系统中保存“调价前”与“调价后”两套报表(全部报表)，用户可按招标文件的要求选择任意一套报表打印。在招标过程中，常需对几个报价方案进行对比分析，这时，就可以利用纵横 SmartCost 与 Excel 间数据兼容的功能，将清单项目及各个调价方案的报价复制到 Excel 中，再利用 Excel 的对比

分析功能进行分析。

(1)调价操作,这时就有了第一次调价的结果,称为“方案1”。

(2)拖动选择清单编号、名称、单位、工程量、初始报价、调整后报价各列复制。

(3)切换到Excel,在A1单元格上粘贴,则方案1复制完成,Excel中已有与调价窗口相同的内容。

(4)切换回纵横SmartCost,改变报价策略,修改系数,点调价计算,进行第二次调价,称为“方案2”。

(5)选择方案2调价后的单价、金额、人工、材料、机械的消耗系数列,复制粘贴到Excel。

(6)同理,进行其他方案的调整,并复制到Excel中。最后,在Excel中编辑成分析表。在Excel中对各方案进行对比分析。

粘贴到Excel前,应将Excel单元格设成“文本”格式(编号列),若不设置,则粘贴会出现形如“#NAME”的代码。在Excel中拖动选择A、B、C三列,点右键,设置单元格格式,选择文本,确定。粘贴后的文字需选择“smartsimsun”。

5)调价功能使用建议

调价功能的设计初衷是为适应激烈、紧张的投标过程。它可以在分析竞争对手的报价水平基础上,快速作出报价方案的调整。然而,调价功能是一种基于经验、粗放式的调价模式,在时间充裕时,建议应针对性地进行定额调整、费率值调整、工料机预算价调整,以达到调价目的。

因此,为真正提高企业报价水平、核算水平,还是应从不断积累、调整自身的企业定额、不断调整适合企业自身的取费费率入手。对于具体项目,调查准确的工料机单价。

10.2 同望WECOST造价软件应用

10.2.1 WECOST系统概述

WECOST系统是广东同望科技股份有限公司于2007年推出的公路工程造价管理系统,该系统有网络版和单机版两种。由于各种升级版本操作方法基本相同,为方便教学,下面以WECOST 8.13的学习版为例介绍具体操作,其他版本用户可参考学习。

10.2.2 同望WECOST的主要功能和特点

WECOST采用全新技术架构，操作更加符合用户习惯、贴心易用，界面直观，功能更加强大，真正实现了多专业、多阶段、多种计价模式、编制审核一体化。根据工程造价管理未来的发展趋势，系统采用了网络(即B/S结构)和单机(即C/S结构)相结合的使用模式，在C/S系统下实现造价数据文件的编制、审核，并通过B/S系统按设定流程进行有序的控制、流转，以实现数据集中管理，分级分组授权查询访问，满足了造价规范化编制、网络化审批及数据共享、数据挖掘的高端需求。

(1)项目管理灵活多变。系统可以实现多专业的综合建设项目管理，同一建设项目下可以任意分解不同层次的子项目，各子项目可以兼顾公路、房建、通信等多种不同专业的计价依据，同时按项目分解层次进行费用汇总，输出项目的汇总报表。

(2)预算书编制轻松自如。编制预算书时可以方便地选择系统内置的项目模板或者导入清单，对项、目、节可自由进行升级降级操作；还可以借、调用除本专业定额以外的其他专业定额。

(3)定额选套及调整直观方便。系统支持跨专业选套定额，方便灵活。同时系统还提供丰富、便捷的标准换算和调整选项，还可对相同调整内容的定额进行批量调整，调整后的定额可存入我的定额库，方便下次利用。

(4)取费程序灵活定义。可以在系统内置的标准费用基础上自定义新的费用模板，包括新增或删除费用项目，灵活定义或修改计算公式，修改费率及设置不计费项目等，同时可进行不同模板之间费用逐项对比分析，找出差异。自定义的取费模板可以保存并继续应用到其他建设项目中。

(5)工料机汇总、反查、调整省时省力。特别让预算员费时的材料价格查询和录入，可以通过建立维护自己的工料机价格库，批量导入系统，系统自动进行价格替换，未刷新的材料价格，系统提示预算员手工录价，还可以实现反查工料机来源，批量设置材料运输的起讫地点等功能，特别是项目级的工料机汇总功能，极大提高造价文件编制审查的效率。

(6)多种清单调价方式，调价快速灵活。系统提供“正算调价”和“反算调价”两种方式：“正调”可调整工料机消耗量、工料机单价和综合费率；“反调”即通过输入一个控制目标价，系统自动反算出工料机的消耗、单价和综合费率。

(7)“分项模板”快速复制、经验共享。强大的“分项模板”功能，可以保存不同层级的分部分项工程，包括套用的定额、工程量和调整信息。可在同一项目或不同建设项目之间自由复制，还可导出分项模板，实现经验共享。

(8)支持多级审核和任意查询，审核处处留痕。支持多级审核，审核时可以对编制文件任意位置进行修改并留痕，各级审核过程用不同颜色标识区分(设置不同部门的审核颜色)，方便查看，可查询任意级别审核内容和结果，并输出审核报表。

(9)维护“我的定额”和“我的工料机库”。系统不仅内置了全国各省的公路补充定额，用户还可以方便地把系统定额、补充定额和系统工料机保存到“我的定额库”和“我的工料机库”，并对其进行管理和维护，形成企业定额库。

(10)WECOST 数据完美导入。系统提供对于旧版同望 WECOST 造价软件的数据接口，对于用 WECOST 编制的历史数据文件，可以通过文件导入及数据库导入的方式导入 WECOST 中。

(11)造价工作平台有序管理。造价工作平台像一条纽带，把各个单机编审软件有序联结。系统通过 B/S 结构的造价工作平台进行统一的组织机构维护和用户管理，实现网上传输数据，控制编审权限及文件的上传和下载，版本发布及数据集中管理。

(12)丰富实用的项目级编审报表。内置丰富实用的项目级汇总报表，包括编制和审核汇总报表，并可批量打印。

(13)轻松拓展到工程造价整体解决方案(简称：IPCS)。WECOST 是 IPCS 整体架构的一部分内容，可以根据用户管理的需要轻松实现向 IPCS 扩展，满足用户对工程项目全生命周期的造价工作进行全方位、动态管理的需求。

10.2.3　同望 WECOST 的设计依据及运行环境

1. 设计依据

设计依据主要为《公路工程预算定额》《公路工程概算定额》《公路基本建设工程概算预算编制办法》《公路基本建设工程投资估算编制办法》《公路工程估算指标》《公路工程机械台班费用定额》《公路工程国内招标文件范本》等。

2. 运行环境

系统硬件要求：主频 1G 以上 CPU，512MB 以上内存，500MB 以上可用硬盘空间。

系统运行平台：Windows 2000/XP/VISTA、Linux、Unix 等各种操作系统。

10.2.4 同望 WECOST 的系统安装

单机版安装：将本软件的安装光盘放入驱动器中，在相应的目录中找到安装文件 SETUP.EXE。运行该安装程序，按系统提示命令操作。在安装过程中，请注意阅读许可证协议和软件提示的信息。在安装过程中，随时可点按“退出安装”或“取消”按钮中断安装程序。确认要退出安装后，软件会自动删除当前已安装的文件，并退出安装程序。

网络版安装：网络版安装请参照软件用户手册。

10.2.5 同望 WECOST 的启动

正确地安装本软件之后，便可按以下步骤启动系统：确保已将该软件的加密锁正确地插在计算机的 LPT 打印机端口(并行口)上。打开计算机，启动中文 Windows。单击屏幕左下角的“开始”按钮，打开“开始”菜单。在“开始”菜单中选择“所有程序”→“WECOST 公路工程造价管理系统”→“WECOST 公路工程造价管理系统”，即可启动系统。

此外，双击桌面上的“WECOST 公路工程造价管理系统”快捷图标也同样可以启动系统。系统启动后，出现登录对话框。对话框中包括用户名和口令两项，系统初始提供的用户名为小写的 admin，且不加口令。点按“确定”按钮后，即进入 WECOST 主界面。

整理数据库：在登录对话框中，有一个“整理数据库”按钮。当使用过程中断电，或长期大量使用本软件后，应点按此键，软件会压缩数据库占用的硬盘空间，并修复数据库中的错误。

10.2.6 同望 WECOST 的系统登录及用户管理

1. 系统登录

单机版登录。第一次登录用系统管理员的身份登录。用户名：admin。初始密码：12345678。

网络版登录。首次登录系统默认选择登录网络，以验证用户身份，用户名及

权限由网络平台的系统管理员统一设置与分配。完成第一次登录后,以后每次登录,可以选择登录网络或登录本地。

2. 用户管理

单机版用户管理。以系统管理员登录系统后,点击“用户管理”,就可以在弹出的串口对用户进行管理,点击新增按钮创建用户,增加用户后,可修改“用户名”和“用户单位”,“用户名”作为报表中的编制人或审核人的取数;“用户单位”也会以括号的形式取到报表中的编制人或审核人的后面,如不需要则在这两行留空。

网络版用户管理。以管理员身份登录后,在“用户管理”界面点击“新增”,弹出的对话框输入用户账号、姓名、描述等信息。用户初始密码为12345678,可以修改密码。然后点击“用户授权”,选择该用户的权限并确定。

10.2.7　同望 WECOST 的系统菜单介绍

(1)“文件”菜单。主要功能见表10.3。

表10.3　“文件”菜单介绍

命令	作用
新建建设项目	新建建设项目
新建造价文件	新建造价文件
打开	打开造价文件
保存	保存造价文件
重新登录	重新登录系统
导入	导入数据文件(包括 WECOST 及 WCOST)
导出	导出数据文件(项目节点或预算模板)
打印报表	打印报表
退出系统	退出系统

(2)“编辑”菜单。主要功能见表10.4。

表10.4　“编辑”菜单介绍

命令	作用
保存	保存当前数据

续表

命令	作用
剪切	剪切预算书结构及定额
复制	复制预算书结构及定额
粘贴	粘贴预算书结构及定额
上移	将预算书结构及定额上移一级
下移	将预算书结构及定额下移一级
升级	将预算书结构及定额提升至上一层结构
降级	将预算书结构及定额下降至下一层结构

这里要特别说明的是，在选取预算书结构及定额时，如果在单击每一项时按住 Ctrl 键，就可以一次选择多项，而按住 Shift 键选择两个预算书结构及定额，则这两个预算书结构及定额之间的结构及定额就会被全部选定，此功能在软件中所有的表格里都适用。

(3)"审核"菜单。主要功能见表 10.5。

表 10.5 "审核"菜单介绍

命令	作用
审核汇总信息	造价文件审核信息汇总
审核子目信息	当前子目审核信息
颜色设置	各级审核者颜色设置

(4)"维护"菜单。主要功能见表 10.6。

表 10.6 "维护"菜单介绍

命令	作用
常用单位	设置系统单位及用户自定义单位
起讫地点	设置材料运输相关参数
我的定额工料库	维护补充定额及补充工料机库
车船税维护	维护车船税
我的取费模板	管理系统及用户自定义取费模板
我的费率标准	管理系统及用户自定义费率标准
我的报表模板	管理系统及用户自定义报表模板

(5)“计算”菜单。主要功能见表10.7。

表10.7　“计算”菜单介绍

命令	作用
分析与计算	对造价文件进行工料机分析及计算
计算精度管理	对系统的计算及显示精度进行设置
当前精度维护	对造价文件的计算及显示精度进行设置

(6)“工具”菜单。主要功能见表10.8。

表10.8　“工具”菜单介绍

命令	作用
系统参数设置	设置系统参数
计算器	调出及关闭计算器
特殊符号	显示/关闭特殊符号栏
五金手册	调出五金手册
修改密码	修改登录密码
网络设置	进行网络设置

(7)“帮助”菜单。主要功能见表10.9。

表10.9　“帮助”菜单介绍

命令	作用
用户手册	用户使用手册
定额说明	编制办法及定额说明
更新说明	当前版本更新说明
版本更新	检查当前版本是否更新
客户服务	连接同望公司服务网站

10.2.8　系统工具栏介绍

工具按钮名称和作用见表10.10。

表 10.10　工具按钮名称和作用

图标	名称	作用
	新建造价文件	新建造价文件
	打开	打开造价文件
	保存	保存当前数据
	剪切	剪切预算书结构及定额
	复制	复制预算书结构及定额
	粘贴	粘贴预算书结构及定额
	分析与计算	对造价文件进行工料机分析及计算
	当前精度维护	对造价文件的计算及显示精度进行设置
	增加子分项	增加子分项(可以有子项的分项)

10.2.9　系统文件的导入与导出

1. 导入

导入 EC 数据:在项目管理界面,点击鼠标右键选择“导入”→“导入 EC 数据”,或选择“文件”菜单→“导入”→“导入 EC 数据”,选择后缀名为“. ecp”“. ecb”的文件,选定后点击“打开”按钮,文件则被导入指定位置。

导入 WECOST 数据过程如下。

(1)导入数据库。在项目管理界面,点击鼠标右键选择“导入”→“导入 WECOST 数据”,或选择“文件”菜单→“导入”→“导入 WECOST 数据”,弹出导入 WECOST 项目数据对话框,点击后面的“,,”按钮,选择后缀名为“. MDB”的数据库文件(该文件通常在 WECOST 的安装目录下),单击“确定”即可。

(2)导入数据文件。如要导入. WCT 格式(即 WECOST 的输出文件格式)的文件,则需要同时指定主数据库文件和导出项目。在弹出的导入 WECOST 项目对话框中,主数据库文件选择后缀为“. MDB”的数据库文件,并且勾选导入项目复选框,选择后缀为“. WCT”的文件,选中需要导入的建设项目,单击“确定”即可导入。

2. 导出

导出项目节点,导出所选项目节点即其子节点的所有记录,包括用户信息。该功能适用于建设项目、子项目和造价文件的完整导出,提交上级部门审查。

如导出建设项目:选中要导出的记录,右击选择“导出”→“项目节点”或选择“文件”菜单→“导出”→“项目节点”,在弹出的对话框中指定导出文件保存路径,并输入文件名,点击“保存”,系统提示保存成功。

“导出预算模板”的操作步骤与“导出项目节点”相同。导出时不带用户信息,导出后为公共文件,任何用户都可以导入使用。需要注意的是,如果要进行单机版的审核操作,则必须采用导出项目节点的方式,然后用其他的用户名导入,这样才能进行审核操作。

10.2.10　WECOST 的应用介绍——编制工程造价文件

1. 编制工程造价文件工作流程

1)项目管理

创建建设项目有两种方式。

①利用右键创建:在项目管理窗口空白处右击,出现右键菜单,选择“新建”→“建设项目”。

②用菜单创建:在项目管理窗口界面,选择“文件”菜单→“新建建设项目”。在弹出窗口输入项目名称等信息,点击“确定”,完成创建建设项目。

创建子项目选中新建的建设项目右击，选择“新建”→“子项目”。子项目根据需要也可以省略。

2)创建造价文件

(1)新建的三种方式。

①选中子项目(或项目)右击，选择“新建”→“造价文件”。

②选择“文件”菜单→“新建造价文件”。

③点击快捷键新建造价文件。

(2)输入文件基本信息。

在弹出窗口中输入编号、名称，选择计价依据、主定额和项目模板，点击确定。

注意：计价依据选择后不能更改。

(3)填写项目信息及文件属性。

根据工程实际情况，填写项目基本信息及造价文件基本信息。

10.2.11 编制分项造价文件

1.建立项目结构

建立项目结构见图10.55。

1)选择标准项

在“预算书”界面的空白处，右击“选择”→“标准项”，系统弹出选择标准项对话框，选择需要添加的项目后，双击即可。

2)增加非标准项

对于标准项目表中没有的项目(如外购土方、水泥混凝土拌和站等)，可以采用增加前项、增加后项或增加子分项的方式。

3)加子项

子项是项目结构的最低点，下面不能增加任何项目结构，其主要作用有两个。

①定额同级的数量单价类(如“土地征用及拆迁补偿费”中的各子项：水田、旱地、鱼塘等)：在“预算书”界面右击选择“增加”→“子项”，输入“编号”“名称”“单位”“数量”，在“人工单价”或“材料单价”或“机械单价”列中输入相应的单价，

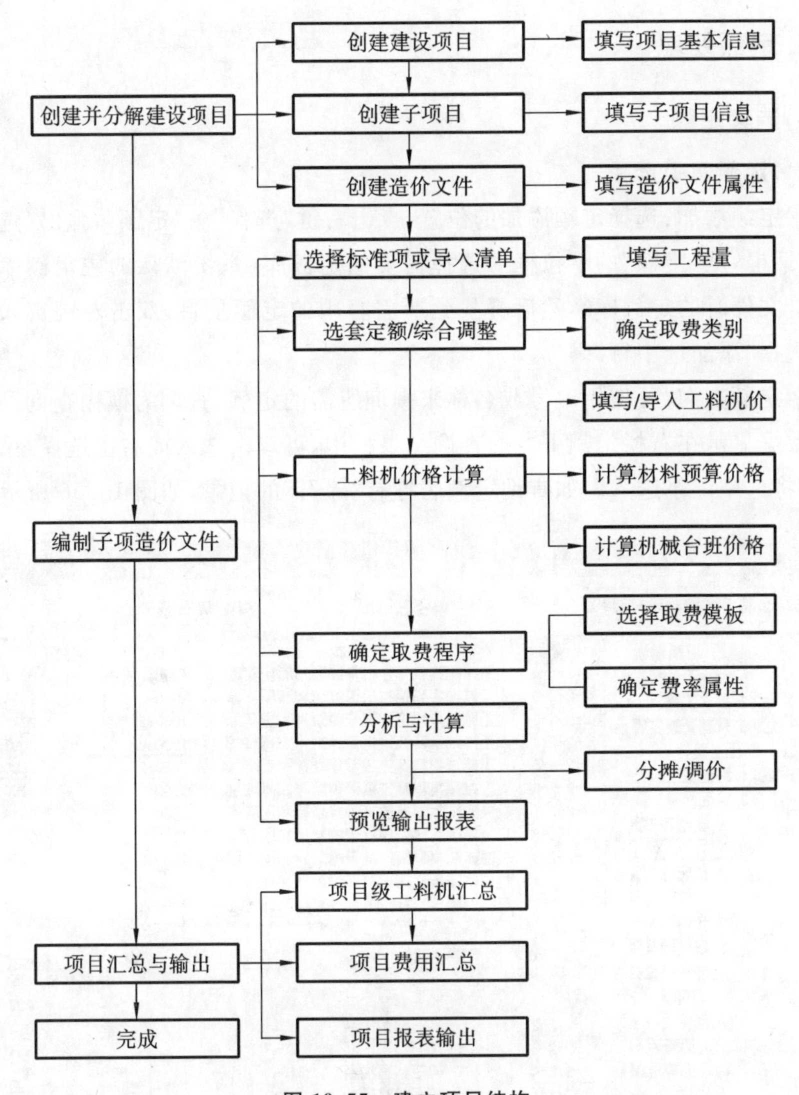

图 10.55　建立项目结构

系统自动默认取费类别为“不取费”，并自动设置了独立取费，该项中不需要计算的费用可直接在取费程序中勾选“不计”。

②定额同级的计算公式类：对于标准项目表中出现的要求按公式进行计算的费用（如工程监理费、联合试运转费等），系统中已经根据编制办法内置了费用计算公式。对于一些非标准项目的计算公式类费用，可采用右击选择“增加”→“子项”，输入“名称”，单击计算公式栏可以直接输入公式；或点击按钮，在弹出的“取费基数编辑对话框”中编辑公式。

2. 定额处理

1)选套定额

(1)定额库中选择。

①定额添加:选择定额添加的位置,点击右键“选择”→“定额”,弹出“选择定额”对话框,从“定额”的下拉框中选择需要的定额库(系统默认的主定额库是创建造价文件时的定额库),然后再找到所需套用的定额子目,双击左键选入或者右击选择“添加选中行”。

②定额查询:可使用编号或名称来查询所需的定额,查询为模糊查询。查询后的数据显示在右栏定额下方的查询结果栏中,可双击选入或右击选择“添加选中行”将选中记录选入。如查询定额名称有“碎石”的记录,如图 10.56 所示。

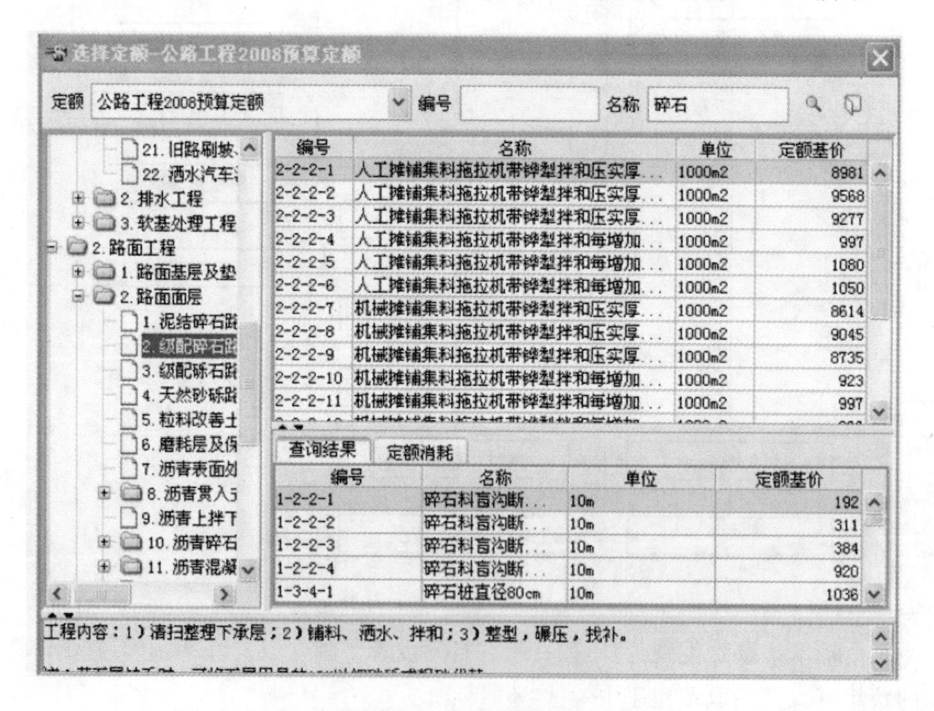

图 10.56 预算定额选择

(2)手工录入定额。

选择录入的位置,右击“增加”→“定额”或直接点击工具栏中的快捷图标,新增一条空记录,在“编号”栏直接输入定额编号,回车即可套入,如图 10.57 所示;也可点击该空记录“编号”右侧的按钮,进入定额库中选套定额,选择定额同上。

新增的空定额编号栏中输入定额号后回车，光标自动跳到工程量一栏，输入“工程量”及选择“取费类别”后回车，系统自动增加下一条空定额，可参照上述方法增加所有的定额。

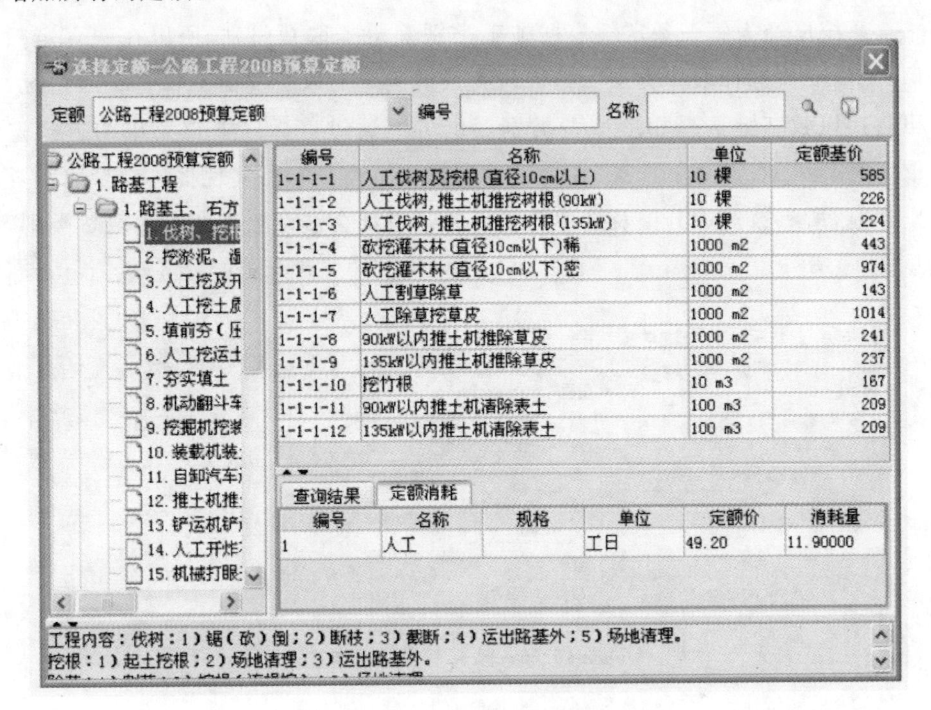

图 10.57　手工录入定额操作界面

(3)添加补充定额。

如果输入要添加补充定额，可以直接在定额编号中录入新编号，系统会提示并在定额编号前加“LB”作为补充的标志，可以直接在预算书界面来编制补充定额内容。

(4)借调其他定额。

系统会在这些定额号前加上该定额的简称。填写工程量，在定额库中选择定额后，应注意定额工程量与分项工程量是否相同，否则应在定额中输入实际工程量。

系统默认子节点继承父节点工程量。当修改上级节点工程量时，和上级节点工程量相等的下级节点工程量也自动改变。不需要自动继承工程量功能，可在“工具”菜单→“系统参数设置”处，把“是否自动填写工程量”的值设置为“否”。系统默认以自然单位处理工程量，即输入的工程量会自动除以定额单位系数。

如用户需按定额单位处理工程量，即输入的工程量无须除以定额单位系数，可在“工具”菜单→“工程量输入方式”的下拉列表中，把“自然单位”改为“定额单位”，确定取费类别。

系统已经为每一条定额根据施工类别确定了取费类别，所以在选套定额后，不需要再选择取费类别。如果认为系统确定的取费类别不符合实际情况，可直接以数字键选择相应取费类别。也可以通过鼠标以下拉菜单的方式选取，即预算书右键菜单选择“批量”→“设置取费类别”，可实现批量设置取费类别功能，所有被选中分项及选中分项下的子目都会被设置为选中的取费类别，见图 10.58。

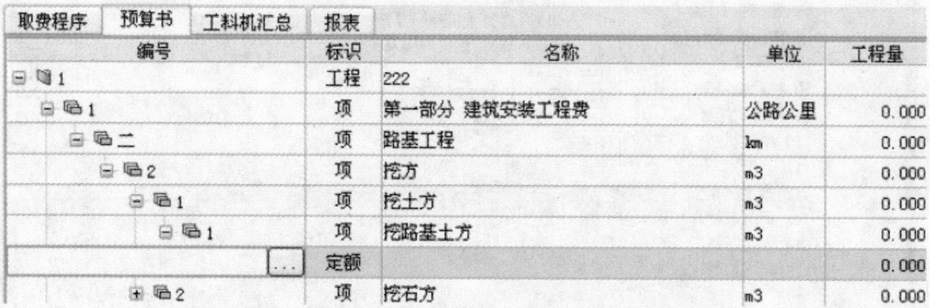

取费程序 | 预算书 | 工料机汇总 | 报表

编号	标识	名称	单位	工程量
⊟ 1	工程	222		
⊟ 1	项	第一部分 建筑安装工程费	公路公里	0.000
⊟ 二	项	路基工程	km	0.000
⊟ 2	项	挖方	m3	0.000
⊟ 1	项	挖土方	m3	0.000
⊟ 1	项	挖路基土方	m3	0.000
...	定额			0.000
⊞ 2	项	挖石方	m3	0.000

图 10.58 预算书调取操作

(5)定额调整。

①调整工料机。右击选择增加(人工/材料/机械)/选择(工料机)/删除/替换，可以实现增加/选择/删除/替换工料机。选中某条工料机，右击选择“保存到我的工料机库”，可实现保存工料机。

②标准换算。点选需要换算的定额，在定额调整信息视窗中，点击按钮，系统会列出该定额涉及的所有标准换算调整(如钢筋抽换、洞内用洞外工程、碎石改砾石、压机调整、厚度和运距的综合调整等)。

用户只需要在调整的复选框中打钩，并根据需要输入参数，系统会自动调整消耗量和定额名称。

(7)撤销调整。

在调整列表窗口，选择要撤销的调整记录，点击按钮，可撤销单个调整；点击按钮可清空该定额的所有调整记录；在预算书界面，选中要删除调整的定额，右击选择“定额”→“取消选中定额调整”，即可撤销选中定额的所有调整。

2)输入工程量

(1)工料机汇总(工料机分析)。

工料机分析是单位工程造价基础数据分析,是各类费用的计算基础。工料机分析包括工料机消耗量汇总、工料机分项汇总、工料机预算价确定、机械台班单价计算、材料单价计算等。进入“工料机汇总”窗口,系统会自动汇总当前单位工程的工料机。

录入价格有两种方式。

①手工录入。在“工料机汇总”界面,手工逐条录入已知的材料预算价格。

②批量导入。在“工料机汇总”界面,右击选择“导入”→“一般工料机价格”,选择后缀名为“. xls”或“prices”的工料机价格信息文件点击“打开”,导入成功后系统会提示:“导入材料价格文件完毕!”此时系统内相同的工料机价格被刷新。

工料机价格导入的 Excel 格式如图 10.59 所示。在第 F 列填写 1,则把该材料的价格导入成原价,在第 F 列不填或填写“1”以外的值,则该材料价格导入成预算价。第 G 列填写该材料的供应地点。

	A	B	C	D	E	F	G
1	编号	名称	规格	单位	预算价	是否导入为原价	供应地点
2	101	原木		m3	1600		
3	182	型钢		t	3700		
4	832	32.5级水泥		t	320		
5	899	中(粗)砂		m3	60	1	深圳
6	911	黏土		m3	8.21		
7	931	片石		m3	30	1	广州
8	952	碎 石(4cm)		m3	40	1	中山
9	954	碎 石(8cm)		m3	50	1	中山
10	961	石屑		m3	65		
11	996	其他材料费		元	1		
12	997	设备摊销费		元	1		

图 10.59　材料价格导入成预算价操作

(2)计算价格。

①自采材料计算。

选中要计算的材料,切换到“采购点”,在“起讫地点”处输入自采地点,在“自采定额”视窗的空白处右击选择“增加”,进入选套自采定额。

②运杂费计算。

社会运输在“计算”列打钩,选择计算材料,进入“采购点”,输入材料的起讫地点、原价、运距、运价、装卸费单价等参数,并选择运输方式,输入完毕后点击“计算”菜单→“分析与计算”,即可查看材料运费、预算价的计算结果。在“工料机汇总”窗口,原木、中粗砂对应“计算”列打钩,点选原木,进入“采购点”,选择运输方式为汽车运输，并输入已知材料的起讫地点、原价、运距、每吨每千米运价、装卸费单价、装卸次数，输入完毕后点击“计算”菜单→“分析与计算”，即可查看材料运费、预算价的计算结果。

③机械台班计算。

机械台班费用，一般根据机械台班定额以及动力燃料预算价格（如柴油、汽油、电等）和车船税标准进行计算。在项目管理界面的“基本信息”栏内，对“车船税标准”选择需要的养路费车船税标准，系统即可自动计算。

④导出价格文件。

在“工料机汇总”界面的“输出”列中勾选要导出的记录，右击选择“导出”→“一般工料机价格”，可导出编制的价格文件，导出文件的文件类型为“. xls”。

3）取费程序（即综合费率计算）

（1）设置费率参数。

进入“取费程序”界面，在右半窗口选择费率文件属性。按工程实际情况选择、填写各项，如工程所在地、冬季施工、雨季施工、工地转移、综合里程等。系统将按此自动取费，计算综合费率。

（2）修改费率值。

可以实现直接修改费率、费率乘系数、恢复默认值功能。

（3）借用费率文件。

可实现借用系统中其他造价文件取费模板的功能。

4）分析计算

分析计算是建设项目各项费用的综合分析，是各类报表的数据源。在分析计算以前，应完成选套定额、确定工程量、工料机分析计算、选择取费模板以及设置项目属性，最后进行分析计算。点击菜单“计算”→“分析计算”，或者点击工具栏的图标，系统进行分析计算。

5）报表输出

（1）预算书报表。

进行“分析与计算”后切换到报表窗口，在左栏中选取不同的报表，系统会自动显示相应数据。按相应图标，可以实现预览、打印、刷新任意报表的功能。

（2）项目报表。

切换到“项目报表”界面（预算书界面则需退出当前造价文件），可以看到项目报表书分为“编制报表”和“审核报表”，系统提供了编制和审核汇总报表格式，

可根据需要输出。

10.2.12　清单编制的特殊功能

清单的编制总体步骤跟概、预算编制总体一致,但是也有一些不同的要求,软件已提供了一些相应的功能来满足这些要求。

1. 项目指引

系统依据清单范本,在编制"清单"模块提供"项目指引"功能,系统自动列出清单下面常用的工作内容和定额来帮助用户选择,可以添加选中的定额,也可以添加选中的工作内容,或者三者都添加。在估算、概算、预算的第一部分增加项或清单同级的数量单价类,应注意以下约定。

项或清单同级的数量单价类:右击选择"增加"→"前项"或"后项"或"子分项"或"清单",输入"编号""名称""单价""数量",在"人工单价"或"材料单价"或"机械单价"列中输入相应单价,并选择相应取费类别,即可进行计算。如不需要计算技术装备费、利润、税金,可将取费类别设置为独立取费,并勾选无须计算的项目即可。

项或清单同级的计算公式类:右击选择"增加"→"项"或"清单",输入"编号""名称""单位",然后在"计算公式"列直接填入计算公式即可。也可点击"计算公式"右侧按钮,弹出"取费技术编辑对话框"。在"费率"或"费用项目"标签下,双击选择费率或费用项目,在上半视窗中任意编辑公式。公式的编辑方法参看用户手册。

2. 导入工程量清单

在"预算书"界面,右击选择"导入/导出"→"导入工程量清单",在弹出对话框中,点击"选择"按钮,选择后缀名为".xls"的文件导入,该清单被全部导入。

3. 导出工程量清单

在"预算书"界面,右击选择"导入/导出"→"导出工程量清单",可导出工程量清单,供用户进行二次修改。

4. 分摊/调价

1)分摊

系统提供 3 种分摊方式:按清单金额比重分摊、按集中拌混凝土(水泥)用量分摊和按沥青混合料用量分摊。分摊界面分为3个窗口:分摊方式、分摊源和分摊目标。

(1)新增分摊方式。在“分摊方式”窗口空白处右击选择“新增分摊步骤”,或者点击左侧工具栏的新增图标,输入分摊方式的名称。

(2)确定分摊源。在右上“分摊源”窗口空白处右击选择“新增分摊源”。弹出选择分摊源界面,选中分摊项后点击“添加选中”。

(3)确定分摊目标。在右下“分摊目标”窗口右击选择“新增分摊目标”。在弹出的界面选择所需要分摊至的清单项,可以通过Ctrl、Shift键或者鼠标拖选的方式选择,点击“添加选中”。

(4)分摊计算。在左边“分摊方式”窗口选择分摊计算方式“JE”“SN”“LQ”的其中一种,分别代表“按清单金额比重,按集中拌混凝土(水泥)用量和按沥青混合料用量分摊”进行分摊计算,也可以通过鼠标右键选择任一方式进行分摊计算。系统即自动计算出分摊目标各自所占比例和分摊金额。如果需要调整分摊比例,则可以直接在比例框中输入新的比例值,系统会自动计算新的分摊额。

分摊后的“分摊源”项不再出现在“标表2工程量清单”中。点击“分摊方式”窗口左侧的图标,可以删除选中的分摊步骤。点击图标可以清除所有的分摊数据。

2)调价

系统提供“正向调价”和“反向调价”两种调价方式,可反复调价直至所需报价,并同步输出调价后的各种报表。

(1)正向调价。正向调价可调整工料机消耗量、工料机单价和综合费率。具体操作方式:直接在父节点处输入工料机消耗、单价或费率的调价系数,子节点自动按此系数调整;点击正向调价按钮,则“目标报价”栏的“综合单价”和“金额”计算出新的结果。调价后可以在“差额”栏对比所调清单项的“单价差额”和“合价差额”。

(2)反向调价。反向调价设置:在“调价”窗口,右击选择“反向调价设置”,系统弹出反向调价设置对话框,“合价误差范围”默认值为10,“最大运算次数”默认值为100。用户可根据自己的需求修改“合价误差范围”和“最大运算次数”,选择“确定”后,将该设置作为本次调价设置,选择“保存为默认条件”,则该设置作为系统调价默认条件。“最大运算次数”是控制调价计算时间的,运算次数越小,调价时间越短。“合价误差范围”是控制调价精度的。误差越小,调价结果越精确。如果已达到最大运算次数,但还未达到误差范围,系统调价结束。如果已

达到误差范围，但还未达到最大运算次数，系统调价结束。即“合价误差范围”和“最大运算次数”只要有一个达到，就停止调价。在目标报价处，输入一个目标控制价，系统即根据选择条件反算报价。

反向调价方式包括反调工料机消耗计算、反调综合费率计算和反调综合单价计算。

①反调工料机消耗计算：先设置复选条件，确认是否对人工、材料或机械同时进行调整，然后输入目标控制价后点击按钮即可。

②反调综合费率计算：输入目标控制价后点击按钮。

③反调综合单价计算：输入目标控制价后点击按钮。

(3)停止、撤销调价。在进行调价的过程中，如需中止调价，可直接点击“停止”按钮。停止后，系统会取误差最小的系数作为调价系数。点击调价工具栏的删除图标，可以撤销选中节点的调价计算。点击清空图标撤销所有调价计算。

(4)设置不调价。

①设置子目不调价。在调价界面，在不参与调价的分部分项或定额的“不调价”复选框中勾选即可。

②设置工料机不调价。切换到工料机汇总界面，在不参与调价的工料机的“不调价”复选框中勾选即可。

③设置费率不调价。全局费率设置只需切换到取费程序界面，在不参与调价的费率项的“不调价”复选框勾选。如果只有某一分部分项下的某一费率不调价，则局部费率设置需要切换到预算书界面，在该分部分项的取费程序处设置独立取费，并在不参与调价的费率项的“不调价”复选框勾选。此操作会影响所有和该分部分项相同取费类别的定额的费率，使之不调价。

参考文献

[1] 曹光明,白思俊.国外PERT/CPM网络计划技术发展的三个方面[J].系统工程理论与实践,1993(3):1-10.

[2] 曹小琳,韩冰.工程项目管理目标系统的建立与控制[J].重庆大学学报(自然科学版),2002,25(7):107-110,114.

[3] 陈鹏郎,阎文周.试论工程项目管理[J].西安公路交通大学学报,1999(S1):54-57.

[4] 陈森发,林贻鸿.网络计划最低成本日程的一种新算法[J].管理工程学报,1992(2):33-41,32.

[5] 陈勇强.基于现代信息技术的超大型工程建设项目集成管理研究[D].天津:天津大学,2004.

[6] 董士波.全生命周期工程造价管理研究[D].黑龙江:哈尔滨工程大学,2003.

[7] 房栋,徐士启,杨修志,等.公路工程项目施工的进度控制[J].公路交通技术,2004(3):100-102,105.

[8] 丰景春.合同项目费用/进度绩效模型研究[J].河海大学学报(自然科学版),2003,31(1):95-99.

[9] 丰景春.合同项目各类费用赢得值度量模块的研究[J].水利发展研究,2001(5):21-24.

[10] 丰景春.水利水电工程投资控制目标设置模型[J].河海大学学报(自然科学版),2001,29(2):52-56.

[11] 郭颖.公路工程造价全风险管理研究[D].黑龙江:东北林业大学,2006.

[12] 何伟怡,尹贻林,柯洪,等.城市轨道交通项目建设中的投资控制系统研究[J].铁路工程造价管理,2005,20(5):1-5,9.

[13] 洪林玉.施工企业如何适应工程造价计价模式[J].中国建设信息,2005(2):49-51.

[14] 胡颖.网络计划时间——费用优化方法的探讨[J].管理工程学报,1989(3):108-115.

[15] 胡志根,梅阳春.工程项目造价快速估算方法研究[J].基建优化,1995(3):22-29.

[16] 黄如宝,李斌.固定资产投资预测的 Logistic 模型及实证分析[J].同济大学学报(自然科学版),2005,33(2):251-254.

[17] 黄如福,符岚.WBS 及其重组的研究与应用[J].施工技术,2001,30(12):25-27.

[18] 黄有亮,徐国清,程建军.投资费用支出动态控制的方法与过程[J].东南大学学报(自然科学版),2000,30(4):119-123.

[19] 江萍,成虎.施工项目结构分解(WBS)方法及准则研究[J].东南大学学报(自然科学版),2000,30(4):105-108.

[20] 康健.基于历史数据的报价系统研究[D].天津:天津大学,2002.

[21] 李瑾.合同管理在工程造价控制中的运用[J].海河水利,2001(1):29-30.

[22] 刘睿.国际大型土木工程承包项目投标风险定量评估[D].天津:天津大学,2003.

[23] 刘亚丽.赢得值定量评估原理应用新探[J].化工建设工程,2002,24(4):16-17.

[24] 罗杏春,苗鹤龄,朱云华,等.公路工程项目招投标成本价控制方法研究[J].中外公路,2005,25(1):105-107.

[25] 骆云.我国铁路工程项目投资控制环节分析[J].内蒙古科技与经济,2003(12):32-33.

[26] 毛明珠.浅谈建设项目实施阶段的造价控制与管理[J].水利水电工程造价,2009(1):62-64.

[27] 赛云秀.工程项目控制与协调机理研究[D].陕西:西安建筑科技大学,2005.

[28] 塔娜.我国建筑市场的信用风险与管理[J].建筑经济,2005(10):19-23.

[29] 王斌.建设项目造价风险管理方法研究[D].湖北:华中科技大学,2006.

[30] 王春明,成虎.基于计算机技术及 WBS 方法的大型施工项目的集成管理[J].江苏建筑,2000(4):97-101.

[31] 王刚.关于建设项目投资偏差概念的探讨[J].建筑经济,2003(12):45-46.

[32] 王广斌.建设项目投资控制信息系统安全性分析与设计[J].同济大学学报(自然科学版),2001,29(6):747-751.

[33] 王力,徐子华.国内外工程计价模式比较研究[J].建筑经济,2004(4):75-76.

[34] 韦枝桂,吴茂富.浅谈岩土工程勘察报告的编写工作[J].西部探矿工程,2004,16(4):6-8.

[35] 熊新友.利用赢得值原理对工程项目施工进度/费用进行综合控制[J].化工施工技术,1997(6):33-37.

[36] 徐森,段建中.WBS方法在工程项目管理中的应用研究[J].建筑经济,2003(9):40-42.

[37] 薛石勤.公路建设市场行为不规范的原因及对策[J].建筑管理现代化,1997(3):32-33.

[38] 杨建永,蔡美峰.试论我国建筑工程造价失控原因及对策[J].技术经济,2005(1):57-59.

[39] 张百永,黄森.高速公路工程变更管理探讨[J].交通标准化,2006(8):118-121.

[40] 张超,朱文喜,邱晓晨.高速公路建设中工程变更与工程索赔管理之探讨[J].中外公路,2005,25(3):121-124.

[41] 张励凯.浅谈公路工程施工进度管理与进度监测[J].中国西部科技,2004(2):29-30.

[42] 张妍,王福田,罗培新,等.铁路建设项目施工阶段投资控制信息系统研究[J].铁路计算机应用,2007,16(11):1-4.

[43] 周国光.收费公路发展问题研究[J].中国公路学报,1997(1):122-126.

[44] 朱湘岚,樊金海,成虎.基于WBS的工程项目管理信息系统软件开发[J].基建优化,2002,23(1):33-35.

[45] KANOGLU A. An Integrated System for Design/Build Firms to Solve Cost Estimation Problems in the Design Phase[J]. Architectural Science Review,2003,46(1):37-47.

[46] WEHEBA G S,ELSHENNAWY A K. A revised model for the cost of quality[J]. International Journal of Quality & Reliability Management,2004,21(3):291-308.

[47] LÓPEZ R, BALSA-CANTO E, OATE E. Neural networks for variational problems in engineering [J]. International Journal for Numerical Methods in Engineering,2008,75(11):1341-1360.

[48] ALVAREZ R,BONIFAZ R,LUNETTA R S. Multitemporal land-cover classification of Mexico using Landsat MSS imagery[J]. International Journal of Remote Sensing,2003,24(12):2501-2514.

[49] YANG S,BROWNE A. Neural network ensembles:combining multiple models for enhanced performance using a multistage approach[J]. Expert Systems,2004,21(5):279-288.

后　记

高速公路建设项目投资控制贯穿项目建设的全过程。本书以我国高速公路建设项目为研究对象,深入阐述了高速公路概预算以及造价控制的相关知识,并对高速公路建设项目在建设项目各阶段的投资控制内容与方法进行了研究、探讨。

(1)通过分析我国高速公路建设项目造价控制现状和存在的问题,提出项目业主方必须坚持全过程投资控制的管理思想,对项目投资进行全过程动态控制,进行一体化管理。

(2)根据高速公路工程项目的基本建设程序,将高速公路项目的造价控制过程划分为工程的项目决策阶段、设计阶段、招投标阶段、施工阶段、竣工验收及后评价阶段等重要阶段,并提出了各阶段所对应的造价控制方法、存在问题及解决办法,通过动态控制、事前控制来达到控制造价的目的。

(3)通过研究我国高速公路工程造价控制中存在的问题,提出了在建设项目各阶段造价控制的重点,具有较高的操作性和实用性,对造价控制具有现实指导意义。这些研究理论可应用到高速公路建设中,对工程建设各阶段工程造价的控制起到重要作用。

(4)对两种公路工程造价软件的操作进行了详细的讲解。

总的来说,高速公路项目概预算是一个系统的工程,贯穿高速公路建设的设计、招标、施工、竣工等各个阶段,全面覆盖工程建设、土地征迁、内部管理、资金使用等各个方面。从管理的角度来讲,科学合理的初步设计概算批复是执行的基础,全面做好工程造价控制是重点,严格做好征地拆迁工作和建设单位内部控制是关键,及时合理的资金计划是必要的保障措施。

因此,在今后的学习和工作中,希望能与同行一起对高速公路造价管理的一些相关问题进行更深入的研究和讨论,以便为高速公路造价管理发展提供更为丰富的理论依据和实践经验。